生活中的经济学

——信息与激励

郑书耀◎著

中国水利水电出版社
www.waterpub.com.cn

·北京·

内 容 提 要

本书从一个宽泛的视野，考察了如何协调好信息与激励的问题。在写作过程中，尽量把学术的严谨性和应用的灵活性兼顾起来。书中既有理论的介绍、简洁的模型和简明的图表，也偶尔有简单的数学推导，模型背后有现实中的趣味性故事及深刻的经济学解释。本书具体内容包括：经济学与信息经济学、信息不对称、信息与激励、信息与激励在现实中的应用、信息激励与政策制定制度设计等。

本书语言通俗易懂、深入浅出，内容丰富新颖，尽可能地把抽象的原理与具体的现实生活结合起来，是一本值得学习研究的著作。

图书在版编目（ＣＩＰ）数据

生活中的经济学 ： 信息与激励 / 郑书耀著. -- 北京 ： 中国水利水电出版社，2017.2（2022.9重印）
ISBN 978-7-5170-5190-9

Ⅰ．①生… Ⅱ．①郑… Ⅲ．①经济学—通俗读物
Ⅳ．①F0-49

中国版本图书馆CIP数据核字(2017)第030808号

书　　名	生活中的经济学——信息与激励　SHENGHUO ZHONG DE JINGJIXUE——XINXI YU JILI
作　　者	郑书耀　著
出版发行	中国水利水电出版社 （北京市海淀区玉渊潭南路 1 号 D 座　100038） 网址：www.waterpub.com.cn E-mail：sales@waterpub.com.cn 电话：（010）68367658（营销中心）
经　　售	北京科水图书销售中心（零售） 电话：（010）88383994、63202643、68545874 全国各地新华书店和相关出版物销售网点
排　　版	北京亚吉飞数码科技有限公司
印　　刷	天津光之彩印刷有限公司
规　　格	170mm×240mm　16 开本　19 印张　245 千字
版　　次	2017 年 5 月第 1 版　2022 年 9 月第 2 次印刷
印　　数	2001—3001 册
定　　价	57.00 元

序

　　经济学号称社会科学的"皇后"。经济学是舶来品，但中国不乏经济思想的传统智慧。经济学的基本功用在于解释经济现象，还可以影响和训练人们的思维方式，经济学的分析方法与思维方式是全民都需要的素养。与其他理论一样，经济学也是来源于生活，它又高于生活，最终要服务于生活。随着中国的经济学教育国际化、技术化成为潮流，经济研究的技术性受到前所未有的重视。经济研究中技术路线与解释路线缺一不可。缺乏技术工具，将无法进入学术主流；缺乏经济解释，经济学将成为没有灵魂的应用数学。如果只关注复杂的技术研究，缺乏解释能力脱离现实，会使经济学这个以经世济民为宗旨的学问的价值大打折扣。与普及医学知识的道理一样，如果一个社会能够普及医学和养生知识，整个社会的健康水平将大为提高，医疗支出也将大大下降。经济学的普及不能替代专业化的研究，通过普及经济学知识并培养大众的经济学思维，让大众自觉运用经济学优化决策，是一件利国利民的好事。

　　经济学崇尚理性，有经济学的思维，会使人们观察经济现象和理解经济问题更透彻、更理性。经济学者既不能只为投公众所好，更不能人云亦云，分析问题不能云里雾里。经济学分析需要明白约束条件是什么，假设什么是不变的，以理性人行事会有什么结果，这个结果不以人的主观好恶为转移，这就是通常说的实证分析。人们争论问题时，要么是没有限定约束条件，没有界定问题的边界和搞清楚定义；要么争论的是规范性的问题，即进行无谓的价值判断争论。大众需要经济学的基本素养，而普及经济学是经济学者的一项不可或缺的使命。讨论和观察经济问题，都需要经济学常识和经济学思维。当然,任何经济学者都有自己的立场,不论当事人是否承认这一点。大众往往因为缺乏经济学知识和思维,容易误读经济学家的观点,说真话的经济学家就可能被贴上没有良心的标签。

经济学要解决的核心问题就是资源配置和利用问题,资源最优配置要达到生产与消费的一般均衡。通俗地说,即满足社会需要为目标,达到人尽其才,物尽其用的效率标准。在新古典经济学中,"看不见的手"起到配置资源的作用,经济通过市场充分竞争运用供求法则实现市场均衡,达到帕累托最优的理想状态。遗憾的是,在信息不对称情况下,互利的交易将很难甚至不能实现。信息经济学抛弃并超越了新古典框架中完全信息的假设,从全新的视角对经济学进行了重新认识,主要研究不完全、不对称信息条件下契约和制度的安排。信息与激励是微观经济学的新发展,有关这一主题的研究取得了相当丰硕的成果,曾先后在1996年、2001年、2007年、2016年,四次摘得该领域的诺贝尔经济学奖桂冠,由此,也足见其在经济学中的重要性和地位。不过,与其他经济学的分支相比,信息经济学的"思想"相对"工具"而言更为深刻,使用的数学难度相对较低。正如王则柯教授所言:"信息经济学就是这样,思想非常深刻,但是有些推理并不那么艰深。"

人是最重要的生产要素,人具有能动性,也会有趋利避害的机会主义倾向。经济人的特征就是在约束条件下寻求自身利益的最大化,当机制设计不合理或制度有漏洞时,人的积极性不能被调动,当激励被扭曲时,人的趋利避害本能以及由此引起的机会主义行为甚至会使经济整体陷入低水平、无效率的均衡。现实世界有大量的信息不对称现象与激励不相容的机制设计,需要分析与研究信息不对称问题,解决激励问题,通过设计好的制度,引导和约束人的行为,鼓励人们把更多精力用在做蛋糕上而不是分蛋糕上。一个坏的制度,往往在激励人们把精力用在分蛋糕而不是做蛋糕上。如果分蛋糕者占有制度的控制地位,这种制度就会延续下去,它会不断激励人们去做非生产性的寻利活动,结果大家都没有积极性去创造社会财富,而把宝贵的人力资源浪费在寻利活动中,这本身是社会无效率的表现。对企事业管理部门的管理者来说,运用信息与激励原理,进行激励相容的制度设计,制定有效率的合约,解决管理无效率问题;对国家的管理来说,运用信息和激励原理改进制度,增进社会诚信,降低社会交易成本,提高经济社会的整体运行效率。

本书在写作过程中,尽量把学术的严谨性和应用的灵活性兼顾起来。有理论的介绍、简洁的模型和简明的图表,也偶尔有简单的数学推导,模型背后有现实中的趣味性故事及不乏深刻的经济学解释。内容展开力图通俗易懂、深入浅出,尽可能地把抽象的原理与具体的现实生活结合起来。对不喜欢推导的读者,可跳过推导部分,不影响总体的阅读,当然读者需要有初步的经济学基础。本书内容从一个宽泛的视野,考察了如何协调好信息与激励的问题;考察代理人在完成委托人交给的具体任务而产生行为时,分析涉及从出租车司机到 CEO、教师,再到地方政府及其官员,从古代社会到当今社会;考察的交易市场,从拍卖会到劳动力市场,到整体经济。分析尽可能通过具体的事例来阐明其中蕴含的带有一般性的原理。希望本书的内容能够引起读者的阅读兴趣,若能让读者从中有所启发,在生活中有所应用,那将是本人求之不得,感到十分欣慰的事。

本书是在我申报的 2014 年河南省社会科学普及规划重点项目(SKPJ-2014-36)基础上完成的。本书激励与治理的部分内容也写进本人参与的国家社会科学基金项目(15BJL034 基于生态视角的资源型区域经济转型路径创新研究)。从选题到写作完成,历时三年有余。写作的过程中,参阅了大量的中外文献,引用了有关学者的论述和观点,在此向相关作者表示感谢。感谢华北水利水电大学高层次人才计划支持。李凌云女士为论文的写作提供了很多支持,我的研究生韦玉台、刘剑美帮助校对了部分文稿,我的同学于忠江博士在查找资料等方面提供了诸多帮助,在此一并感谢。欢迎读者、学者批评指正(zsywss@sina.com)。

目　录

第1章 经济学与信息经济学

1.1 经济学与生活

经济学来自生活,它将人们对现实生活的关心,对经济规律的认识,提升到理论高度。经济出现新的现象,原有理论解释乏力时,就需要新的经济理论来解释,这样就在经济学与现实世界间架起互动的桥梁。"经济学"这个外来词是从日本间接译过来的,"经济"取"经世济用"之简称,经济学者也应该有大的社会关爱和强烈的社会责任感。现代经济学借助于数学,研究越来越专业化,模型也越来越精美和高深,这样经济学家与普通人之间的交流就有了障碍,甚至不同的经济学分支也有了隔阂。经济学有其独特的视角和思维,经济学训练会改变个体的思维方式。比如,学了微观经济学,人们常会想到做一件事的"机会成本";做决策时,人们会想到"边际分析"。生活中人们要不断做决策,对这些普遍性分析方法的学习,有助于优化决策。

亚当·斯密把经济学研究问题的关注点聚焦在财富创造上,1776年出版的著作《国民财富的性质与原因的研究》为标志,使经济学成为独立的学科,到现在不到250年的时间,经济学是社会科学里相对比较年轻的学科。由于其成功地借助于数学,越来越严谨与模型化,关注生活反而越来越少,也越来越远离普通人的视野。对经济学家而言,宁可抱着一堆精美的模型,也不愿意去搭理日常生活的琐碎细节。有的经济学家也痛心疾首,觉得不被世人所了解,即使弗里德曼这种智慧者也实在忍不住,寻求电视媒体的帮助,搞一个通俗的解说词来宣讲自己关于市场的理念。由于经济学家要保持经济学的严谨、"科学"和理性,试图给出均衡的结论或者形成均衡的思路,也就是说他们不是在得出均衡,就是在寻求均衡的路上。有些经济学者为了论文发表的需要,不得不投期刊和编辑所好,运用精美的模型,高深的计量与数据分析(量化分析是科学研究的需要),无形地影响了经济学的普及和学者间的交流。高深的理论背后,需要高度的抽象,这样也使得它与分析现实的差距在扩大。就像数学的严谨,如果不与现实问题的分析结合,就不知道具体有什么用处,经济学的最终目的也是要致用的,这就需要理论的抽象与现实的具体相结合,不论是运用还是学习经济学,都需要一个具体到抽象,再由抽象到具体的过程。

　　具体与抽象好比现实世界价格与供求模型中的价格一样。现实世界能看到均衡价格吗?鸡蛋价格5元一斤,菜市场的价格可能5块1毛,也可能超市里就便宜那么2毛、3毛,你能说到底你观察到的哪个是均衡价格?如果你去商店买衣服,同样的衣服卖给不同的人也会有差别,谁能知道哪个成交价就是均衡价?所以经济学家的均衡,只是告诉你抽象假设下的理论价格,它可由模型中解出,并没有现实中对应出的具体价格。但能不能以此就可以说供求模型、利用供求原理求出的均衡价格没有意义了呢?肯定也不能这样说。实际上,恰是经济学运用简化假设,抓住了影响问题的本质因素,有助于找到基本的规律。也就是因为放弃了现实背后丰富繁杂的"故事",才无法真正找到"均衡"。在寻找某种具体商品或服务价格变化的影响因素时,还需要回到现实进行观察、调查(正所谓没有调查就没有发言权),并结合供求分析得出结论,这正是理论与实践的关系。

1.2　信息经济学是微观经济学的新发展

阿罗—德布鲁模型表达的新古典福利经济学定理如下:第一,竞争均衡或瓦尔拉斯一般均衡符合帕累托最优状态;第二,若对初始收益进行适当的再分配,任何具有帕累托效率的配置都能达到瓦尔拉斯均衡。当然,上述结论必须满足一系列的假定条件,其中一条就是对称信息假定。该假定认为,所有的经济行为人对所有的经济变量具有相同的信息。新古典经济学认为让市场自发作用,自利的经济人自由竞争,实现社会资源的最优配置,比政府干预的效果要好。这是建立在信息公开、充分、对称这种信息完全的假定前提下,也就是忽视了信息不对称问题,同时也忽视了经济中大量存在的交易成本。

信息不对称及信息不完全大量存在,是四大类市场失灵中最为普遍的其中一种。人们在经济生活中越来越多地发现,由于利益冲突、信息不对称,竞争的市场未必带来高效率,还常常陷入丧失交易机会和利益的"囚徒困境"。信息问题一直是人类面临的稀缺问题。试想,如果人们知道谁是骗子,就会很好的预防;如果人们能够知道谁会偷懒,就可以直接给予处罚;如果能够直接判断产品质量的好坏,就不需要工商部门来管理了。

现实的经济活动无法满足对称信息的要求,但经济学家却能通过非对称信息更好地认识和解释各种经济现象。信息经济学放松了完全竞争模型里信息完全、充分、对称的假设,将不完全信息引入经济学,研究现实世界里信息不对称对市场机制的影响,及如何减少信息不对称。所谓信息不对称,是指经济关系一方知情而另一方不知情,知情的一方有利用信息优势欺诈讨便宜的动机。利用信息经济学原理,减少信息不对称,可以降低交易成本,减少信息优势方的租金获得;信息与激励可以解释现实经济生活中许多经济现象,利用它可以促进合作,提高经济效益和分享合作剩余(cooperative surplus)。

近年来信息经济学发展迅速并得到国际学术界的认可。1996 年,莫里斯(James Mirrlees)和维克瑞(Willam Vickrey)因为对"不对称信息下激励理论"的突出贡献,同获诺贝尔经济学奖。时隔 5 年后的 2001 年,因为对信息不对称理论的突出贡献,阿克洛夫(George Akerlof)、斯彭斯(Michael Spence)、斯蒂格利茨(Joseph Stiglitz)再次分享了诺贝尔经济学奖,足见信息经济学发展的迅速和影响之大。阿克洛夫的论文《柠檬市场:质量的不确定性和市场机制》,被认为是现代信息经济学的开山之作。信息问题,在斯蒂格利茨看来,就是指信息的不对称和不完备对市场配置资源的效率即市场的有效性所发生的负面影响。斯蒂格利茨历数了这些信息问题所引致的后果。

(1)不完备的信息以及不对称的信息使得市场机制具有不完备性,因为这两种情况下构建市场所需的费用较大,其中包括信息费用。"市场的不完备性可以通过交易费用得到解释,其中信息费用是交易费用的重要部分。"①

(2)信息的不对称性也严重地限制了交易的机会。因此,信息的不对称使许多市场不完备,并不仅限于保险市场、期货市场和二手车市场。

(3)信息的不对称导致两个问题:逆向选择(adverse selection)和道德风险(moral hazard)。"结合其他交易费用,这两个问题强化了我们对市场不完备的问题的结论。"②

(4)斯蒂格利茨还发现信息的不完全导致缺乏竞争的不完全市场;这种情况下市场还会产生"噪音"。

斯蒂格利茨研究发现,当市场上充满信息不对称和不充分时,必然导致市场的不完备。信息经济学的发展,使人们对问题的分析深入到最基本的层次。经济学中的一切问题都可以从信

---

① 约瑟夫·斯蒂格利茨.社会主义向何处去[M].吉林人民出版社,1999:38.
② 约瑟夫·斯蒂格利茨.社会主义向何处去[M].吉林人民出版社,1999:42.

息不对称和信息不完全中找到来源。① 信息经济学与激励理论对现实经济现象的解释也令人耳目一新,信息问题使得经济学家着迷,因为它们完全颠覆了基本竞争模型。② 信息经济学和博弈论的研究新进展,改写了传统的马歇尔新古典经济学的研究框架与研究内容。

经济学涉及人性,面临着两个最大的约束条件:一是信息不对称,即使一个人看着我,给我说了一些话,我也不知道他在想什么,是否说了真话,无法直接验证。信息不对称情况下,缔约当事人一方较另一方有信息优势,具有信息优势的一方为代理人(agent),另一方为委托人(principal)。无论何种层级形态类型的委托代理关系,委托人都预期,同时代理人有责任(因委托人要付酬给代理人,双方存在显性或隐性的契约关系),通过代理人的代理行为实现委托人的利益最大化目标。二是无论是国家、单位、家庭或个人,都是追求自身利益的。这样往往存在个体间、个体与集体间目标不一致的情形,这就需要考虑如何做到激励相容(incentive compatibility),也就是通过适当的规则进行引导,来解决个体目标和他人或社会目标的协调和激励扭曲的问题,机制设计理论由此应运而生。③ 机制设计理论是第二次世界大战结束以后现代经济学领域最重要的发展,主要研究能否设计一套经济机制(游戏规则或制度)来达到既定目标,并比较和判断机制的优劣。赫维茨教授和田国强在机制设计方面的研究,主要就从信息和激励两个方面来讨论市场。④

第一,信息效率问题。赫维茨教授早在20世纪70年代就证明了纯交换的新古典经济,没有什么其他经济机制既能导致资源

---

① 卢现祥.新制度经济学[M].武汉大学出版社,2011:57.

② 约琴夫·斯蒂格利茨,卡尔·E·沃尔什.经济学(上)[M].中国人民大学出版社,2013:344.

③ 赫维茨(Loenid Huwricz)2007年获得诺贝尔经济学奖。赫维茨的学术贡献主要包括两部分:一是激励相容机制设计;二是把所有的经济制度安排放在一起研究,考虑什么样的制度在运行成本上最小,运行最有效率。

④ 田国强.以现代经济学助推中国制度转型[J].学术月刊,2012(6):158-159.

有效配置而又能比竞争市场机制用到更少的信息。但是,纯交换经济离现实太远,它并没有考虑到包括生产的经济。私有的竞争市场机制是唯一的利用信息最少,且产生有效配置的机制。这个结论告诉我们,在竞争市场机制能够解决资源的最优配置的情况下,应该让市场来解决,只有在竞争市场无能为力的情况下,才设计其他一些机制来弥补市场机制的失灵。这对中国搞市场化的经济改革和国有经济民营化提供了坚实的理论基础。

第二,激励相容问题。个人、社会和经济组织的利益不可能完全一致,激励问题在每一个社会经济单位都会出现。由于一个人会从要做的事中获得利益与付出代价,在自利的动机下,他将做出合理的选择:收益大于代价,就做这件事并把它做好;否则就不做,或不想把它做好。一个经济制度要解决的一个关键问题,就是如何调动人们的积极性,即如何通过某种制度或规则的安排,促使人们努力工作。激励机制能够把人们的自利和互利行为有机地结合起来。一个经济制度如果不能激发其成员的积极性,甚至压制成员的创造力,养懒人、闲人,这个制度不可能有效率,也不可能长期存续下去。机制设计问题,可以大到整个经济社会作为经济整体目标的制度设计,也可以小到只有两个参与者:委托人—代理人情况。当前中国正在进行全方位、深层次的体制机制改革,机制设计理论对于深入理解和区分好的市场经济与坏的市场经济,对于从战略层面进行顶层设计及解决中国改革发展和制度转型中所遇到的诸如国企改革、税制改革、产权改革等许多现实问题,均有参考和借鉴之处。

我国历史上也不乏激励相容的思想,早在 3200 多年前,姜太公姜尚就提出了"王者之国,使民富;霸者之国,使士富;仅存之国,使大夫富;无道之国,使国家富"的以民为本的民富,从而国安、国定、国富、国强的辩证统一思想和治国根本之道,达到使天下人与之共利害的激励相容效果。老子、管子、孙子、司马迁等人的经济思想,也与现代经济学的基本思想有颇多相通之处。

现代经济也被称为信息经济,由于计算机技术的发展,极大地提高了人们处理和利用信息的能力,一些工作就是围绕信息的搜索、处理、发现、传播来展开的,人们利用信息指导生产与生活。人事部门着力寻找潜在高素质员工,贷款部门调查贷款客户还款信息和信誉程度,市场开发者调研新产品的市场需求潜力,考试反映学生掌握知识和程度的信息。信息通过大量偶然性因素,潜藏在一系列事件中。人们利用统计和计量分析反映和挖掘出数据中带有规律性的信息,来辅助和验证逻辑推演的结论。在战争中情报至关重要,情报员的工作就是要搜索对战争发展变化有影响的信息,利用信息,使战争朝着有利于自己的方向发展。中国有句古话:知人者智,知己者明,此为明智。兵法中有:知己知彼,百战不殆。充分搜集和处理信息是科学决策的前提。

　　信息经济学主要包括搜寻理论、不对称信息理论、信号理论、委托代理理论、拍卖理论等内容,其中委托代理理论是信息经济学的核心。信息不对称可从时间和内容上划分。从时间上划分,信息不对称所发生的时间有事前、事后两种,即发生在当事人缔约前的和发生在当事人缔约后的情况,分别叫事前信息不对称、事后信息不对称。研究事前信息不对称的叫逆向选择模型,研究事后信息不对称的叫道德风险模型。从内容上划分,非对称信息的发生可能是由于当事人的行动只有自己知道,叫隐藏行动。非对称信息也可能发生在信息分布的不平衡上,签约一方对他本人的知识及特征类型知道得很清楚,而其他人不知道或知之甚少,叫隐藏信息或隐藏知识。逆向选择的内生信号传递机制和激励机制设计,都可以规避或限制个人机会主义行为的发生。信号示意与甄别针对事前的逆向选择,目的在于降低信息不对称,通过它来进行有效分离;激励机制设计主要针对事后的道德风险,有效的激励(激励兼容),能够降低监督成本。因此,内生信号理论、委托-代理理论和拍卖理论可以看做是不对称信息理论的衍生物,很多文献直接将它们归入信息不对称理论。

　　一般来说,道德风险要比逆向选择难以对付。逆向选择是隐藏信息,往往可以通过多搜集信息来降低或防范,而道德风险是隐藏行动,很难通过信息搜集来降低或防范,再加上影响因素复杂多变,识别起来更加困难。以防范购买保险后的道德风险为例,虽然可以规定一些强制性措施:房屋必须配备灭火器材,汽车必须上防盗锁,投保健康险者必须定期体检等,但这些都只是表面的约束,不足以完全制止隐藏行动的机会主义行为。激励问题、委托—代理理论多是用来解决道德风险问题的。对道德风险的隐藏行动,政府和私人公司一样无能为力,这为过程的监督带来了困难。政府对违纪官员的查处,多是在官员行为败露后。

在没有分离机制(发送信号与有效甄别)的情况下,逆向选择经常导致恶性循环:随着高质量产品(或要素)退出市场,留下来的产品(或要素)平均质量将下降,进一步引起剩余较高质量产品(或要素)的退出。解决逆向选择要靠增加信息交流与披露,不论是信息由公共提供,如政府提供(如信息发布空气质量信息,每年的3·15产品质量曝光的信息)、社会组织提供(如质量体系认证),还是私人提供,如上市公司发布业绩公告、买方利用知识和经验甄别、卖方发送区分自己商品的信号等。由于信息搜集、整理、甄别、发送等都是有成本的,所以建立什么样的制度以减少信息不对称,是信息经济学研究的主要内容之一。

对事后的信息不对称,隐藏行动或道德风险问题,风险分担既可能增强也可能弱化对个人行动的激励。对代理人如何设计风险分担,也要考虑复杂的外在环境因素。完全不让代理人承担风险,意味着给予其固定的租金,只有流水线作业的工人,或产出基本不受外在因素影响的情况下,可给工人固定工资或计件工资,不会引起激励的扭曲。更多的,对代理人行为难以监督、工作质量难以衡量的情况下,靠完全的固定工资,代理人不会有激励去努力,因为工作数量及质量与报酬无关。这时,需要引入风险分担的激励方式,让代理人的努力程度与其报酬挂钩。若让代理人承担过多的风险,对风险厌恶的代理人来说,如果其努力与结果更多受不确定的外在因素影响,会降低其努力的激励。还需要引入锦标赛,以剔除外生干扰因素。

　　在进行经济分析时,通常假定人都是自利的,甚至假定人们都是追求物质利益最大化的,认为人们在没有激励与约束机制下,总会倾向于游手好闲、偷懒等机会主义行为。如果从社会心理学和组织社会学的角度,从不同的人性假设出发,对激励问题会得到不同的结论。个人并非像经济学模型假定的那样完全以自我或自利为中心和出发点,这样我们就没法解释很多看起来非理性的行为,如人们从克服困难中感受到的愉悦感(别人体会不到),从事研究本身带来的理智感、帮助别人后内心感受到的快乐与踏实等精神享受,这些也许是无法用金钱来衡量的。因为人是社会性的,人们把自己的工作给组织带来的福利内部化,得到组织的认同和领导的赏识,自己的劳动得到尊重,他们会避免做不符合伦理规范的事情。特别在物质上得到较大满足后,人们会更在意自己工作的社会价值和内在的自豪感等精神享受,在某种意义上是内在激励在起作用。经济学只是一个较为切合实际的经济人假设下,做出的一般性的研究。人性要比经济人假设复杂得多,所以才会有社会学、心理学等其他学科对人的不同假设下的研究。所以激励不仅需要关心被激励者的物质诉求,也要关注其精神需要。

第 2 章　信息不对称

2.1　信息不对称概述

　　按照新古典主义经济学的完全信息假设,在竞争市场上,交易的商品量是由供求相等(即边际支付意愿等于边际销售意愿)这个平衡态条件决定的。通常把由价格调节供求实现供给量与需求量相等,叫市场出清。此时的价格叫均衡价格,此时的交易量叫均衡数量,在均衡价格上,任何愿意接受现行价格的销售者都得到了想买的数量,任何愿意接受现行价格的销售者,销售出了想销售的数量。然而,我们经常发现市场经济中有这样的情况,质量差的商品总是将质量好的商品逐出市场,从而市场的最终成交数量低于供求双方想要成交的数量。还有一种与新古典主义经济学假设的均衡不同的情况:假若每个消费者都愿意购买更多的保险,而且在购买保险后都能采取与购买保险前那样的预防行动,那么保险公司就会愿意提供更多的保险。但实际情况恰好相反,因为保险单会使得消费者选择采取较少的预防行动,不再像假设那样采取与购买保险前同样的预防行动,使得出险的概率因投保者的疏忽而上升,保险公司因此而受到损失,降低了供给的积极性。买卖双方进行交易,卖方知道产品的价格、质量,但却不知道买方愿意支付的最高价格;买方不知道产品的质量和卖方愿意出售的最低价格。这样一种优势各具的信息状态叫信息不对称(Asymmetric information),它与对称信息状态下进行交易是大不相同的。对拥有较多信息的一方,称其具有信息优势,另一方则处于信息劣势。信息经济学是研究在非对称信息情况下,当事人之间如何制定合同(契约)及对当事人行为的规范的问题,又称契约理论,或机制设计理论。汽车卖主知道自己车的真实状况而买主不知悉,员工知道自己的能力和努力程度而雇主不了解,投保人对自己掌握的信息胜过保险的人掌握的信息等。

有关交易的信息在交易双方之间的分布是不对称的,一方比另一方拥有信息的优势。交易双方对于各自在信息占有方面的相对地位是清楚的,信息优势方可以在经济活动中利用信息优势,采取对自己有利的行动。不对称信息大致可以分为两类:一类是指外生的信息,是指自然状态所具有的一种特征、性质和分布状况,是客观事物本来所具有的:诸如交易当事人的能力、偏好、身体健康状况等。这类信息不是由当事人行为造成的,是先天的、外生的,一般出现在合同签订之前。比如一个企业在雇佣工人时,每个工人能力的高低雇主并不很清楚。这种情况要解决的问题是设计什么样的机制以获取对自己有用的信息,如何诱使对方披露真实的信息,最大限度降低信息不对称;第二类是内生的信息,说它是内生的,因为它与当事人行为本身有关。也就是说在签订合同的时候,即使当事人双方拥有的信息是对称的,但签订合同后,其他人无法观察到的事后也无法推测的行为导致信息不对称。因一方对另一方的行为无法监督和约束,导致行动方的代理方偏离委托方目标。比如在签订雇佣合同后,你是努力工作还是偷懒;参加汽车保险后,开车是否小心等的信息产生不对称,就产生了激励问题:用什么样的激励机制能够诱使代理方采取委托人希望的行动和努力程度。阿罗把第一类不对称信息情况下的问题称为隐藏知识或逆向选择问题,第二类不对称信息导致的问题称为隐藏行动或叫道德风险问题。信息与激励的问题就是,如何在事前让拥有信息的人说真话和如何在事后使代理人朝委托人的目标努力行动。

2.1.1 信息不对称与市场低效率

信息不对称情况下,由于交易者双方都拥有一些对方所不知道的私人信息,并可以在交易中策略性地利用这种信息优势为自己谋利。这种对相关信息占有的非对称状态导致在交易完成前后分别发生"逆向选择"和"道德风险"问题,它们均会降低市场运行效率。信息不对称的危害有:

(1)市场的买卖主体不可能完全占有对方的信息,市场中信息不对称必定导致信息拥有方(或信息优势方)为牟取自身更大的利益使另一方利益受损。

信息不对称引发两种结果:"逆向选择"和"道德风险"。从发生时间上看,事前信息不对称容易存在"逆向选择"问题,而事后信息不对称则容易产生"道德风险"问题。不管是"逆向选择"还是"道德风险"都会产生市场的低效率,如果信息不对称达到严重的地步,而又没有相应的可进行交易的前提条件,那么市场将会有逐步萎缩甚至消亡的危险。要维持市场的继续健康发展,就必须降低市场中的信息不对称程度。

(2)增加了交易成本。降低市场信息不对称的重要作用还在于减少交易费用。交易费用的降低可以使原本不能够发生的交易变得有利可图,交易可以因此而扩大。市场信息不对称的增加则会增加交易费用:投机者为防止欺骗行为暴露需要支付"隐藏成本",诚信商人为使其与投机者相区别需要支付"甄别成本",消费者为了在庞大的市场中找到诚信商人需要支付"搜寻成本",社会为了惩罚投机者则需要支付"惩罚成本",等等。这样不但大大增加了交易成本,而且有可能使得原本可以发生的交易不能够维系下去,社会发展也会因此失去应有的动力。交易费用的存在表明,制度框架为生产效率提供了激励机制[①]。

---

① 科斯,诺思等.制度、契约与组织:从新制度经济学角度的透视[M].经济科学出版社,2003:49.

除了直接的交易成本,还有其他交易成本。在信息不对称的医疗行业,医生和医院还要填写大量表格。现行体系的批评者认为,表格的标准化和其他保健改革可以大大减少这些成本。但即使有了标准化,交易成本也可能还是巨大的。保险企业需要监控医生和医院以确保索赔合理。政府虽然对医生和医院有监管,但由于政府监管的信息不对称,效果往往较差,且不说政府是否有足够精力去那样做。

(3)导致假冒伪劣商品的猖獗,投机取巧时常发生。

市场的信息不对称必然导致机会主义行为的发生。投机商会利用市场信息的不对称性肆意夸大产品性能和质量的虚假宣传,假冒伪劣商品充斥着市场,消费者难以辨别商品真假,被骗上当。不法商贩往往利用信息不对称进行流动性诈骗。高价虽然是高质量的一种信号,但也不必然如此,因为高价、名牌商品往往也容易成为假冒和仿造的对象。因为造假可以卖更高的价钱,获得更多的利润。仿造者就有激励去做名牌的仿造品。所以名牌商品中越是高价的就越容易买到仿造品。如果牌子本身名气并不大,仿造的收益就比较低,仿造者就缺少激励去仿冒,假冒品反而少。经常会有名酒名烟被假冒;越是出版商把书的价定高,那些制假者就越有激励去盗版。由于我国的市场经济体系建立较晚,企业维权意识薄弱,政府监管、惩罚措施不配套,加上消费者缺乏维权意识,甚至有的消费者自愿图便宜买假货。有的消费者买到假货后,想通过法律或其他维权渠道讨个说法,但权威部门往往因案件太小,不予受理,或久拖不决,消费者也只能一忍了之。这些因素给造假和售假者可乘之机。

(4)严重扰乱经济秩序,降低了市场效率。

市场中信息不对称性的加强会降低交易双方的信誉,"劣币驱逐良币"的现象时有发生。甚至有些不法商贩有意阻挠信息的对称发布,为自己牟取更大的不法利益,严重的扰乱了经济秩序,降低了市场效率,同时也降低了消费者购买商品的欲望和满意程度。

汽车是经验商品,二手车的卖主对自己汽车的质量非常了解,而二手车的买主对汽车的质量并不清楚,二手车质量是卖主的私有信息。生产者对自己产品的生产过程及质量情况的掌握、个人努力程度、风险类型、价值取向、内在偏好等,都是私有信息。由于人们的感知特征或人为制造私有信息,产生信息不对称。同时,人们在知觉周围事物时,总是有意无意地选择少数事物作为知觉对象,而对其余事物反映较为模糊。如观察整幢高层建筑时容易注意其顶部,观察其组成部分时,容易注意其出入口。进入室内时,比较容易注意评价动作和居室的装潢及陈设,较少关注顶棚和地板。魔术师在表演时,用一些引导性的动作去有意把人们的注意引开,而在你不注意的地方施展小技巧。小偷在行窃时,往往会趁人忙乱时下手,如在拥挤的公交车上,在拥挤的车站,小偷会有意转移人们的视线,引出人们无意识的动作。行窃者可能自己说:注意好自己的钱! 此时你无意识的摸口袋动作,给行窃者提示了你装钱的位置信息。

2.1.2　如何降低信息不对称

非对称信息虽然会在短期内给一些钻营取巧之徒带来欺骗消费者的便利,但长期看,也会给一些正直、聪明的企业家创造脱颖而出的机会。设想一下,当利用信息不对称欺骗顾客的现象普遍存在的情况下,有一个人诚实无欺,将会是什么样的结果? 更进一步,如果这个人采取一种顾客能看得见的方法来证明自己的诚实,又会怎么样呢? 某一生产羽绒制品的公司开设了一个透明车间,当场为顾客填充鸭绒被,消除了生产者和消费者之间的信息不对称;股份有限公司自动公布财务账目,并邀请中立的会计师事务所加以审计,也是增强股东信心、吸引投资者的明智之举。

私有信息的存在,是信息不对称的根源。拥有信息的一方是信息资源的"垄断者",他可以利用自己拥有的信息优势为自己谋利,而处于不知情或信息劣势一方的交易,交易愿望会因为担心受骗而受到抑制。如果消费者总能够分辨出他们要购买产品的质量，那么生产优质产品的厂商就可以按质定价，获取提供优质产品的回报，从而不会有厂商生产劣质商品。但问题是消费者事先难以分辨产品质量，所以，厂商通过可靠的售后服务和售前的可信承诺，都将使其产品与劣质产品区分，也为厂商赢得高价格的回报。

信息不对称的市场失灵，是由于交易双方的信息不完全、不对称，产生在选择、履约过程中激励不相容带来的。比如逆向选择，因为缺乏筛选机制、甄别机制，导致劣胜优汰，劣币驱逐良币现象。影响交易双方的匹配，从而使交易稀薄（thin）、市场萎缩。道德风险是由于缺乏事后的完善监督机制、完善的契约及履约机制，导致购买保险、签订契约者的代理一方违背委托方利益，产生激励的不相容。如果从激励相容角度看市场失灵，也就是考察由于何种原因导致的激励不相容，通过完善各种制度、社会环境（诚信与法制）、提高公民契约意识，建立契约精神下的社会文化，最终满足激励相容的条件。微观经济学中关于解决这几种市场失灵的市场解决办法的具体措施：垄断由于其在市场权力方面地位独占性，可以通过降低进入门槛，引入竞争，打破垄断的市场地位；外部性问题的市场解决，大家耳熟能详的科斯定理就是对庇古政府校正外部性的否定，通过明晰产权、降低交易成本，使交易双方的合作成为可能，这样外部性问题内部化，改变原来的激励不相容为激励相容。产权明晰了，就知道谁应该对问题负责，被侵权方向侵权方追责，或负有责任的一方极性去寻找降低对对方侵害的办法。不论产权初始界定给哪一方（至于初始权利应该如何界定，是一国法律、习俗的问题），私人都会有积极性寻找最有效率的解决办法，结果达到个人利益与社会利益、个人最优与社会最优的一致。科斯第二定理，是讲在交易成本比较高（如谈判成本高、法律执行效率低等）的情况下，产权的初始界定会影响资源配置效率。科斯定理表明，一个良好的法治环境、社会的诚信等与市场规范相关完善的市场交易制度，对保证交易双方权利的顺利实现,以及最终的市场效率十分关键。公共物品的市场失灵,是因为非排他性无法收费,非竞争性使得收费又没有配置效率(多增加一个人享用,不影响其他人的效用,最优收费是不收费。)公共物品的核心问题是具有正外部效应的极端情况,由于市场无法使正外部性完全内部化,私人难以有足够激励充分供给,从而使公共物品供给上难以达到理想的规模。若是纯公共物品的情况,只能由政府提供。但即使这样由政府提供,也可以交由私人生产,利用市场仍然是有效率的。而更多的是准公共物品问题,即非排他和非竞争性不完全满足,这又分两种情况:非排他但有竞争性的拥挤性公共物品,可以运用排他技术来收费;非竞争可排他的俱乐部公共物品直接可由市场提供。[①] 四种类型的市场失灵,都可以通过发挥市场的作用来解决,也就是说,市场失灵不是政府干预经济的理由,但市场失灵需要政府发挥作用,政府的作用不是干预,而是为市场动作提供外部条件,如界定产权、建立征信系统和司法公正、保障司法独立和高效、降低交易成本、反对垄断等市场自身无法供给或不愿供给的竞争有序的外部环境。

　　信息不对称有些情况与专业知识相关。因专业知识本身带来的信息天然不对称,也存在产权界定给哪方更有效率的问题。比如在医院与患者的纠纷中,病人利益受损失时,就不应该遵循法律一般规定的谁主张权利,谁举证的原则。因为医生对医疗知识更为专业,医生掌握的医疗资料等信息更多,搜集信息也更容易,所以有些发达国家会有医患纠纷解决的举证倒置规定,是符合效率原则的。美国股票市场,针对庄家行为,也使用的这种举证倒置原则,因为让证监会去查找或搜集是否有违规操作行为并没有优势,而让被调查者举出自己没有违规的证据相对容易。举证权利(或义务)的安排,利用了比较优势原理,遵循效率原则来配置权利,自然增进了社会福利。对由于信息不对称产生的激励不相容问题——逆向选择问题,通过建立筛选机制、甄别机制;道

---

① 郑书耀.准公共物品私人供给研究[M].中国财政经济出版社,2008:79—123.

德风险,通过完善监督机制、完善的契约及履约机制。在社会层面上,建立诚信社会规则,内化为市民的自觉意识等。通过完善各种制度、社会环境(诚信与法制)、提高公民契约意识,形成契约精神下的社会文化,增进社会诚信,提高签约与履约效率。

2.2　事前签约问题:隐藏知识

非对称信息主要是指外生的信息,包括交易当事人的能力、偏好、身体状况等。这类信息并非由当事人的行为造成,在某种情况下可以说是先天的、外生的。外生信息一般出现在契约签订之前,这种非对称信息称为隐藏知识,隐藏信息导致经济活动的逆向选择。比如,一个企业在雇佣工人的时候,每个工人的能力高低、与企业岗位的适应程度,雇主是不清楚的。对企业雇主来说他此时没有信息优势,与待聘者处于信息非对称状态。要解决问题,就需要设计一种机制,能够获得需要的信息或者诱使代理人披露真实的信息,然后达到一种最优的契约安排。

2.2.1　二手车市场

乔治·阿克洛夫(George Akerlof)对信息不对称问题的奠基性研究,使他获得诺贝尔经济学奖。其代表作《柠檬市场:产品质量的不确定性与市场机制》,以不完全信息为基础,提出了二手车问题,分析了产生"劣币驱逐良币"现象。[①] "路遥知马力",随着驾

---

① 有意思的是,阿克洛夫这篇开创性论文,也因为信息不对称而遭到多个期刊审稿人的拒绝。《美国经济评论》和《经济研究评论》拒稿的理由竟是"无意义",《政治经济学杂志》拒稿的理由是"不正确",他们认为,如果正确的话,世界上就不会有交易存在。最终有眼力的《经济学季刊》将这篇文章刊登在 1970 年 8 月的第 3 期上,它目前成为引用率最高、最有影响的经典文献之一。这让人们想起另两位诺奖得主科斯、布坎南等也有类似的遭遇,也许是因为开创性的东西不容易被人接受和理解的缘故吧。

驶里程的增加,一些隐藏的缺点甚至缺陷才会暴露出来,才会逐渐发现自己车的质量有没有问题。有缺陷的汽车被称为次品(lemons),它们经常会出现各种故障。尽管保修可以降低购买到次品的成本,但这并不会完全消除因此而产生的烦恼——把车带到修理厂要耗费时间、费用与精力,由于知道故障隐患会增加使用者的焦虑等。当车主知道自己车况后,会愿意转手出卖给别人,且车状况越糟糕,就越急于出手。价格较高时,质量较好的车加入旧车市场出售,而质量较差的旧车也尽可能伪装(表面喷漆抛光)并加入,这样,就降低了对整体的质量评价。在不了解每辆车具体状况的情况下,买主只能根据平均质量出价,这也是他购买愿意的最高出价。这样,无法接受平均质量对应价格的高质量车主会首先退出二手车市场,使留下来旧车的平均质量进一步下降,二手车市场价格也随之下降,此时现存质量高于平均估价的好车,继续退出市场……剩下的车的平均质量不断下降,以至整个二手车市场最终萎缩,逆向选择的出现使愿意出售的二手车和愿意购买二手车者都减少。一些想处理次品车的人混杂到二手车市场,增加了买主购买好车的风险,在买主缺乏区分能力和没有相应制度安排情况下,让买主承担购买到劣质车的风险,降低了购买的积极性。这就不难理解为什么新车会比旧车价格高得多,也可以解释为什么新车刚售出去,再出售时价格就要折损很多的原因。信息不对称的存在,增加了交易风险,对购买者来说,需要扣除风险补偿,从而也降低了二手车的评估价值。

图 2-1 显示了旧车的平均质量会随着价格的上升而提高,反过来,当旧车价格下降时,其质量也会随之下降。

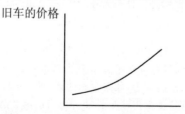

图 2-1　旧车质量与价格

图 2-2 中供给曲线是典型的向右上倾斜的情况,但需求曲线与典型的需求曲线有明显不同,是向后弯曲的。在一定价格保证时,高质量车的比例较高,购买者更关心价格。当价格低于某个点后,如图中的 E 点(后弯的转折点),购买者猜测价格低于此点,高质量车会退出,价格越低,质量就越没有保证。这样,消费者对其评价也就越低,需求量也将下降。也就意味着,除非特殊情况(像法院拍卖、或公车出售、企业破产拍卖、资金周转急需筹资等),价格的下降必然伴随着高质量车的退出和整体车质量的下降。所以价格低本身就意味着低质量,也就是说,虽然高价格不必然意味着高质量,但低价格更可能是低质量的信号。这样,在 E 点形成均衡只可能是理论上的情况,更多情况下,二手车市场是无法形成均衡。二手车质量存在差别的情况下,卖方知道自己车状况和价值,买方并不知道,市场因出现逆向选择而无法出清。若因甄别成本太高或无法甄别,就会使交易稀薄、萎缩。但现实市场仍然存在二手车交易市场,并且没有完全萎缩,为什么呢?

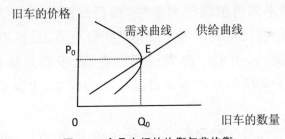

图 2-2 次品市场的均衡与非均衡

一种情况是,买主对商品的私人评价比卖主高。比如对卖主认为值 5 万元的汽车,买主感觉值 7 万元,买卖双方有 2 万元的谈判空间,如果达成了交易,就会在交易中共同实现了 2 万元的交易利益(生产者剩余加消费者剩余)。假定对于卖主值 P 的车,买主肯出 tP 的价钱(其中 t>1),就会存在交易利益和交易机会。比如 t=1.5,预期平均质量为 5 万的时候出价 7.5 万,这样如果汽车质量是从 0 到 10 万元的均匀分布,每次赶走 1/4 较好的车,逆向选择问题就缓和多了。第二种情况是,因为有市场的各种制度设置缓和了信息不对称程度。二手车买卖,有信誉好的车行和专职的经纪人中介,他们也从中收取佣金,以自己的信誉做担保,就可缓解信息不对称的交易稀薄问题。所以客观的需要就会产生专业的二手车评估机构,这样买方可以利用可信的评估信息,筛选自己愿意购买的汽车。因为有信誉的评估机构做出服务和承诺,买方因购买二手车产生损失的风险降低了,买方感觉支付相应的评估费也是值得的。而质量特别差的车主会因其车的状况被精确评估出来,无法再冒充高质量车出售,就会退出旧车市场或以低质低价来出售。这样,愿不愿意对自己车进行评估,就初步起到了区分差质量的车与其他较高质量车的作用。

对花费一定评估费而提高了车的售价的车主来说,感觉是划算的。如果评估费太高,大家就会觉得因评估而增加的价值并不值得,就仍然会有二手车混同的现象。所以,与观察到的情况相符,二手车更容易在熟悉的人中进行交易。因为,相对来说,由于"知根知底儿"信息不对称程度大大减轻,再者,熟人的信用关系作用下,欺骗的动机也受到抑制。如果评估公司不诚实,或不够专业,评估出来的价值缺乏可信性,则仍然解决不了信息不对称问题。像中国古玩市场,"鉴定专家"良莠不齐,虽然有专业部门出具的鉴定报告,但鉴定报告也可以造假,没有足够的说服力。所以才会有大量仿制品与少数真品并存的现象,大家交易古玩就需更加谨慎。

为了清楚说明这种现象,不妨举例如下:假设 1000 户居民出售 1000 辆旧汽车,假定车的状况对应价位在 0 元到 2 万元之间,并假设旧车质量是平均分布的,假定潜在的旧车买主是风险中性的。如果潜在买主非常多,卖主知道自己车的质量和价值而买方不知道,买主根据整体车的平均价值来判断旧车价值。如果买上全部旧车,出价是 1000 万元。没有专业机构为其提供车况信息,他只买一辆车的话,不知道任何一辆车的价值,就没法出价(出价太高被套,出价太低买不到)。

现在出现一个专业可信的汽车评估公司,该公司可以对任何一辆车进行精确的检测,得出真实的价值 V,该车行评估的结果在整体市场不受质疑。评估一辆车的收费假设为 200 元,那么汽车质量低于 200 元的,肯定不会做评估。但好质量车的车主愿意支付 200 元的评估费,这样可以以真实的价值出售。但是不是只要高于 200 元价值的旧车车主都会去做评估呢?比如价值 300 元的旧车,实际上,他也不会去评估。因为评估后剩余 100 元,评估没有使收益增加。为了说明这一点,假设价值为 V_0 以上的旧车都去做了评估,而所有低于此价值的旧车都没有做评估。那么你的旧车恰好是 V_0,如果做评估并以真实的价格出售你的旧车,你卖掉后的净收益为(V_0-200)元,如果你不做评估,卖掉的价格为 $V_0/2$,那么你做评估划算还是不做评估划算呢?这就取决于评估后的净收益大还是不评估而按照市场期望价格卖掉的收益大,即 $V_0-200>V_0/2$,$V_0>400$ 元时,做评估是值得的,而 $V_0\leqslant$ 400 元时,就没有必要做评估。由此可以得到结论:均衡时,有 400/20000,即 2%(20 辆)最差质量的旧车车主会选择不做评估,愿意直接以 200 元的价格出售(假设收购价值低于 400 的最差质量旧车者以废品价整体收购)。支付给评估公司评估费后,所有旧车车主的总收益为 1000×1 万=1000 万元,扣除评估费 980×200=196000,即 19.6 万元,净收益 980.4 万。所有旧车因质量得到甄别全部售出。如果评估费用不是 200 元,而是更高的 400 元、600 元等时的情况会如何呢?不做评估的旧车车主一定会增加,市场仍然会出清。评估费用相当于为了顺利实现交易而不得不付出的交易成本。而随着交易成本(评估费)的提高,选择不做评估的旧车会增加,这部分旧车仍然会出现交易稀薄现象。此外,即使不增加评估费用,假设评估公司较多且良莠不齐(放松评估公司自身可信的假设),不但旧车车主无法识别,购买者也无法识别,这样随着评估公司可信度的下降,购车者(或售车者)不得不多找几家评估公司来评估①,或虽然找一家公司评估,但由于评估的质量不能保证而可能高价买上低质量的旧车而遭受损失。

---

　　①　至于评估由哪方进行或评估费用由哪方承担,不影响分析结论,就像对哪方征税,不影响最终的税收负担一样。

这样,他会降低他的出价,交易也会因此稀薄。所以提高评估公司的可信性,降低评估成本,对甄别商品与提高交易效率显然是有益的。而我国目前评估公司管理不规范,要价不统一,质量参差不齐,自然对诸如信息不对称严重的市场(不仅是二手车市场,古董、宝玉石、贵金属)的发展产生不利的影响。

2.2.2 保险市场

"逆向选择"这一术语也起源于保险行业。因为保险市场上的逆向选择现象相当普遍。以医疗保险为例,不同投保人的风险水平不同。有些人可能有与生俱来的高风险,比如容易得病,或者有家族病史;而另一些人低风险,比如他们生活有规律,饮食结构合理,或者家族寿命都比较长有好的遗传基因。这些有关风险的信息是投保人的私人信息,保险公司无法完全掌握。如果保险公司对所有投保人制定统一保险合同(总体保险合同),由于保险公司事先无法辨别潜在投保人的风险水平,这个统一的保险费率只能按照总人口的平均发病率或平均死亡率来制定,它必然低于高风险投保人应承担的费用,同时高于低风险投保人应承担的费用,从而使低风险投保人由于保险费用过高而退出保险市场。结果,保险市场上只剩下高风险的投保人,即出现高风险投保人驱逐低风险投保人的逆向选择现象。其结果是保险公司的赔偿概率,将超过根据统计得到的总体损失发生的概率,这将导致保险公司出现亏损甚至破产。

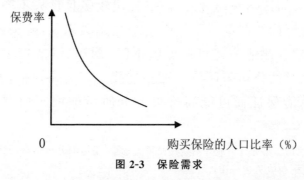

图 2-3 保险需求

此外保险中也存在逆向选择问题。保险公司不知道投保人的类型：健康还是不健康、谨慎还是冒险等。

面对保险费率的提高，最不可能需要医疗保健的人（如体检后知道自己身体健康者或年轻人）认为，保险费太高，不如储蓄自己对付可能性较小的意外发生。或者只会购买与职业相关的保险。这样逆向选择就出现了，购买者很可能是出险概率大的。随着最健康的人退出保险市场，购买保险的比率下降了。保险企业不会无所作为地等着任何人的申请：（1）它们会积极地吸引健康者加入保险，集中向低风险地区和人群做价格优惠的宣传；不同社区的健康差别很大，不同职业人群对得什么类型的疾病上也会有一定的规律可循，不同收入人群的健康状况也会因营养、知识、对健康的关心程度有差异。如对吸烟、暴力、毒品吸食者、酗酒者、交通违章率高者往往更容易冒不关注身体和生命的风险。保险公司可以增加对不同人群信息的搜集来鉴别出不同类型人的健康风险，通过降低信息不对称程度来减少其经营损失和减少逆向选择情况的发生；（2）也会筛选出不太健康的人。如保险公司要求被保险者出具一定规格的医院体检证明；他们会查病人有无既往病史；会调查是否有家族遗传疾病；（3）保险公司对赔付额会有上限规定；（4）保险公司对出险的情况做不厌其详地说明。

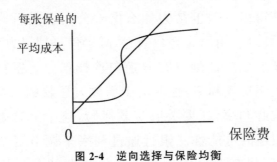

图 2-4　逆向选择与保险均衡

随着保费率的提高，购买保险的人口比例会下降，最不需要保险的人首先会退出保险市场，结果留下来的出险率上升，保险公司的成本增加，不得不提高保险费率。这样会有多个均衡的结果，在高价格均衡中，相对少的人投保；在较低的价格上，更多的人会投保。

保险公司通过改善保险组合的行为叫摘樱桃（cherry picking）或叫撇奶油（cream skiming）。保险公司通过从事这些活动，比较鉴别被保险者类型，能提高自己服务的效率和增加企业的利润。通过降低成本来增加利润对企业和社会都是有利的，如企业针对被保险者中开车违章多者，进行安全宣传教育，对酗酒者进行劝导，提供相关的健康知识，让被保险者改变自己的行为方式，进而降低健康危害的发生率，降低保险公司的赔偿，对被保险人也是有利的，但通过撇奶油，放弃健康状况差的人群，使其他保险企业面临糟糕的未投险人市场，相当于增加了其他保险企业的成本，甚至导致高风险人群没有保险可保的尴尬结果。

同时，对保险公司来说，用于甄别被保险者类型，搜集信息、整理，向被保险者进行宣传、营销，也要花费各种市场动作成本，这就是信息不对称带来的交易成本。在没有交易成本的完全竞争世界里，所有以保险费的形式进入保险公司的钱将以保险津贴的形式支付，但是出售保险单和支付津贴需要成本。所以保险企业总是花大量的钱去区分高风险和低风险。由于不论大企业还是小企业，搜寻信息所需要的成本相差不大，这样因信息搜寻而产生的交易成本对大企业来说负担相对较少，而对小企业来说面对的负担要高得多。这也是为什么保险公司会进行客户开发的一个原因，它可以利用原有客户信息，减少信息搜寻方面的支出。

资本市场上也广泛地存在着逆向选择现象。银行贷款的预期收益既取决于贷款利率，也取决于借款人还款的平均概率。因此银行不仅关心利率，还要关心贷款风险，这个风险是借款人因各种原因不归还的可能性。银行通过利率来调节资金市场的供求关系，但利率提高有可能首先赶走的是业绩和信用较好的企业。当银行提高利率时，会产生两方面的影响：一方面通过提高利率，增加自己的收益；另一方面，当银行不能观测特定借款人的贷款风险类型时，提高利率将使低风险的借款人退出市场，从而使得银行的贷款风险上升。利率越高，剩下来的越可能是愿意冒险的企业,当利率高于其利润率时,他们的还贷能力就很值得怀疑了,能够接受这样利率的企业一定是不考虑风险,也可能不打算还款的企业,这就产生了严重的逆向选择。结果,使银行贷款面临的风险加剧,利率的提高可能降低而不是增加银行的预期收益。显然,正是由于贷款风险信息在作为委托人的银行和作为代理人的借款者之间分布的不对称,导致了借贷市场的逆向选择。所以,商业银行不会把利率提高到正好让资金供求相等的"均衡利率"水平上,而是停留在比均衡利率低的某个水平上,有更多企业愿意以较低的利率向银行贷款,从而可以留下信用和业绩较好的企业。因为选择那些业绩和信用较好的企业放贷,符合银行的利益。正如斯蒂格利茨和韦斯(A. Weiss)指出的,如果银行要减轻坏账所带来的损失,限制每笔贷款的额度可能是最优的,而不是提高贷款的利率。这与新古典经济学的供求原理的解释是不一致的。逆向选择的存在,使市场均衡无法在供求量相等处实现。

就像外部性问题可以由市场来解决一样,信息不对称也可以由市场的创新来缓解或解决。曾有加利福尼亚猕猴桃市场监管的一个成功案例。

猕猴桃在购买者未品尝之前是不知道味道如何,即使允许品尝,一般也是可以品尝样品,但样品并不能代表整体水果的质量,甚至卖方还可能有意用好的样品来欺骗消费者,使不认真的消费者误以为其整体水果都是样品的品质呢。只有水果商知道其水果是否成熟,品质如何,而后来购买水果的批发商和零售商也都不确定所购买猕猴桃最终是甜的还是酸的。为了赶在好的时候卖上好的价钱,猕猴桃种植者更容易在没有成熟时,将其送向市场。

在 1987 年以前,加利福尼亚出产的猕猴桃口碑不佳,常有消费者反映其品质不好。不同的生产商所供应的猕猴桃的成熟度良莠不齐,其采摘时的平均含糖量低于业内标准——新西兰出产的猕猴桃的平均含糖量。由于加利福尼亚州出产的猕猴桃存在大量"次品",零售商就不愿意为其支付较高的价格。因为低品质水果(未成熟)混杂其间,使得加利福尼亚州水果市场的整体价格都被拉低了。因为种植成熟的猕猴桃比种植不成熟的猕猴桃成本高很多,加之相对较低的售价,更使得加利福尼亚水果市场中的成熟猕猴桃的供应量大幅下降。逆向选择问题产生了! 出现了买方和卖方都不愿意看到的结果:价格低、销量下降。为了解决由低质量引起的逆向选择问题,1987年加利福尼亚州猕猴桃生产商组成了市场销售联盟。联盟规定了一个最低成熟度标准。随着加利福尼亚州猕猴桃平均质量的提升,销售价格也逐渐回升。没过几年,加利福尼亚州猕猴桃和新西兰猕猴桃价格的差距就明显减少了。[①]

2.2.3　信息租金

在信息不对称或信息不完全条件下,信息优势方利用信息优势获得的超过其在对称信息或者完全相信下应该获得的收益部分,该超额部分收益叫"信息租金"。英式拍卖中,竞买人轮番出高价,出价最高的获得拍卖品。对卖主来说,当然希望成交的价格越高越好。卖方披露尽可能多的信息给买方,并对所有的买方公开,让买方减少对所卖商品品质的怀疑。因为人们对未知的信息往往会做最坏的考虑。公开信息,减少不确定性,买主对标的物评价提高,自然也提高他们的保留价格。而想赢得竞拍商品的买主却试图拥有比竞争对手更多的有关拍卖的信息,以便更大可能且以尽可能低的价格获得拍品,从中获取更多的交易利益。竞买方和卖方在对待信息的态度上显然是相反的,因为都想利用信息获取收益。不同的只是前者通过披露尽可能多的信息,后者是通过隐藏尽可能多的信息而获取收益。

开发商通过广告来披露有关销售的信息,如开盘时间、地点、

---

①　亚瑟·奥沙利文,史蒂夫·M·谢夫林,斯蒂芬·J·佩雷斯著;刘春生,田广才,李颖译.生活中的经济学[M].中国人民大学出版社,2013:160−161.

活动优惠、奖品等，但也会有意隐瞒一些信息，如出售量、出售的价格分布、存量等。披露信息是想增加销售量，提高购买者估价；隐瞒信息恰好是不让购房者知道真正的市场价格，并且试图通过制造供不应求的火爆场面，来拉升销售价格。在预期上，有些信息会产生"第二信号"，在房地产价格上升时期，人们一旦听说限购、提高贷款利率和条件、提高首付比例，就会预测楼价会继续上涨，购买者的恐慌情绪使之做出提前购买的决策。

交易者可以依靠信息优势获取信息租金，可通过一个简单模型加以说明。假设有两个厂商，其中一个厂商掌握了另一家厂商的反应函数，而另一家厂商不搜集信息，跟随第一家厂商来行事。拥有信息优势的厂商把跟随厂商的反应考虑进决策里，而跟随厂商只根据观察到的信息优势厂商的产量来决策。对双寡头的斯塔克拍格模型进行改造（斯塔克拍格模型中具有成本优势的厂商是领导者，成本劣势的厂商是跟随者），把信息优势方作为领导者，信息劣势方为跟随者。为了说明信息对厂商利润的影响，假定两家厂商的其他情况都相同。在此，假定两家厂商成本相同，即生产效率完全相同，不同的一点只是掌握信息不同。想证明的是，具有信息优势的厂商会获得额外的信息租金吗？假定两家厂商的成本函数为：

$$TC_1 = 2Q_1^2 + 2 = TC_2 = 2Q_2^2 + 2$$

由于市场上只有这两家厂商，则

$$Q = Q_1 + Q_2$$

假定市场的反需求函数为：

$$P = 100 - Q$$

$$\pi_2 = TR_2 - TC_2 = [100 - (Q_1 + Q_2)]Q_2 - (2Q_2^2 + 2)$$
$$= 100Q_2 - Q_1Q_2 - 3Q_2^2 - 2$$

不拥有信息的厂商，利润最大化的一阶条件为：

$$\frac{\partial \pi_2}{\partial Q_2} = 100 - Q_1 - 6Q_2 = 0$$

则其反应函数为：

$$Q_2 = \frac{50}{3} - \frac{1}{6}Q_1$$

具有信息优势一方的利润为：

$$\pi_1 = TR_1 - TC_1 = [100 - (Q_1 + Q_2)]Q_1 - (2Q_1^2 + 2)$$

由于它拥有厂商 2 的反应函数信息，在此基础上最大化自己的利润，决定其最优产量。将厂商 2 的反应函数代入厂商 1 的利润等式，再求一阶条件：

$$\pi_1 = TR_1 - TC_1 = \left[100 - \left(Q_1 + \frac{50}{3} - \frac{1}{6}Q_1\right)\right]Q_1 - (2Q_1^2 + 2)$$

$$= \frac{250}{3}Q_1 - \frac{17}{6}Q_1^2 - 2$$

$$\frac{\partial \pi_1}{\partial Q_1} = \frac{250}{3} - \frac{17}{3}Q_1 = 0$$

$$Q_1 = \frac{250}{17}$$

$$Q_2 = \frac{725}{51}$$

$$\pi_1 = TR_1 - TC_1 = \left[100 - \left(\frac{250}{17} + \frac{725}{51}\right)\right] \times \frac{250}{17} - \left(2 \times \frac{250^2}{17} + 2\right) = 610.75$$

$$\pi_2 = TR_2 - TC_2 = \left[100 - \left(\frac{250}{17} + \frac{725}{51}\right)\right] \times \frac{725}{51} - \left(2 \times \frac{725^2}{51} + 2\right) = 604.26$$

$\pi_1 - \pi_2 = 610.75 - 604.26 = 6.49$ 即为信息租金。

生活中利用信息优势获取信息租金的例子很多。蜀国军师诸葛亮在兵力不足情况下，利用信息不对称制造对自己有利的信息而获取收益。当时魏国得知蜀国只有不到一万士兵把守西城，就派大将司马懿率领十几万军队前去攻打。蜀国知道以一万士兵抵挡十几万敌人，必如以卵击石，定败无疑。可是要从别的地方调集军队增援又来不及。西城危在旦夕，诸葛亮命令城内的平民和士兵全部撤出，暂时躲避到一个安全的地方，然后大开城门，等候敌人的到来。魏国大将司马懿不久即带兵包围了西城，但令他吃惊的是,本来以为会戒备森严的西城却城门大开,城墙上也看不到一个守卫的士兵,只有一个老头儿在城门前扫地。正在他大惑不解的时候,看到城楼上出现一个人,此人正是他的老对手诸葛亮。只见诸葛亮不慌不忙地整理了一下自己的衣服,在一架预先放好的古琴前坐下来,随即悠扬的音乐从城楼上飘来。魏国的将士都愣住了,在大军围城的危急关头,蜀国的军师诸葛亮却弹起了琴,不知道这是怎么回事。面对开着的城门和弹琴的诸葛亮,老奸巨猾的将军司马懿竟一时不知如何是好。他早就知道诸葛亮足智多谋,可诸葛亮胆敢大开城门迎候十几万大军,这太出乎他的预料了,他料定城里必是埋伏了大量兵马。这时,就听城楼上传来的琴声由舒缓渐渐变得急促起来,仿佛暴风雨就要来临。司马懿越听越不对劲儿,他怀疑这是诸葛亮发出调动军队反攻的信号,于是急忙下令军队撤退。就这样,蜀国的西城没费一兵一卒就得以保全。这就是著名的"空城计"。

这个故事里,诸葛亮隐藏了自己兵力不足的信息,利用司马懿的多疑,用大开城门、淡定的琴声发送他做好充分应战准备的信号,让司马懿来甄别信息,而多疑的他认为这肯定是诱敌深入的策略。当然,万一被对手识破,那风险也就太大了!诸葛亮吓出一身冷汗,说使用此计也是迫不得已。

生活中,常见路边算命的先生给人算命,他一般会边问情况边推测,问情况的过程就是搜集信息。因为多数人是遇到不顺心的事后,实在没有办法,才想去算一卦。他见你走近会对你说:你遇到麻烦事儿了!这样,他猜准的概率是高的。然后,让你把遇到烦心的事儿交代出来,他则旁敲侧击、顺藤摸瓜,获取进一步的信息。再运用心理的知识,不需要过多言语,通过对细节的观察进行分析(比如看到穿白大褂的,身上带药味的,可以判断是医生;若带葱油味儿,八成就是厨师)。他还会根据眼神、动作的反应,判断对方的真实想法。几个回合下来,便对对方了解个大概了。这时,就可以做出一些比较靠谱的"分析和结论"。有时"分析"中间可能会有一些纰漏,但由于心理的原因,咨询者往往只记住那些说得准确的地方,而容易疏漏有纰漏的地方(魔术的微妙也在此,魔术师在表演魔术时,通过一些吸引人的动作,分散和引导观众的注意力到别的地方,其实也是有意让人忽略某些信息,自己好趁机做手脚)。算命先生还爱说模棱两可、无实质意义的话,即使你发现他说的有纰漏,他也会从你吃惊的表情里及时为自己打圆场。

骗子行骗前,为了提高成功的概率,也会尽可能地搜集行骗对象的信息。很好的防骗办法就是自己的冷静思考,通过制造对自己有利且可以甄别的信息,来判断对方是否撒了谎。如果遇到陌生人,特别涉及财物,不管是多大的好处,都需要理性地想一下:如果真有这么好的机会,他凭什么不把此机会留给自己呢?再在尽可能保护自己信息的同时,引导骗子去回答你的问题,从中再去甄别其真伪,判断他是否是骗子。这样,即使准备再充分的骗子,总有准备不充分的地方,你追问多了,他自然就露出马脚,因为要掩盖一个谎言需要十个谎言。只要做个有心人,就会大大减少受骗的可能性。俗话说得好:再高明的狐狸也瞒不过猎人的眼睛。其实很多骗人的办法并不高明,甚至用常识稍加思考,就可以判断其真伪。向推荐牛股的"老师"质疑:如果真有这样的机会,你为什么不自己抓住?一个路边算命的先生向你推销如何转来好财运时,你有理由怀疑:为什么他不先把自己的财运转一转呢?若真能那样,不至于自己还在路边风吹日晒;还可以运用小概率事件不会一次发生的原理来做判断。虽然有些信息你也不知道,但你可以判断的是骗子告诉你的事是小概率事件。你就可以根据小概率原理做出拒绝相信其一次就发生的真实性。比如有人大白天故意把现金放在宽阔的大马路上,等你来捡。你想你能是第一个捡到现金的人吗?或者说,如果马路上掉的是真现金,能会轮到你来捡吗?更不用说有人与你同时捡到了。想到这里,你还会相信这不是骗子,又是什么?还可以根据对方做出的选择来判断陌生人说的话是否是真实的,或者以此推断其真实境况。如有人说:见到路边有人要饭,就给他些钱;见到有人要钱,就问他吃不吃饭。这是有一定道理的。一般要钱的可能是以此为生的人;而讨饭的,肯定已经也没钱了,需要帮助的可能性更大。

2.2.4 "制造"并发送对自己有利的信号

前面讲到的"要饭给钱,要钱给饭"的例子,通过给出的信息或主动制造信息以此做出甄别和判断,是一种抛砖引玉的策略。抛砖引玉策略,在军事上使用时是指用类似的事物去迷惑、诱骗敌人,使其懵懂上当,中我圈套,然后乘机击败敌人。"砖"和"玉",是一种形象的比喻。"砖"指的是小利,是诱饵;"玉"指的是作战的目的,即大的胜利。公元前 700 年,楚国用"抛砖引玉"的策略,轻取绞城。当时楚国发兵攻打绞国(今湖北郧县西北),大军行动迅速。楚军兵临城下,气势旺盛,绞国自知出城迎战凶多吉少,决定坚守城池。绞城地势险要,易守难攻。楚军多次进攻,均被击退。两军相持一个多月。楚国大夫屈瑕建议:趁绞城被围月余,城中缺少薪柴之时,派些士兵装扮成樵夫上山打柴运回来,敌军一定会出城劫夺柴草。前几日让他们先得一些小利,等他们麻痹大意,大批士兵出城劫夺柴草之时,先设伏兵断其后路,然后聚而歼之。楚王命一些士兵装扮成樵夫上山打柴。绞侯听探子报告有挑夫进山的情况,忙问这些樵夫有无楚军保护。探子说,他们三三两两进出,并无兵士跟随。绞侯马上布置人马,待"樵夫"背着柴禾出山之机,突然袭击,果然顺利得手,抓了三十多个"樵夫",夺得不少柴草。一连几天,果然收获不小。见有利可图,绞国士兵出城劫夺柴草的越来越多。楚王见敌人已经吞下钓饵,便决定迅速逮大鱼。第六天,绞国士兵仍然与前几天一样出城劫掠,"樵夫"们见绞军又来劫掠,吓得没命地逃奔,绞国士兵紧紧追赶,不知不觉被引入楚军的埋伏圈。此时伏兵四起,杀声震天,绞侯自知中计,无力抵抗,只得请降。

楚军制造无人护卫的打柴樵夫运送柴禾的信号,诱敌上当,通过制造混乱这一对自己有利的机会,一举击败对方,正所谓兵不厌诈。中国的三十六计中很多计谋,多是运用制造的信息,伪装自己,引诱对方中计,从中获益。私有信息的存在,使得投保人可以就他们本身的身体情况或风险程度说谎。这样一来,从保险公司的角度看,他们得到很多"逆向选择"得来的投保人。平常人们说"选择",都是往好的方面选。保险公司的上述市场活动带来的选择,"选"出来的是比较不那么好的一群。这种情况叫做"逆向选择"。由于多数的投保人是高风险类型,比如容易得病的人更愿意投保健康险,不容易得病的人不倾向于参加保险,结果保险公司需要赔给保户的钱将远远高于他们按照平均得病率计收的保费,从而带来损失,甚至导致保险公司因风险过高而破产。在信息不对称的市场中,不具备信息的一方建立如何的机制来筛选有信息的一方,从而实现市场效率,这是约瑟夫·斯蒂格利茨研究的重点。如果说阿克洛夫研究的是产品市场上的信息不对称,迈克尔·斯彭斯研究的是劳动力市场的信息不对称,那么,约瑟夫·斯蒂格利茨进一步把信息不对称引入保险市场和信贷市场的研究,并且在诸多领域都有建树。

在金融市场上,交易双方为借款人(包括招股人)和放款人(包括购股人),借款人是资金的使用者,借入资金"实际"投资项目(不一定是他向放款人所声称的项目)、投资项目的收益和风险、对投资回报和盈利以及借款偿还率等问题,只有借款人最清楚,处于信息优势地位,而放款人只是资金的提供者,并不直接参与资金的运用,对贷款人的信息只能间接地了解,因此放款人处于信息劣势。对此,借款人和放款人对各自所处的信息状态都是清楚的。由于这种信息劣势的影响,放款人往往无法对借款人的信用和资金偿还概率做出可靠的判断,从而也不可能正确地比较众多借款人之间的信用质量,在此情况下,放款人只能按照所有发行公司的平均质量来决定其放款价格。那么,对于信息质量高于平均水平的借款人来说,这种价格低于其公平的市场价值,而对于信用质量低于平均水平的借款人来说,这种价格则高于公平市场价值。借款人处于信息优势，能够对自己的信用质量做出比较合理的评价，从而也能正确判断放款人的价格是高还是低。那些被市场高估了的借款人，也就是信用质量低的借款人就会积极地推销自己的证券，尽量利用市场来集资，而那些被市场低估了的人，就会感到发行证券并不合算，从而尽量避免用市场集资的办法来扩大其经营规模。在这种金融市场的信息非对称状态下，投资资金就会向低质量企业流动，反而抑制资金向高质量企业流动，这种不合理的资金分配机制就是"逆向选择"。也就是说，信用质量越差的借款人，越有可能取得市场投资资金。这样一种发生在金融交易完成之前的投资决策过程，对金融市场的资源配置效率具有严重的不利影响。

不仅在经济生活中存在很多"劣币驱逐良币"现象，日常生活中的逆向选择也随处可见。人们常说"巧妇常伴拙夫眠"，漂亮女孩身边的男孩总是貌不出众、能力平常，而那些普通女孩倒是不乏优秀男生与之相伴。产生这种现象原因就是信息不对称下的逆向选择引起的。那些对漂亮女孩向往已久的崇拜者们相互之间，以及和漂亮女孩之间更难以沟通信息。漂亮女孩的追慕者会这样想：这么漂亮的女孩，怎么可能轮到我来追呢？那些想追求她的人相互之间都不能互通信息，也不了解漂亮女孩的尴尬处境和真实想法。这就是漂亮女孩的困惑。结果是每个想追求她的男人，都根据自己的预期来决定是否要去追求漂亮女孩。由于大家都预期追求金发女郎一定是极高的门槛，造成大家都退缩不前。在这个困惑中，由于漂亮女孩产生的这种曲高和寡现象，大家只观察到了女孩的美貌，只发现了自己的不足之处，而根本不知道其他信息。每个人都相信追求漂亮女孩的代价将是很高的，因而大家都不敢采取行动，使得漂亮而优秀的女孩高处不胜寒。最后反而可能是那些不知天高地厚、懵懵懂懂的男生追到了漂亮女孩。

2.3　事后履约问题:隐藏行动

契约签订后,被监督方的行为不为监督方完全知晓,重新出现信息非对称。这种取决于当事人行动的内生信息不对称叫隐藏行动的道德风险。一般地,当交易双方签约后,如果代理人的行动选择会影响委托人的利益,而代理人选择了什么行动委托人又不知道,委托人利益的实现就有可能面临"道德风险"问题。

2.3.1　道德风险

"道德风险"这一术语产生于保险业,指当签约一方不完全承担风险后果时,所采取的自身效用最大化的行为。比如,借贷者获得资金后,违反合约从事高风险投资活动;雇主雇佣工人,工人有适应岗位工作的能力却出工不出力或不尽力;汽车投保后,车主开车不再像投保前那样谨慎以预防事故的发生;购买了财产保险的人将不再像以前那样仔细地看管自己的财物,购买了医疗保险的人可能让医生多开一些不必要的贵重药品。

医疗保健与大多数其他商品存在许多区别。大部分医疗保健支出是由政府或保险公司支付的,而不是由个人支付的。因此,个人没有节省医疗保健支出的激励。个人难以判断所获得的医疗服务的重要性和质量,只能听取医生的建议。但在标准的每次付费的医疗制度下,医生有多提供医疗服务的激励,(如医生根据开药的费用提取报酬,还是根据看病人的数量来提取报酬),医生给病人提供的有些服务是没有价值的,存在或多或少的过度医疗问题。医生决定治疗要考虑赢利,通常是基于金钱,而不是以病人健康为出发点。更糟糕的是,在医疗保障普及的情况下,由于个人不承担较少比例的费用,只要其预期收益超过他们自己承担的费用,(在这里公共的医疗资源类似于公共资源,公共资源的过度利用问题由此产生,这也是市场失灵的一种),病人就愿意得到这种服务。反而可能会出现如果医生未提供"足够的"医疗或检查,可能使医生面临官司。医生面临高风险的情况下,不得不进行保守性医疗,尽可能全面的检查,以便真出问题时,好区分责任,保护自己。医生这种行为恰好与自己的利益也兼容,但事实上,是低效率的激励相容。

人们通常厌恶风险,所以愿意通过购买保险来降低风险。特别对风险承受能力差的人来说就更加厌恶风险:如果一直幸运几乎没有保险支出,而在某一年份运气不佳时,会面临超过其家庭支付能力的灾害,就会一贫如洗或债台高筑。保险提供的服务可减少人们面临的风险,能够使生活相对平静。当个人都购买保险时,在遇到重大疾病或灾难时,不必支付巨额的全部费用。在治疗过程中,会有相当大的随意性,医生可能会愿意多给病人开药,或增加手术,给病人开昂贵的药(其疗效可能并不见得比便宜药更有效)。由于在有医疗保险的情况下,病人只支付药费的一部分,这降低了病人对价格的敏感性,如果全额报销,病人对药昂贵还是便宜无所谓,况且不了解药物的性能,只能听从医生的建议。

健康服务的需求曲线如图 2-5 所示。在医疗保障情况下,由于病人的开支可以有一定比例的报销,比如 50%。这时,相当于降低了病人支付的边际成本,会增加病人对医疗服务的需求量。假如病人支付的只是真实成本的 50%(报销的比例可能随着支出的增加而变大)。

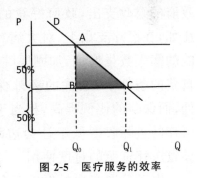

图 2-5　医疗服务的效率

如果没有保险,病人消费在 Q_0 水平。保险降低了个人的支付价格,使消费数量增加,由 Q_0 增加到 Q_1。从社会角度,产生了面积 ABC 的无谓损失,从而降低了资源的配置效率。

保险导致个人在保健上多花费的现象导致道德风险。其他保险也会发生类似的现象,如过高的火灾险,会诱使人们无意防火和救火;过高的车险,会使开车者更容易冒险。从激励的角度看,当被保险人承担损失的比例下降时,就会降低防止损害发生的积极性。保险覆盖得越全面,个人防范的积极性越低。保险使个人成本与社会成本产生了不一致,相当于产生了正的外部效应,使社会最优的保险量无法被充分地供给出来。

为了对付医疗保险中的道德风险问题,医疗保险合同中通常有共同支付和免赔额的规定。如,医疗储蓄账户鼓励个人购买有较大的免赔额和共同支付的保单,保险者小病无须启用保险,节约的费用归自己支配。富人和健康者更喜欢这种制度,而对低收入者、健康状况差者是不利的,没有医疗储蓄账户者会面临更高的商业保险费率。对于更多需要医疗的人群,如老年人,会购买补充医疗保险,即自己购买私人医疗保险对免赔部分进行补充。这种补充医疗保险费覆盖了保险公司引起的直接成本,却没有覆盖政府由于费用增加而导致的额外成本。因此一整套改革提议不是限制了这些保单所提供的覆盖面,就是迫使它们支付全部增加的成本。[①] 当商业保险对风险较大的弱势群体保险不足时,政府就需要发挥保险的社会服务职能。有人担心,保险过度会增加政府的财政支出,政府好意的政策可能导致保险费提高的问题。比如,在医疗支出上,对大病和住院报销比例的提高,导致医院住院的病人数量增加,加剧医院的床位紧张并引起支出的增加。在自费的条件下,最优的额外保险决策在边际收益等于边际成本处,而保险的比例提高,相当于政府承担了一部分边际成本,会使医疗的边际收益低于社会边际成本,个人选择昂贵的医疗计划,导致医疗资源的过度使用。

由于获取车主投保后开车行为的信息很困难或根本不可能,保险公司处于信息劣势;了解雇工是否努力和尽责很困难,雇主处于信息劣势;银行贷款给投资者,对投资者盈利与偿还能力不如借贷者清楚,银行处于信息劣势。由于信息不对称,导致代理

---

① 约瑟夫·E·斯蒂格利茨著.公共部门经济学(第三版)[M].中国人民大学出版社,2013:271.

人行为即使为委托人的目标付出全部努力,也无法得到充分的激励,即使不努力也无法让其承担全部后果。斯蒂格利茨研究保险市场时,发现了一个经典的例子:美国一所大学的学生自行车被盗比率约为 10%,有几个有经营头脑的学生发起了一个针对自行车的保险,保费率为保险标的 15%。按常理这几个有经营头脑的学生应获得 5% 左右的利润。但该保险运作一段时间后,发现自行车被盗比率提高到 15% 以上。何以如此? 他们发现,这是由于学生们在对自行车投保后,对自行车安全防范措施明显减少,由于投保的学生不完全承担自行车被盗的后果,对自行车安全防范不足导致的。这种投保后防范不足的行为,就是道德风险,道德风险的存在导致车被盗的可能性上升了,从而经营者的利润比预想的要低。如果一个人对于他的行为后果只承担一部分责任,或者根本不承担任何责任,那他的行为动机就被彻底改变了。由于人们在投保后的行为保险公司无法观测到,从而产生了"隐藏行动",保险公司面临着投保人松懈因而导致的损失。

　　金融市场道德风险也很普遍,金融市场上道德风险表现形式有三类:其一,违反借款协议,改变资金用途。比如借款人取得资金后,不将资金投入所声称的投资项目,而用于投机性交易,或用于其他高风险投资;借款企业的管理人员为个人私利滥用资金,如为抬高自己的地位,将资金用于对企业根本无利可图的项目上。这些行为都会降低如期偿还所借资金的可能性;其二,借款人隐瞒投资收益,逃避偿付义务。比如企业招股集资后,将收入用于投资项目并获取投资利润,但管理人员私吞或隐瞒不报,利用股东的信息劣势,谎报投资失利,让股东承担风险损失;其三,借款人取得资金后,不能合理地实施资金运作,或因经营不善造成资金损失。

　　在现实生活中道德风险也普遍存在:病人到医院看病动手术,手术能否成功,大夫在手术过程中尽心尽责非常重要,但医疗是科学,面临风险是正常现象,谁也无法保证百分之百的成功。医疗失败可能是客观原因带来的,也可能是大夫不用心导致的手术失败。如果不能将正常的手术风险和医疗事故区分开来,大夫将不承担"不用心"行为导致的全部后果。这时,病人面临着来自大夫的道德风险;如果医生已经科学地施救,但仍然失败了,医生也可能面临患者家属误解产生的道德风险。企业所有者缺乏经营者是否努力经营的信息,经营者只为自己利益行动偏离企业所有者利益;政府对公民的收入征税导致劳动时间缩短;上级政府对下级政府监督缺乏下级政府行动的信息,导致上有政策,下有对策等。信息经济学的主要任务就是研究出一种机制来解决逆向选择和道德风险问题。

2.3.2　道德风险的防范

设计某个规则或制度,提供促使个人做出最优选择的激励是一个核心的经济问题,而激励的本身问题,是个人并不承担其行为的全部后果。20 世纪美国储蓄贷款协会数十亿美元的损失,在很大程度上应归咎于不正确的激励,尽管诈骗可能也是原因之一。因为储蓄贷款协会由政府提供担保,存款人没有检查储蓄贷款协会正在做什么的激励。同样的原因,许多储蓄贷款协会的所有者有去冒很高风险的激励。因为如果一旦成功,他们就可以获得全部收益,而如果失败了,政府会承担损失。正像保险合同中购买保险的人,若没有适当的激励和约束去避免所投保事件的发生,就可能会产生道德风险一样(如全额保险,投保者就没有一点避免损失的激励)。所以,保险公司会事前通过检查投保人采取安全措施的状况或提供可信的证明,在保费上可以给予价格优惠。如火灾保险中,保险公司对安装自动喷水灭火系统者,可在保险费上打折,这样投保人会有激励自己购买防灾设备的动机。

2.4　信息搜寻

马克思比喻商品的出售为"惊险的一跳",商品能否顺利售出,取决于两个条件:一是产品须符合社会的需要,即是否有使用价值;二是生产者在产品生产上所耗费的劳动量不得超过社会认可的上限,即"社会必要劳动时间"。信息经济学的出现,还要附加一个条件,即搜寻条件,能够较为便捷地搜寻到想要的商品。现代社会化生产,企业会主动适应社会需求,适应社会需求安排产量。汽车、手机等产品,厂家会以销定产,通过预售或了解消费者消费意愿,尽可能地协调消费与生产的环节,信息搜寻在其中起着十分关键的作用。现代网络的运用和普及,计算与统计技术的应用,使生产与消费在微观上协调成为可能。

我们在购买商品时,会关注商品在哪里有售、商品的样式、质量及价格等信息。商品的多维性和其中某些维度变化的可能性,是隐藏在信息不对称后面的主要因素。传统的阿罗-德布鲁模型有四维:物质实体、时间、空间和存在的状态,但在它那里,假定存在完全的商品信息,而且阿罗-德布鲁模型中还缺少现代经济交易中一个很重要的维度,即财产权利。实际上,要对物质实体和状态的特征加以具体规定,并从经验上清楚地确定和描述具体信息是困难的。契约理论中,涉及与物质实体有关的权利束而不是实体本身,但明晰规定权利的维度也是困难的,这无疑源自于这样的事实:许多契约陈述权利时,采用的方式是"反向"条款,并用义务的方式加以约束。没有一种契约声明,A 从 B 那里获利这种或那种权利约束,而它们只是说 B 带来了这种或那种对 A 的义务。

2.4.1　信息搜寻与成本

　　没有信息,就没法决策。战争期间,要搜集对方军事信息,信息(或叫情报)对战争胜负甚为关键。正如《孙子兵法》所言:知己知彼,方能百战不殆。和平时期要了解国家安全形势信息,知悉威胁国的军事力量,清晰认识自己的军事力量,才好应对对方国家的军事威胁。发展本国战略武器,要了解未来威胁所在。家庭需要了解就业机会和理财机会;厂商需要知道他的产品需求在哪里,市场需求多少,价格应当定多高合适,针对什么样的目标人群或如何市场定位。总之,交易双方都面临信息的搜寻问题。

　　互联网的发展,使人们运用搜索引擎能够快捷地搜索到想要的信息。人们喜欢网上购物,用电脑或用手机随时随地浏览你想要的产品等信息:想搜寻最低价格,以价格降序搜寻;想搜寻人气最高,可以以人气降序搜寻;想知道大家对商品的评价,可以看评价信息。还可以结合卖家的信誉、物流的速度、服务等信息,快速找到你想要的商品,比去实体店里搜寻省事省时省力。但通过浏览网页的搜寻方式也有诸多局限性。若要买的不是标准化产品,像服装、鞋子,由于人身材体形各异,只看尺码,可能由于尺码的不统一,导致买来的东西并不一定合适。颜色方面也是如此,图片显示的颜色深浅往往和现实看到的不一致。信息不对称问题仍然存在。但如果你买的产品是小件的而且是标准化的,特别是经常性购买的情况下,并不在意它的外观和质量差异,只需关注价格一个维度的话,网上购买就显得十分便利。也有网站不提供太多的搜寻方式,浏览和搜寻成本就会较高,但对于愿意在网上多逛逛的年轻女士来说,这恰好迎合了她们的偏好。

　　当你在一家店里花了时间看产品质量并讨价还价,终于成交后,你发现了同样商品在别的店更便宜,也许并不后悔。你会对自己说,我付出搜寻努力了,总不能把所有的同样商品都比较过来。况且你可能有另一种体验,为了继续搜寻而放弃了自己中意的商品,结果等到再去购买时,已经被别人买走了,你会后悔当初为什么没有及时决定下来。所以,搜寻信息的原则也是边际收益与边际成本相等。通常说的货比三家,就是这个道理。当然不同的人群,比如男人和女人,搜寻成本和收益不同,搜寻的付出也不同。男装样式比女装相对要少,变动也小,男人买东西多半是直奔主题,购物效率较高。而女士买衣服,多是在休闲时作为娱乐方式来逛商场,在众多样式的服装中愿意花掉更多的搜寻时间。

如果不是像服装这样小件的商品,而是汽车、房屋等高价值的商品,由于搜寻收益要大得多,值得为此多付出搜寻的成本。比如,购房要搜寻房屋的质量、周边环境、小区物业服务及收费、房屋市场价格及未来趋势等信息,由于搜寻能带来更多的收益(更低的价格、更好的产品),避免仓促购买带来的风险,付出较多的包含时间在内的搜寻成本是必要的。现在上网方便,搜寻效率大大提高,搜寻成本大大降低。通过网络搜寻的有些信息相对可信,比如价格、销量、定性的评价。但许多信息也需要甄别,因为网络本身也在产生信息不对称,轻信或警惕性不够,信息的误导会带来损失。"莆田系事件"曝光后(2015 年 4 月 7 日,莆田总会以各地分会、巡查办等名义对未下线百度推广的医疗机构发动了大规模"恶意点击"),使得人们甚至开始怀疑"百度"搜索信息的真实性。

2.4.2　搜寻与不完全竞争

厂商需要知道消费者偏好的信息、不同的消费人群购买意愿的信息,消费者需要有关商品价格、性能的信息,而信息搜寻是有成本的。因为价格既反映产品质量的信息,也反映其他的信息。低价格容易给消费者留下质量不好的印象,厂商为了表明产品优质,不会轻易降低价格。人们购买商品,是要综合考虑性价比的,价格是否便宜不是从价格的绝对意义上说的,而是指性能价格比是否低,性价比低才是真的便宜。当价格反映商品质量信息时,优质优价,劣质劣价。如果是没有缘由的降价,消费者会产生是不是产品质量出了问题、是否产品积压等类似疑虑。有些产品降低价格,不见得消费者购买的增加。比如,房价在上涨时,人们预期会继续上涨,即使一时的限购抑制需求,一旦限购放开就会扩张性地购买;而在销售低迷时,开发商即使促销(打折、送面积、送装修等),人们预期楼房滞销,反而采取观望态度。但是,基于消费者可信的原因,如换季时,商品促销降价,消费者会认可。若厂商了解消费者需求弹性信息,在需求有弹性的商品上定低价,靠量的增加赚取更多利润,如,在节假日里,超市经常会推出特价商品吸引人气,增加销售量;在缺乏需求弹性的产品上定高价,靠增加单位产品利润获得更大利润。

最优搜寻符合边际收益与边际成本相等原则,即搜寻带来的边际收益与它产生的边际相等之时,搜寻的"度"就达到最优。不同的人由于其搜寻成本与收益不同,搜寻的最优的"度"也不相同。例如,消费者购买一款手机,对于大型的专卖店比小型商店的稍微贵 20 元,但为了便宜 20 元钱,你可能不愿意冒风险去买小商店里的同款手机。也许别的大型专卖店更便宜,但你转了几家后,觉得价格相差不大,不值得再去搜寻了。超市也会利用顾客的这种心理,在价格透明的商品上做优惠,以吸引更多顾客购买和宣传,而对消费者不太关注和价格不太透明的商品定相对较高的价格;把经常购买的商品摆放在显眼的位置,把不常购买的商品放在不显眼处。据说,有的药店为了增加销售额,把贵的、新的以及厂家促销的药放在明显的位置,并积极向消费者推荐。

价格分散加上产品本身的差别存在,人们愿意花费一定的时间、精力、金钱来搜寻,以获取搜寻的收益。工人搜寻更好的工作,学生搜寻更好的学校,厂商搜寻更优秀的工人,消费者搜寻更物美价廉的商品。不同的环境下、不同的人群搜寻成本也不相同,去实体店搜寻要付出交通成本、忍受劳累、吵闹等。搜寻成本的存在,人们往往不等到得到完全信息,就会停止搜寻。就像有限理性的假设一样,人们得到的信息有限、计算能力有限,追求完全信息和完全的理性反而是不理性的。人们愿意在搜集信息上"搭便车",愿意听"小道消息",结果"道听途说",甚至"以讹传讹"。在"群众的眼睛是雪亮的"信念支配下,认为别人在做出决策前已经搜寻了信息,既然那么多人搜集了信息,自己可以利用别人的现成信息,或直接相信别人做出的决策。除非像买卖房子、汽车等大件商品的交易,人们不愿意在搜集信息上花太多成本。这样,商店可能以明显的高价格把其商品出售给那些不愿搜寻信息的顾客,出售一件所获得的超额利润可以弥补其因较高价格带来的较低销售量,所谓"半年不开张,开张吃半年"就是说的这种情况。

完全竞争市场,产品同质同价。现实中经常会发现,即使完全相同的商品,购买后往往发现,要么买的便宜了,要么多花了"冤枉钱"。相同的衣服,在一家卖场可能卖 200 元,另一家卖场可能标价 210 元。卖价高的地方,可能有更好的销售环境,更好的服务,更优越的位置。事实上,基本相同的商品可能会因在不同商店、不同时间,以不同的价格销售给不同人群,甚至你有时很难说清楚产生价格差别的原因。如果搜寻价格没有成本,消费者会一直搜寻下去,直到找到最便宜的一家为止,这样任何一家索要价格比其卖家哪怕高一点点,其产品也不会有人要,结果就只能同质同价。因为搜寻信息的成本,才会有信息不对称的客观存在,才会有不完全竞争。

信息技术及通讯的发达,在网上搜寻信息,省去去实体店(比如买衣服)的交通成本、忍受劳累、吵闹等成本,成本的降低使获取信息的效率大大提高。但会产生新的问题,如在网上买衣服,面临更多的信息不对称:要花功夫去识别商家的信誉、产品的质量,通过交易的数量和评价去推断商品质量和服务的信息,但这种数量和评价信息的真实性还需要进行甄别等,同样是不小的麻烦。用百度搜寻词条时,要选择恰当的关键词,关键词的笼统,可能会遗漏一些信息,关键词太窄也会遗漏一些信息。在搜出上千条的信息中,要一个个点开,成本是巨大的,而且多数内容并不是你想要的,通常的情况是浏览几页若干条就停止搜寻。

在劳动力市场中,一般年轻人流动性会更大些,年龄越大,越不愿意更换工作,即使目前他们对工作感到不理想。对一个50多岁的人来说,财富基础较为丰厚,加上对生命有更加深刻的感悟,更关注身体健康生活稳定,对收入高低没有年龄人那么敏感和迫切,更愿意稳定工作到退休。可以从搜寻的边际收益与边际成本角度给予解释。在一个单位工作几十年的老员工,不愿意离开现有单位和岗位,一是有人力资本的积累人力资本的专用性限制,另外他离开现有岗位,再搜寻适合他原有技能的岗位可能性较小;二是离退出职场没有多少年了,即使再换单位工资比原有单位高,也不会增加太多的收益,况且还要冒找不到同样岗位同样报酬的风险。而且年龄越大,被拒的挫折感也会越大。中年员工换工作的可能性更大,他们积累了较多的专业经验,如果换一个类似的单位,会减少新单位的培训成本,新单位愿意花较高价格来雇用他,从而更换单位就容易,报酬也能够增加。对于30多岁的员工来说,通过搜寻更换岗位可以发现自己的价值(年轻的员工,其潜力可能自己还不清楚)。离退休还有近30年,收入增加的折现是不小的收益。雇主也知道,"人往高处走,水往低处流""树挪死、人挪活",只要员工没有频繁跳槽的经历,他会认可这种行为。相反,如果老工人重新找工作,雇主会想,是不是因为业绩不佳被解雇?老员工流动发出的更可能是低素质的信号。要素的不完全流动,使企业产生不完全竞争。

信息不对称和搜寻成本的存在,还可以解释,为什么中小企业融资难?为什么银行更愿意给效率并不高的而规模大企业大笔资金贷款,而不愿意给效率高的小企业小笔资金贷款?因为搜寻大企业和小企业经营状况、信用状况信息的成本差异并不大,再加上大企业本身就有信用优势:实力大、抵押品充足、更容易找到担保者等。贷款给大企业可以减少单位贷款的搜寻成本,而且风险也相对小(规模较大的国有企业比一般的民营企业更有从国有银行获得贷款的优势），银行自然更愿意贷款给它们。这样，国有的大型的企业在资金融通上先天比民营的小型企业有优势，产生了竞争的不公平。

2.5　信号发送

发送信号是市场中行为主体降低逆向选择的重要方式。人类在日常行为中利用信息，发送信号。动物界也会利用和传送信息，如雄性孔雀通过展示其美丽的羽毛讨好雌性，动物通过搏斗展示其体力。还有的利用假利息来保护自己：变色龙变化身体颜色以适应环境，与环境相一致避免天敌发现。

有些无法直接观察到的信息，如兴趣爱好、工作能力等，如果想让别人了解自己这方面的信息，就需要向对方发送信号。如教育表明你是聪明的，银行外面矗立的大理石柱表明银行是稳定的。专用于传播有关价格、需求和供给信息的活动，即新价格标签和某种类型的广告。

美国斯坦福大学经济学教授迈克尔·斯彭斯（Spence）1973年在《经济学季刊》上发表了著名论文"劳动力市场中的信号问题"（Job Market Signaling, Quarterly Journal of Economics），1974年出版了专著《市场信号：雇佣及相关程序的信号发送》。斯彭斯最突出的贡献，是说明如何通过发送信号（signaling）来降低逆向选择的影响，如何设计制度帮助甄别。人的天赋是不同的，能力高的人受教育的成本低，以学位为代表的教育程度，就成为一种有价值的信号，能力低的人模仿不起。以前人们只知道教育有提高能力的功能，斯彭斯1973年发表的博士学位论文《劳动力市场的信号》，把教育的区别功能剥离出来单独进行研究。

2.5.1　信号发送的原理

约瑟夫·斯蒂格利茨的分离均衡(separating equilibrium)模型与斯彭斯的信号发送模型不同之处在于:斯彭斯研究的是拥有不同信息的人如何通过信号发送,来把自己与同类分离出来。掌握信息一方往往先行动,试图通过发送有关其所属类型的信号来显示其私人信息。例如,卖车者通过保修承诺以显示其车是好质量的信号;接受更高教育的人向雇主提供文凭发送自己具备高能力的信号。

由于信息不对称,市场上会存在真假信号,只有当真假信号对于发送者的成本差异足够大时,真实信号才能发挥作用,用发送信号才可起到有效辨别的目的。否则会导致逆向选择的出现。而只有当信号发送预期收益大于信号发送成本时,行为主体才有激励去主动发送信号。

以劳动者向雇主传递信号为例来说明,信号的传递过程是这样的:

首先,求职者决定他们希望进行多大的智力投资以向雇主传递信息,他们要支付相应的信号示意成本。然后,通过观察到其受教育程度这个信号来推测雇主的能力类型。虽然雇主并不能观察到每个求职者的实际素质和生产能力的高低,但他们可以观察到其受教育程度高低的信号。也就是说,劳动者个人素质和能力是私人信息,受教育程度是公共信息。雇主根据求职者的受教育程度和自己对教育程度和实际能力之间的相关程度的概率信念,决定给予雇员的岗位和工资。受雇以后,雇主就可以观察雇员的实际能力水平。

现实中,有些人可能认为上大学是赶鸭子上架,目的是为了找份好工作,接受普通教育以后就到劳动市场上谋生,运气好每个月拿 500 元,也可以过得去;另外一些人觉得,多花些时间、精力和金钱,接受大学教育,拿一个学位并不是太困难的事情,这样通过人力资本投资以后,将来每个月可以拿 2000 元,是划得来的。第一类人觉得月收入 2000 元固然好,但是读大学拿学位高不可攀或者代价太大,不如选择不接受高等教育,后一类人觉得读大学拿学位并不那么辛苦,为什么不增加投资获得更高的收益呢? 雇主根据自己对教育程度和实际能力之间的相关程度的信念,结合求职者的受教育程度给予雇员工资,是容易理解的。同样面对一个受教育程度很高的求职者,即使假定其他条件都一样,相信教育程度和实际能力"相关程度"高的雇主,愿意出比较高的工资,而认为教育程度和实际能力关系不大的雇主,就可能出比较低的工资。简而言之,雇主对可以观察到的信号和不能观察到的生产能力之间的相关程度形成自己的概率信念,并据此决定支付相应的工资。

斯彭斯模型里,信号示意需要两个前提条件:一是雇主形成了能够区分两类求职者的合理信念(belief),并且为求职者所共知;二是两类求职者的教育成本都会随着受教育程度的增加而增加,但能力低者的成本上升更快。第一条确保存在某一教育程度可以分离两类劳动者;第二条确保存在某个分界线的受教育程度,让只有高能力劳动者愿意投资教育。

假设只有两种类型的劳动者,在进入劳动力市场之前,劳动者先选择其接受教育程度。用 Y 表示求职者教育程度,并假设低能者和高能者的教育成本曲线不同。再假定受教育程度本身对劳动生产率没有影响,但劳动者类型会影响生产效率,高能力类型的劳动者生产效率高,低能力类型的劳动者生产效率低,也就是说,教育只是起区分劳动者类型的作用:教育对生产率没有影响,受教育对劳动者来说,就是为获得报酬,从中感受不到额外的乐趣。劳动者受教育成本不仅与受教育程度有关,还与其类型(高、低能力)有关。假设受教育成本是一个二阶可导的函数,用 $c(Y,w)$ 表示,且有 $c_Y>0$, $c_{YY}>0$, $c_{Yw}<0$。含意分别是:二者的边际成本会随着受教育程度增加而上升(自然低能力者的边际成本上升更快),边际成本曲线下凸,不论哪种类型劳动者,要多增加教育,需要越来越多的报酬来弥补其损失(自然低能力劳动者

需要弥补的更多）。如图 2-6 所示，横轴表示受教育程度，纵轴表示工资收益或成本。

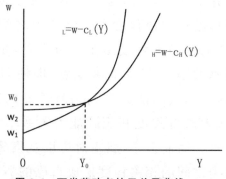

图 2-6 两类劳动者的无差异曲线

图 2-6 中给出了通过点（Y_0，w_0）的两类劳动者的无差异曲线。由于成本函数的性质，两类劳动者的无差异曲线只相交一次。低能力劳动者认为（0，w_1）和（Y_0，w_0）是无差异的，高能力劳动者认为（0，w_2）和（Y_0，w_0）是无差异的。如果提供报酬 w_0，低能力者可以在不接受教育和接受 Y_0 程度的教育之间选择，高能力劳动者一定会选择（Y_0，w_0），也就是说在工资为 w_0 时，存在两类劳动者混同的情况。如果工资再低，比如低于 w_2，高能力劳动者一定会选择退出该企业，这样只留下最差的能力劳动者。产生逆向淘汰，显然对企业是不利的。自然，企业会提高工资以吸引高能力劳动者，并且规定最低的受教育程度，来防止低能力劳动者伪装成高能力劳动者。

如图 2-7，假设企业为任何工人都会提供一个基础工资 w_0，保证两类劳动者都参与进来，但企业更需要吸引高能力劳动者。如果要求最低的受教育程度为 Y_0。显然，不论高能力劳动者还是低能力劳动者，都愿意接受（Y_0，w_1）受教育程度、报酬组合，只是高劳动能力者能获得更多的剩余，福利会提高，而低能力劳动者与不接受教育时福利无改善。如果支付 w_1 但要求比 Y_0 哪怕高一点点的受教育程度，低劳动能力者就没积极性伪装成高能力劳动者去接受教育，而是选择不接受教育的（0，w_0）组合。所以在提供工资 w_1，要求比 Y_0 高一些的受教育程度，可有效分离两种类型的劳动者。但如果要求受教育程度高于 Y_1，则高能力劳动者也宁可不接受教育，而去拿基础工资，这又变成了混同均衡（pooling equilibrium）。由以上分析，企业可以形成一个信念，用不同的工资报酬组合，来判断工人的类型。在这个例子中，如果提供 w_1 的报酬，要求的受教育程度在 Y_0 和 Y_1 之间，即 $Y_0 < Y < Y_1$，就可有效分离两种类型的劳动者。在这样的制度下，高能力者选择接受教育，低能力者选择不受教育，形成各得其所的"分离均衡"。这样的制度安排就体现出其区别功能来。

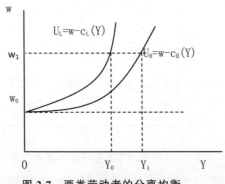

图 2-7　两类劳动者的分离均衡

现实中，企业主可能在不能区分劳动者类型时，根据总体的平均生产率来支付同样的工资，如果企业不主动以工资受教育程度组合来加以区分，而是让劳动者自己发送信号，可能出现不同的结果。这里分两种情况讨论：一种是高劳动能力者占的比例较高，一种是高劳动能力者占的比例较低。如图 2-8 所示，高劳动能力者占比高时的期望报酬也高，为 E_2；高劳动能力者占比低时的期望报酬也低，为 E_1。企业只依据平均生产率的预期来支付报酬，即

$$E_w = \theta w_H + (1 - \theta) w_L$$

θ 为高劳动能力者占的比例，$(1 - \theta)$ 为低劳动者占的比例。在高劳动能力者占的比例高时，对于高劳动能力者，有 $(0, E_2)$ 和 (Y_0, w_0) 两种组合，且 $(0, E_2)$ 组合要优于组合 (Y_0, w_0)；在高劳动能力者占的比例低时，对于高劳动能力者，有 $(0, E_1)$ 和 (Y_0, w_0) 两种组合。如果平均报酬下降到 w_H 以下，由于信号发送机制的

存在,高生产能力者只得选择 Y_0 的受教育程度,否则他会被当成低生产能力者对待。此时,他会有积极性发送信号给雇主,显示自己的高能力,以获取 w_H 的高报酬。只要他发送信号的成本低于 $w_0 - w_H$,发送信号区分自己就是值得的;如果发送信号的成本高于 $w_0 - w_H$,他就选择离开企业,出现逆向淘汰,企业的平均生产率会因高生产能力者的流失而不断下降,直到降为 w_L,全部工人都是低能力劳动者。

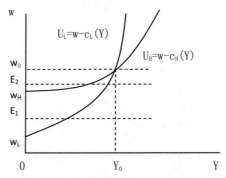

图 2-8 不同情况下高生产能力者的境况不同

在高劳动能力者占的比例低时,企业发现平均生产率也低,只支付 E_1 的平均报酬。对于高劳动能力者,面临 $(0, E_1)$ 和 (Y_0, w_0) 两种组合;且 (Y_0, w_0) 组合要优于 $(0, E_1)$ 组合。实际上高生产能力者不会接受 $(0, E_1)$ 组合。高生产能力者必须发送信号以区分自己,只要他发送信号的成本低于 $w_0 - w_H$,他发送信号区分自己就是值得的;如果发送信号的成本高于 $w_0 - w_H$,他就选择离开企业,结果出现逆向淘汰,企业的平均生产率会不断下降,直到降为 w_L,全部工人都是低能力劳动者为止。所以问题的关键在于,高生产能力者发送信号的成本高低。当以教育程度高作为判断生产能力者标准,高能力劳动者占的比例高时,高能力劳动者发送信号以显示自己的成本也会变高,从而没有激励去发送信号,接受 $(0, E_2)$ 组合,省去发送信号的成本,反而是福利改进。这时,即使有少数低能力劳动者混在其中,与高劳动能力者也相安无事,而低能力劳动者获得远远大于 w_L 的报酬,是混同均衡的最大受益者。大家的福利都变好,无人福利受损,是帕累托改进。

　　高能力劳动者占的比例低时，企业根据平均生产率支付 E_1 的报酬，此时高能力劳动者发送信号以显示自己的成本也会变低，从而有激励去发送信号，选择 (Y_0, w_0) 组合，获得更高报酬。高能力者成功发送信号，会使报酬增加 $w_0 - E_1$，只要发送信号的成本不大于 $w_0 - w_H$ 就是值得的。而低能力劳动者愿意接受 E_1 的报酬，不会模仿高能力者去发送信号，因为模仿高能力者反而损失相当于 $E_1 - w_L$ 的报酬。企业就可以凭借这个信念给愿意发送信号者以高报酬 w_0，不发送信号者以低报酬 w_L，有效分离两类劳动者，不再以平均生产率支付报酬。

　　高能力劳动者向企业主传递信号且为企业主所相信，要求发送信号者既要找到高效率显示自己能力类型的方法，又让低能力劳动者无法模仿。当需要发送信号的高能力劳动者占的比例高时，让一个个高劳动能力者选择发送信号，将是很大的成本。这时，如果企业主选择主动寻找筛选和甄别的办法会更有效率。

　　理论的分析过于抽象，不妨举例说明。假设有两类不同生产能力的劳动者，每月的生产量有差别。并假定低生产能力者的边际产量为 1，高生产能力者的边际产量为 2。他们被竞争性部门雇用，产品的销价为 1000 元。再假设有一半的劳动者是低能力者，另一半的劳动者是高能力者，则平均产量为 1.5。如果公司能够区分两类能力不同的劳动者，会分别支付不同的报酬：第一类劳动者工资为 1000 元/月，第二类劳动工资为 2000 元/月；如果无法区分，就只能给统一的工资 1500 元/月。现在假设通过教育程度可以区分两类能力不同的劳动者，并假设所有与教育相关的特征（学校层次、学位、平均学分等）可以综合为一个因素即受教育年限，用 y 表示。当然，对受教育者来说，受教育年限越多，成本也越高。受教育成本包括学费、书籍支出等直接成本，还有放弃工作收入的机会成本，以及为拿更好成绩而必须努力学习的心理压力等。对低能力者来说受同样的教育，其成本要高于高生产能力者。对雇主来说，有一个信念，即认为高能力者不仅工作效率高，而且学习效率也高，低生产能力者的学习效率也低。原因可能是工作高能力与学习成绩优秀者都需要一些共同的意志品质：爱动脑、勤奋、有毅力、善于总结、喜欢交流、相互学习等，低生产能力者不爱学习、不愿用功、动脑，学习效率低，拿学分学位更困难，所以学习成绩也差。假设低能力者的学习成本函数为：

$$C_l(y) = 40000y$$

假设高能力者学习的成本函数为：

$$C_h(y) = 20000y$$

为使问题简化，假设教育本身对生产效率无影响，但受教育者的能力与生产率正相关，而与教育成本负相关；受教育年限只有显示信号、区分不同能力劳动者的作用。

企业根据受教育年限来判断能力类型的依据是：任何受教育年限超过某年的为高能力者，低于该年限的为低能力者。假定两类不同能力者都只看到未来十年。对前者支付 2000 元的月工资，对后者支付 1000 元的月工资，十年总收益分别为 240000 元和 120000 元（简单起见，不考虑资金的时间价值）。一旦企业决定受教育年限的标准，就可以看此教育年限下两类不同能力劳动者的反应。因为增加教育年限，可增加工资的同时，也带来教育成本的增加。假定只有基本教育的基础工资为每月 1000 元，对应图 2-9 中的 0 点。如果受教育年限达到图中的 y^*，就可以拿 2000 元的工资。将有两个

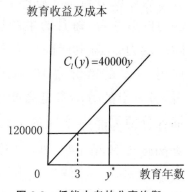

图 2-9　低能力者的分离均衡

均衡，一个是不受教育的 0 点，一个是接受最低的教育。两类人都努力使其剩余最大化。在不接受教育与接受低的教育年限之间，得到相同的工资 1000 元，增加教育无法增加收益，低能力者最佳策略自然是选择不接受教育获得工资 1000 元；对高能力者来说，只要能把自己与低能力者区分开来，愿意接受 2000 元的工资，受教育。因为再增加教育他也不会增加工资，从而不会选择

接受比年限更多的教育。

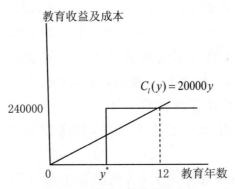

图 2-10　高能力者的分离均衡

　　在给定工资待遇安排和信号示意成本的情况下,每个求职者选择一个可以使自己的净收益最大化的受教育水平,没有一个参与人愿意单独改变自己的决策,该均衡叫纳什均衡(每个参与人都选择了最佳策略且不会偏离自己的选择)。

　　那么分离均衡的条件,会不会是一个区域呢?第一类劳动者在满足下面条件时选择不接受教育:

$$120000 < 40000y, \quad 即 \ y > 3$$

第二类劳动者在满足下面条件时选择接受教育:

$$240000 > 20000y, \quad 即 \ y < 12$$

　　那么,是不是在 3 和 12 之间,都会构成有效的分离呢?为了说明这一点,可以用之间的任意数,比如 4 来验证。此时,第一类劳动者的收益 240000 元,大于其相应成本 $40000 \times 4 = 160000$(元),净收益 $240000 - 160000 = 80000 < 120000$(元),它小于不受教育时的收益 120000 元。也就是说第一类劳动者没有积极性去接受 4 年的教育,这样就与第二类劳动者区分开来。实际上,不让第一类劳动者模仿第二类劳动者,用 3 年的教育年限足矣。自然想到在稍稍大于 3 年这一临界教育水平上,第一类劳动者就没有激励去模仿第二类劳动者。第二类劳动者在教育年限为 3 年的净收益为 $240000 - 3 \times 20000 = 180000$(元),大于 120000 元。因此,第二类劳动者也不会假装自己是第一类劳动者。

　　那么在什么情况下第二类劳动者没有积极性去区分自己呢?

自然想到,只要其受教育的净收益大于不受教育时的净收益120000元,他才有积极性去把自己区分出来,即:

$$240000-20000y>120000,即\ y<6$$

也就是说,有效分离两类劳动者的临界受教育年限为 3～6 之间。3～6 之间的数字是抽象的,可以理解为从大专到研究生。这样,如果你拿了高等教育的文凭,雇主就可以据此来判断你属于高能力类型,而拿不出这个文凭,雇主就认为你属于低能力类型。

如果区分的教育年限太低,低能者也可以轻易达到,会形成高端"混同均衡";相反,如果要求太高,高能者也只好放弃,形成低端"混同均衡"。混同均衡不能验证雇主以为达到的受教育年限就是高能力者,达不到该要求就是低能力的信念。一般来说,引致混同均衡的制度,无法充分调动所有人的积极性,是失败的制度。所以,找到分离的临界区域(或临界点)就很关键。例如认为具有学位的求职者能力都高。雇主按照信念确定工资制度 W(Y):有学位的给高工资,没有的给低工资。

在招聘时,招聘单位更愿意看简历里大学是在什么学校念的,是"985""211",还是普通高校。因为大学录取率提高后,仅凭一张大学文凭,难以区分学生是不是优秀的。由于高考是最公平的,根据高考考取的学校类型,来判断学生的优秀程度是一个可信的信念。同样的道理,学生还可以通过考取更好的学校,获得更高的学位来有效区分自己。在同一个本科院校,潜质差的安于普通教育程度,潜质好的继续攻读更高一级学位。这些共同的信息,也对雇主形成信念。大学生为了在职场上更有竞争力,考取研究生,研究生的入学考试竞争还是挺激烈的,特别是名校,这样,研究生学历也发送一个更有利于就业的信号。能够验证雇主信念的信号,可以有效分离自己。

现实生活中,中小学生往往学业负担过重,除了正常上课外,要增加许多重复的强化练习;大学生为了分离自己,忙于考研考证考公务员的准备。也许这与好的工作岗位缺少有关,或许是由于社会选拔人才时,途径单一、方法简单所致。如果这些培训和考试只是为了区分高能力与低能力的话,过多的人去竞争十分有限的岗位(像中国的公务员考试),只能把试题难度加大,个人在分离时耗费的成本会更高。过多的社会投入,没有提升专业技能、生产能力,从社会角度看是资源的浪费。大家在备考中耗费大量的时间精力,特别对于那些成为分母的考生,这些投入是社会的无谓损失。在选拔任用人时,不妨多个渠道、多个层面来考察。例如,公务员提拔时可以看以往业绩、群众民意;可以放宽基层公务员任用标准,加强公务员队伍的社会流动。如果大家趋之若鹜地竞争某个职位,也许与该职位的潜在租金高有关,不妨加强该类职位的监管,降低其潜在租金收益,同时提高其获得租金的风险。

曾经的文凭热到大学的大众化,高考录取率越来越高,考取大学和完成学业似乎不再是多难的事儿,这样用大学文凭区分高能力与低能力的难度也变大了。相当于图 2-9、图 2-10 中,高能力与低能力者的边际成本(成本曲线的斜率)均变小了,分离均衡对应的教育年限也就变大了。为了显示自己更优秀,大学生要花费精力用来考计算机证、英语四六级证,以及各种专业资格证,有的甚至同时考取多个资格证,以增加就业时的竞争力和机会。这样,为了区分自己,普遍受到更高等级教育的同时和考取各种证件,产生过度教育和人力资源浪费。

更有甚者,过度教育在选拔考试的中小学更加严重。小学生的奥数题,有的能难倒大学老师。学生报各种对付竞技考试的学习班,过多的时间和精力用在提高考试成绩上。即使普遍考试分数在 90 分以上,还要排名分个高下。考试成绩的排名往往只是将不同考试能力的学生区分开来,考试成绩成为单纯的发送信号功能。不排除奥数有训练学生数学思维的作用,但高强度高难度的重复训练压制了学生的学习兴趣和创造力、想象力,不符合学生的认识层次,实际是在违背教育规律。由于对教师的考核,往往以学生成绩这个显性指标为依据,违背了小学教育在于渗透与养成教育的初衷。应试教育只注重考试能力,不利于提高学生的综合素质和实践能力,忽视心理健康和身体发育需要。学生参加各种培训班,目的是为了考取好的中学,更多的是锦标赛作用。

目前优质教育资源稀缺情况下,为了竞争更高一级优质教育资源,学生、学生家长及学校都更倾向于提高考试成绩。美国在选择优秀学生时,同时看平时的课程成绩,不仅看考试成绩,还从其他方面看学生素质,如社会责任感,他们会对参与过社会公益的学生更有兴趣。他们会看重教过学生的老师的推荐信,因为老师与学生日常接触和了解多,从教师的推荐信中能更多了解到无法从考试中显示的素质和能力。当然,这样的制度提前,必须是社会整体上是诚信的,有良好的信誉机制,能够保证老师的推荐信真实可信。

受雇之后劳动市场的信号发送并没有结束。即使签了多年劳动合同之后,雇主与雇员之间还存在着信息的不对称。雇员对自己的能力永远比雇主知道得多。特别是在以知识密集的行业,像工程、计算机编程、财务、管理、研究、咨询等领域。例如,一个技术娴熟的员工,可能比他的同事编程更有效率更少出错,但上级知道他的这一才能,可能需要等到多年以后。给定这一信息不对称前提,上级依据什么来加薪和提职呢?员工的才能和生产能力信号能有助于他升职加薪吗?

员工常常用努力工作和加班加点来显示他的才能和高生产能力。因为更高的才能和生产能力者更容易喜欢自己的工作和在投入工作中获得快乐,而且对这类员工来说,发送这样的信号是其自然而然的事儿,并不会觉得累。这样这一信号就更可信。上级可以以此信号作为升职和增薪的依据。这个信号处理已经影响了许多人的工作方式。与拿小时工资不同,知识密集的工作者,往往只拿固定工资,没有多付出时间的额外报酬。比如教师,上完课的时间,在备课、自我提升、学习、研究等方面的努力,自主安排。但因为知识变化快,员工往往有自我充电的内在需求。美国劳动部门调查发现,工人中每周辛苦工作 49 小时以上的从

1976 年 13％上升到 1998 年的 19％。许多年轻的律师、会计、银行业者、计算机程序员通常工作到深夜，甚至周末也不休息，每周工作 60～70 小时。[①] 不喜欢这样累的也许已经转行了，剩下的显示他们热爱现有的工作。对复印公司的软件工程师的调查发现，员工工作到深夜，因为他们害怕他们老板认为他们偷懒而不愿意学习，只做简单容易的工作。老板也清楚，这个担忧是有道理的："我不知道如何评价员工获得新技术的价值，但我可以评价谁真正投入了工作。"当你就是那个愿意牺牲周末休息时间投入工作的知识工作者，要看到光明的一面：你发送给老板一个强的信号！

　　只要有市场竞争的存在，可以证明，一定不存在混同均衡——如果所有的人都购买同一种合约，那么别的企业一定能够提供另外一种合约来打破混同均衡，并获得高额利润。另一方面，如果分离成本太高，分离均衡可能不存在。这种情况下，所有假定存在的分离均衡都可能被一个能产生更高利润的混同合约所打破。[②] 混同均衡从帕累托意义上劣于完全信息均衡，这项研究在 30 年前已完成。在两种情况下，需要政府介入，发挥政府提供信息公共物品的职能：第一，市场并不能提供揭露信息的激励，当信息成为公共物品时，产生广泛的外溢，从原则上讲这时发布信息是政府的角色；第二，在信息上的支出可能太大了。由政府来提供公共信息产品，能够发挥规模经济的优势。

　　一个顶用的学者，可以抵上 10 个普通工作者，没有必要请那么多人。体制问题很复杂，一旦有了这种竞争和评选后，就多了一个寻租空间，然后谁来掌握这个话语权就变成了问题。为什么民间基金会比较靠谱，因为民间基金为了保证声誉，他会珍惜自己的口碑或品牌，他会找一些比较靠谱的学者当评委，而且规则也会相对公平透明。有动力这样做的只有民间机构，而政府是没有积极性和动力去维护信誉，因为政府本身有权威感，它不需要

---

　　① Robert S. Pindyck, Danied L. Rubinfeld. 2001. Microeconomics(Fifth Edition). Prentice Hall：605.

　　② [美]约瑟夫·斯蒂格利茨著；纪沫，陈工文等译. 信息经济学：基本原理（上）[M]. 中国金融出版社，2009：49，54.

靠社会声誉来获得公信力,再者政府即使获取这种公信力,也难以把其价值内部化为政府人员的福利。

2.5.2　信号在生活中的应用

在购买商品的时候,有时为了防止别人调包,用假币调换真币,你可以告诉对方货币最后一位或几位数字的号码,或你暗中记下或事先说出你给对方货币的号码,这样对方就不敢以假换真了。试想对方如果用假币调换真币,你就可以要求对方在收取的货币里找到你记下的最后几位数的货币。如果有围观的群众,自然会相信你说的是真的。当我们遇到陌生人冒充熟人加你微信号时,你问对方:"自己叫什么名字?我是干什么工作的?或我在什么单位?等等",若对方可能知道你的名字,但你再问对方:"我姓什么?"即使你微信用的是实名,对方也难以猜到你真实的姓,所以微信名最好保留一定的信息(比如不暴露真实的姓氏)。或者人为给对方一定识别的障碍,有意提供让对方难以回答的问题。你假如姓赵,你可以问"我姓李或是姓刘?"对方如果真知道你是谁,他会说你姓赵,但如果对方不知道你,他可能会回答姓刘或者姓李,你一下子就可以识别出对方是陌生人了,此时不妨把他直接拉黑。

历史上不乏运用信号发送的例子。根据《三国演义》的记述:曹操生性多疑。经常害怕别人暗中加害于他,所以他经常对侍从说:"吾梦中好杀人;凡我睡着,汝等切勿近前。"一日,曹操昼寝于帐中,翻身时被子掉落于地,一近侍拾被欲盖,曹操突然跃起拔剑杀之,复上床睡。半响醒来,惊讶道:"谁人杀我近侍?"其他近侍以实相告,曹操痛哭,命人厚葬。他怕别人在他睡觉的时候刺杀他,就说他会梦中杀人,并找了一个倒霉鬼试刀以表示他所言非虚。这就是梦中杀卫士的故事。这个故事中曹操为了向周围人发送可信的信号,果真在"睡梦中"杀了身边的护卫,然后假装继续睡去。醒来后又装出不知道、痛哭流涕十分伤心的样子,以增加可信性。众人皆以为曹操果真梦中杀人,只是被善于观察思考的杨修识破,他说:"丞相非在梦中,而是汝等在梦中也"。曹操知道后心中十分气恼。三国演义还有一段,黄盖为了诈降曹操而又不会被多疑的曹操识破,就忍痛让周瑜打得他皮开肉绽。曹操当真以为是黄盖在周瑜那里受了屈辱来降。其实黄盖是诈降,只是为了配合连环计,为后面的火烧曹营做准备。

经济生活中也有大量的信号发送的例子。品质保证书及售后服务承诺、大学文凭、品牌、战争中的真假情报、广告等都是用来发送信号。卖主通过延长保修期限(有些知名制造企业,甚至会提供超过质量寿命的保修期限),发送低质量销售者无法发送的信号,把自己与低质量产品企业有效区分。这样,提供保修服务与否以及保修期长短,可以作为区分质量高低的信号。如果一种信号能够对不同产品有效区分,那么就会产生效率。比如起亚汽车公司愿意为它的汽车提供为期10年、100000英里的保修服务,这个信号用来证明起亚汽车对自己车的质量有足够的自信。因为如果在10年内或100000英里内经常出问题,其保修费会很高,这样企业维修或赔偿成本会攀升,这种承诺会使企业遭受大的损失,是得不偿失的。这样,只有质量有保证的车才会做这样的承诺,这样就把自己与低质量车有效地区分开,企业就可以凭借其高质量索取高的价格,或在不提高价格时增加销售量,企业可以获得产品质量差别超额收益。一个承诺,不需要增加广告费,就能达到甚至广告也不能达到的效果。

企业资本结构与信号发送。一家合股公司可能根据公司的资产净值发行债券,目的是为了向潜在股东表明市场低估了企业的未来收益。金融市场理论里有一个有名的MM(Modigliani-Miller)定理,由莫迪里安尼和米勒提出。该定理认为,如果企业的资本结构中债务融资与权益融资的比重,无论谁多一些,都不影响企业的总收益,企业的价值也不受影响。即资本结构与企业价值无关,所以MM定理也叫无关性定理。严格来讲,是指在一个理想的无税收的市场环境中,企业的市场价值与其资本结构无关。它为微观金融分析提供了一个很好的基准。但现实中，人们观察到的资本结构，实际上是影响对企业价值判断的。人们看到企业增加权益融资的比例，就使企业的股价下跌；如果观察到企业债务融资比例上升，其股价就会有所上升。一个可能的解释是其资本结构的变化，发送了不同企业价值的信号。一般地，企业经理比外部股东拥有更多关于企业未来发展前景的信息。当企业具有良好盈利前景时，经理往往愿意让股东知道这一信息，因为这样股东会增加持有该企业的股票，而股票价格上涨显然对经理有利。这是因为，一方面，通过股票价格变化可反映经理经营业绩；另一方面，有些企业也要求经理持有本企业的股票，让企业股价变动与经理的利益息息相关。美国微软公司股票给人留下的印象，微软公司不怎么分红，但其股价不断上涨，是由于大家相信企业业绩持续向好。股票价格的稳定上升，又给企业和经理带来好的声誉。因为企业盈利信息在经理与股东等外部人间是信息不对称的，经理需要通过发送特定的信号让公众了解这一信息，而提高债务融资比例便是一个能让公众观察这一信息的信号。众所周知，经理虽然不是企业的法人，但他也不希望企业破产，因为那样不仅会使他丢掉饭碗，而且会使他的职业声誉变差，从此背上经营不良的记录，使他在职业经理人市场上的价值受损；而较高的债务融资比例会增加企业资不抵债和破产的可能性。因为与股票相比，债券反映的是企业与债权人的债务债权关系，债务是企业必须支付的，是硬约束；而股票持有人是企业的所有者，与企业主是共同出资人，股东与企业是共担风险的关系，当企业破产时，往往最后才补偿股东的损失，甚至无法得到补偿。因为，一般破产往往是资不抵债时，这时股票也就一文不值，股东只能自认倒霉。现实生活中，也发现经营正常的企业，会因为银行压缩或提前收回贷款，导致企业资金链断裂破产的例子。有企业家做了 20 多年，从来没有信用违约，但因为银行抽贷，只能选择破产。目前，房价高涨，银行把八成以上的新增贷款都贷给了房地产相关的开发商和购房者，使正常经营的企业因资金问题也会变得脆弱。所以,我国企业更愿意上市,通过权益融资来回避该种风险。这也恰好说明债务融资对企业的风险及价值的影响。

只有当企业具备良好盈利前景时,经理才可以保持较高的债务融资比例,而不用担心破产。相反,企业盈利前景较差时,经理只能选择更多的权益融资,否则较高的债务融资比例与低盈利能力结合起来,一定会使企业破产的可能性显著上升。所以,在企业盈利前景较差时,经理通过提高债务融资比例来发送信号,显示其好盈利前景的成本高,不够可信。选择债务融资反而是经营困难,没有办法的情况下才做的选择。试想,如果在实体经济整体盈利不到 10％的情况下,企业却选择 20％年利率的民间贷款,发送的肯定不是好企业的信号。

上述机制下,如果企业盈利前景改善,经理就会选择降低权益融资的比重,这个信号反过来会引起市场投资者看好该企业的股票,拉升该企业的股价。如果企业增发新股,则会被解读为企业缺乏资金,经营不妙的信号,市场投资者会抛售其股票,导致企业股价下跌。这就解释了企业资本结构与企业价值间存在的相关关系。

当然发送信号本身,也是需要成本的,但可以通过降低信号发送成本来提高区分的效率。如文凭的真假,可通过官方网站快速查寻;提高防伪技术,增加对失信者的惩罚降低信息甄别成本;建立信用档案;如建立权威专业的信息发布,提供简便易行的甄别手段等。由于发送者可能也会利用技术进步,提供假的信号、或者信号本身扭曲与失真,在这种信号发送者与甄别者的博弈中,也会不断提高发送与甄别的成本。有一部电视剧,其中有一个情节是一位武林豪杰在交通要道边开了一个酒馆。生意十分兴隆,引起另一位武林高手的垂涎。这位武林高手决定打败那位豪杰然后霸占酒馆。两强相遇,武林豪杰和武林高手相互之间不知对方底细,于是来一番比试。本来,他们俩可以通过打斗来解决问题,但打斗一场双方都会有所损伤,不如通过其他方式比较武功高低。豪杰拿来 5 块砖,一掌将其击碎,高手也不示弱,照样击碎5块砖。于是,豪杰又拿来10块砖,同样是一掌击个粉碎,高手见之,心中没底,于是明白自己武功较豪杰还差一截。于是,这位武林高手甘拜下风,放弃了原来的计划,弃剑而去。这个电视剧中的情节就是一个典型的"信号传递博弈"。豪杰身怀绝技、天下无敌。但其他人不一定会相信他是武林第一高手,除非亲自与之交手并败于他。交战虽然可以决出高下,但对双方都会有损失,打个头破血流对谁都不是好事。当然,豪杰可以对外宣布他的武功非凡,其他人不是他的对手,但即使豪杰没有什么本事,也可以如此对外宣布。所以,仅凭口头宣布是难以令人信服的。俗话说,是骡子是马,拉出去遛遛。豪杰用过人武功劈开别人难以模仿的10块砖,就向别人发出一个可信的难以模仿的信号。这个信号向外传递的信息是:我的武功高强,你们可不是对手。这样,不用打斗就决出高下,避免了打斗带来的更大损失。降低信号发送成本,也就与提高信息甄别效率一样,达到了节省社会资源的目的。

当人们进行交易时,产品的质量是重要的特征。在多数情况下,消费者在购买产品时并不能了解到每种产品的具体质量,真正了解产品质量的是卖者。不同的卖者提供的产品质量不同,那些劣质品的卖者为了自己的利益,将产品的质量信息有意隐藏起来。消费者如果无法区分产品质量的优劣,就只能根据对整个市场的估计支付价格,即根据平均质量支付价格。当优质品和劣质品被消费者以同样的方式对待时,劣质品在成本上具有优势,从而有可能在销售上占据优势;优质品反而可能会退出市场。但是,优质品的提供者不会甘心被劣质品逐出市场,他们会向消费者传递自己的产品是优质品的信号。如质量保证和承诺(如网上销售的企业向消费者发送免费退换货的信号)是一种成本低廉而且短期效果明显的信号传递方式。因为真正的优质品因质量原因退换的概率非常小,保修期内的返修率非常低,因此从整体上不会增加多少费用。而劣质品的卖者肯定提供不了同样的保证和承诺,因为这对于他们来说成本太高了。

　　名牌也是一种投入成本较高但长期回报丰厚的信号。如海尔电器、奇瑞汽车等，品牌本身就传递了产品是优质品的信息。在消费者心目中，名牌代表优质，这就是名牌效应。尽管不是每件名牌产品都是优质品，但是消费者在非名牌产品中搜寻优质品的成本通常很高，而在名牌产品中搜寻优质品的成本相对较低，因此，希望购买优质品的消费者通常会优先考虑选择名牌产品或自己熟悉的经验品牌。

　　各种媒体的广告，既提供产品质量的信息，又提供产品差异的信息。从增加企业收益的角度看，广告因告知性和差异性的宣传，向右移动了该厂商产品的需求曲线，如果增加需求带来的利润能够弥补厂商广告支出的成本且利润有余的话，厂商这种广告的策略或行为就是有利的可取的。广告除了提供信息外，有些仅仅是为了让消费者记住，过多的广告并没有提供太多的信息。这样，所有厂家都做广告的理由，只是因为自己如果不做广告，其市场需求会缩小。集体的广告，带来的可能是信息的干扰和所有企业产品成本的增加。从社会整体来看，社会福利并不会因此而增加，反而会下降。现实经济中，也会有企业选择不做广告这种策略。

　　广告也是一种信号传递的手段，是厂家显示自己信息的有效工具。卖者通过广告信息的传播，有效区分和显示自己产品的独特品质，获得扩大需求的宣传效果；消费者可以通过较小的成本，从广告信息中获得各种所需的市场信息。当然，还有些商品广告既无商品的价格信息又无售货地点信息，只有明星的表演。商业广告中通过一些电影明星使用新产品的形象展示，利用公众的"追星"心理打造产品品牌。这种关于新产品新市场引导的广告，在国外的电视广告中也特别常见，通常是一位当红明星在电视上用新产品表演一番，既无价格，也无售货地点的介绍，除了显示一下商标外，完全没有对产品性能的说明。这类广告，为的是扩大市场知名度。此外，利用重金请形象大使做广告，或在央视黄金时间打出广告，本身也是企业实力的显示。以能否打得起奢侈的广告,某种程度上起到区分企业和产品实力的作用。

假设有一家企业 A 开发出一种很有市场潜力的饮料,该产品饮后对人的健康确实有好处。但同时,另一家生产假冒伪劣产品的企业 B 也准备向市场推出一种伪劣饮料。两个企业都会向公众宣布其产品是上乘的,宣传产品如何如何好。但公众是理性的,不会仅凭商业宣传就相信它们。但是,如果产品真的好,随着时间的推移,消费者能够识别出来。所以,生产好饮料的企业 A 对自己的市场有信心,它相信随着时间的推移,企业 B 生产的伪劣产品终究会被消费者识破,顾客会跑到自己这里来,从而自己的市场会不断扩大,销售收入及利润会不断增长,而企业 B 开始可能蒙骗一部分消费者,但时间一长,产品的问题会暴露出来,市场会不断缩小,收入及未来利润都不会有企业 A 的大。这样一来,企业 A 的未来预期收入远大于企业 B 的。因此,如果企业 A 请一位当红明星打广告,由于是当红明星,他们打广告要有很高的市场价格,而企业 B 不敢模仿。譬如,假定企业 A 的预期收入为 3 千万元,企业 B 的预期收入为 1 千万元。当红明星打广告的市场价格为 1 千万元,那么,企业 A 可以请明星打广告但企业 B 就请不起,或者企业 B 觉得这样模仿是不值得的。消费者也明白这个道理,从而会在一开始就识别出不能请当红明星打广告的企业 B 是生产伪劣产品的。这样,企业 B 一开始就没有市场了。企业 A 通过请当红明星打广告而清除掉了潜在的市场模仿者,它向公众传递了自己是生产好产品的信号,这种信号的价值在于其所请来的当红明星有着较高的出场价格,而不在乎明星在广告节目中说了什么,表演了什么。企业 A 请当红明星打广告就向公众传递了它是生产好产品的信号。对于低质量产品,消费者最多只会购买一次,如果其生产企业做广告的成本高于产品一次销售所得的利润,这时低质量产品做广告就不划算。

在仿制信号比较容易和普遍的市场上,正宗厂家要区分自己,发送自己的信号,证明自己是真正的名牌,可以在产品包装上增加某种难以仿制的防伪识别标志。但增加防伪标志以及做广告都会提高产品成本,而不增加实际的消费价值,这部分成本会打入价格,让消费者埋单,表现为同类商品,品牌者的价格往往高出较多。销售商的名望对消费者来说也是一种信号,所以优质产品往往与名牌商厦结合,往往会努力让自己的产品出现在名牌商厦的柜台里。

用信号发送的原理,还可以解释为什么地方政府热衷搞形象工程。在目前的体制下,地方政府官员事实上是一个个存在相互竞争关系的经济体。无论是改善人民生活也好,显示自身政绩也罢,推动经济发展是必由之路。而推动经济发展,在一个越来越开放的环境下,投资尤其是外来的投资的作用越来越明显。因此,各个地方政府都将吸引投资作为自己的工作目标。资本方也在寻找"婆家",但是,往哪里投资却是个颇伤脑筋的事。这时,客观上就需要一种机制来帮资本方进行选择。地方政府热建形象工程,就是为了设计这样一种机制:宽马路、大广场,优美环境。对投资者来讲,是地方政府有经济实力的信号,投资相信,地方政府有经济实力才会为外来投资者创造良好的条件,才可以保证不会引入资金后关门打狗,搞形象工程起到了增强投资者信心的作用。

但也要看到政府以形象工程攀比发送信号带来的负面作用。《新京报》2004 年 9 月 26 号的一篇文章说,建设部官员披露:中国662 个城市、2 万多个建制镇中,约有 1/5 的城镇建设存在"形象工程"。宽大的马路、宏伟的广场、豪华的政府办公楼等,这些现象无论是在经济发达地区还是落后地区都不同程度地存在。甚至有的地方,出现一个只有 5 万人口的城市,却要修能容纳 6 万人的大广场的笑话。

各地热建形象工程,形成一种竞赛,这种竞赛的结果是一步步远离发展经济、造福百姓的根本目标,演化成一场劳民伤财、逼民致富的闹剧。引来凤凰并不是目的,留住凤凰才是根本,而这是需要条件的,条件就是梧桐树能够很好地存活而且枝繁叶茂。而现在竞赛形象工程的结果是,由于不切实际地劳民伤财,不仅导致百姓怨愤,而且事实上降低了他们的购买力。

企业也有类似传递信号的方式,如开发商花大笔金钱布置售楼展厅,显示它们的实力,表明产品质量是有保证的。昂贵的展厅也会给顾客留下一个印象,因为前期付出的沉没成本(sunk costs)高昂,开发商不守承诺一跑了之的可能性更小。但情况也会有可能发生变化,当企业预收了大量的订金,远远超出逃跑的代价,企业可能会一跑了之,这样的例子也不在少数。为了防范此种情况,商品房预售时,房产管理部门按提供预售的商品房计算,投入开发建设的资金达到工程建设总投资的 25% 以上,有的地方政府还要求"预售资金将由购房人直接存入监管账户,房企不能直接收存"。商品房的这笔"预售资金"将被银行、国土部和房管部门三方共同监管。

2.6　信息筛选

迈克尔·斯彭斯(Michael Spence)研究的是拥有信息的一方主动发布信息,从同类中分离出来,这样才有利可图。在信息不对称的市场中,不具备信息的一方建立怎样的机制来筛选有信息的一方,从而实现市场效率,这是约瑟夫·斯蒂格利茨研究的重点。自然状态选择代理人的类型,由于存在信息不对称,代理人知道自己的类型,而委托人不知道,但委托人可以通过提供多种类型合约供代理人选择,以此来揭示代理人的类型。

一个经典的例子保险公司给投保人提供多种保险类型的合同,供投保人选择。在激励员工中也可以运用这种方法,如大学的分类型的岗位(教学岗、科研岗、教学科研岗),不同的岗位规定不同的教学科研任务组合,供教师根据自己的类型选择;实行评聘分离,即能完成副教授科研任务的讲师,可以申请副教授岗位,拿副教授的待遇,而完不成任务的教师,降级使用。让真实的研究水平与业绩挂钩。

在含有选拔、评价性质的活动中,为克服信息不对称,会通过信号发送—信息筛选—信息甄别,形成自己的判断。如在就业市场上,雇主无法判断应聘者的能力,通过文凭的信号,作为筛选标准,通过设置一定的门槛(学历及出身:本科、硕士、博士,第一学历是否为 211、985 院校等),让应聘者展示文凭(或证书),然后雇主再进行甄别(也会配合面试、才艺展示等方式)。在统一高考的情况下,学生凭借其优异的考试成绩向录取方发送真实的信号,录取院校通过划定分数线这一门槛来录取学生。有些专业对性别身高会有特殊要求(如护士、军队学校、警察等),还会对报名者的性别、身高进行筛选。当然,一考定终身也会把有能力而不太会考试者拒之门外,录取者也需要了解分数以外的其他信息,出现了单独招生。就是在高考分数之外,提前对学生的特长、综合素质与能力进行判断,考官通过与学生面对面详细了解,根据人才培养目标设定考查内容,使有特长的学生获取进入心仪大学的机会,执行单位录到想要的学生。当然,如果给予学生多次考试机会,或有同时报考不同学校的选择,可以更合理地实现学生与高校双向匹配。这样,可能不会有一考定终身,仅凭考试分数来录取学生,学生也可以根据自己特长,选择如意的大学。我国目前各类高校培养目标、专业要求应该是不同的,各类学校应根据自身特点,适应市场对人才的需要,培养各有特色的学生,而不是让学生像一个模子出来的一样。比如依据市场对人才的需求,将人才分为学术型、工程型、技术型和技能型四类的话,则普通本科院校重点培养学术型和工程型人才,职业院校重点培养技术型和技能型人才。不同类型人才培养目标的差异,使得学生在毕业时在知识结构、技能能力方面有较大差异。可以在寻找工作时分别进入不同需求的单位。这样还会提高人才与用人单位间匹配的效率,降低个人搜寻、单位甄别的难度。而我国现有高考,虽然有少数高校出现了自主招生,但绝大多数学生还要通过高考,使用统一的筛选行为——笔试,以分数作为唯一录取依据,通过这唯一独木桥进入大学。大学录取反映的是学生成绩上量的差异而非质的差异,没有考虑到学生的个性品质和特长潜力等因素。大学从事的主要还是学历教育,学生的专长、能力、特色培养方面并不突出,学生学习目标仅限于完成学校规定一定学习分数。① 在高考录取时甄别方式简单,学生培养过程中标准化生产,这种培养模式与市场需要脱节,培养质量下降,某种程度上造成我国高校毕业生就业难、工资待遇不高的问题。与我国大学"严进宽出"相反,美国学生进入大学还要面临继续淘汰的可能,美国名校的学位授予是有淘汰指标的,以美国芝加哥大学经济系等重点学科为例,淘汰率几近30%,学生在大学仍然面临着学习的压力和竞争,这也是毕业生高质量的保障。美国在高等教育培养过程中筛选机制值得借鉴。

美国名校的淘汰依据、量化标准也名目众多。涉及科目分数、课外活动、社交活跃度、演讲能力、专业素养、论文水平等多个指标,而评核这些指标的方式也不是简单的应试,而是通过多种直接或间接的考评手段,比如同学的口碑印象也能成为综合分波动的要素。而且,与我们的大学"严进宽出"相比,美国的大学"宽进严出",它是对准留学生们的告诫:在美国,进了名校绝不等于顺利毕业。很多留学生喜欢追逐名校,但在美国,一些小型的专业性文理学院,定位准确、专业性强、硬件和软件都比较集中,这种专长于某个专门领域的中小型学院,由于定位于培养高端专才,这些学校的就业率甚至比传统的名校还要高。

美国的高等院校类型多样,学校发展目标也不像我国那样,中专升大专、专科升本科、本科升重点、重点进一流,简单追求综合与学校排名,而是根据市场需求来定位。他们的招生制度也与我国存在很大差别,少部分知名大学实行竞争性招考政策,申请者需要提供学术能力评估测试(SAT)或具有同等效力的 ACT (American College Test)考试的成绩、高中阶段的学业成绩、个人

① 应试教育的一个显著特点,就是以分数为唯一衡量标准。当学生只关注成绩一个目标时,会忽略不计入成绩的科目。只关注如何取得更高分数,而非根据个性来发展,提高自身能力,探索知识探索真理,出现"高分低能"本末倒置的现象。

陈述文章、推荐信等材料，国际考生还需要提供托福成绩。大部分院校补选符合最低限度筛选政策和符合最低入学标准的学生。社区学院作为承担美国职业教育的重要机构，实行注册招生制度，对所有已经完成中等教育有继续学习意愿的人实施开放入学。但这并不意味着入学者可以单凭个人意愿修读任何课程，有些课程也对申请学习的学生提出了一定的要求，如已经完成某些基础课程，或者某门相关课程的成绩达标。但学校通常会提供支持服务，以帮助学生获得修读资格。

在德国，学术轨与职业轨分离较早，在中学阶段已经完成。文理中学的学生毕业后即获得综合性大学入学资格，职业专门学校和高级专门中学的毕业生可以继续升入高等专科学校或者职业学校学习。作为德国高等职业教育主体的高等专科学校实施申请入学制度，学校审核报考者的申请材料后学生即可免试入学。从 20 世纪 80 年代起德国高职教育领域出现了一个趋势，即越来越多的文理中学的学生有意愿进入高等专科学校学习。

我国台湾于上世纪末开始在高等教育领域推行多元入学方案改革，2002 年废除已经实施多年的大学联考，采用大学入学考试制度。包括主要面向学术型人才的学科能力测试和指定科目考试，凭以上两项成绩可申请进入普通大学。另外还有面向应用型人才的技术职业学院升学考试，叫四技二专统一入学测验，据此成绩可以申请四年制技术职业院校、两年制专科学校或普通大学，有技优入学、科技院校繁星计划、甄选入学及联合等级分发等多元入学渠道。将学术型人才与应用型人才分开筛选。

就如何区分一流大学或一流教授，佐治亚大学社会学教授Joseph Hermanowicz 采访了 60 位美国大学的物理学教授，提问他们对自己贡献的评价及对教授职位的认识，发现教授们对这个问题的回答大致可分为两类，而这两类与教授们的学术地位有很强的关联性。学术地位高或论著颇丰的教授大多希望获得专业成就上的认可。例如，被评价为"是某个领域的领导者或某种理论的创立者，就像人们说爱因斯坦创立了相对论"。有受访者甚至表示，如果能够在物理学的发展中做一些实实在在的事情并赢得同事的尊重的话，他可以"随时死而无憾"。学术地位一般或论著平平的教授，大多希望获得个人品质上的评价。例如，"是个好人，诚实、平易近人、勤奋"。他们在学术上更在意方式方法正确，而不是成果一流。他们往往通过抢占道德制高点，为自己没有完全实现自我提供借口。因此，在职业上被别人认为是个好人就成了对学术失败的补偿。相关统计表明，第一类教授基本上在一流大学或一流物理系，而第二类教授则以排名较低的大学居多。这一结果也反映出，是否追求学术上的一流是一流大学或一流学科与一般大学或一般学科的教授的最大区别。这就可以成为区分一流教授与二流教授的一个信念。

了解了信号发送的一般原理，下面的关键问题就是怎样设计引起信息披露的有效筛选机制，以便将真实信号与无关噪音区分开来。斯彭斯认为，信号可以经过后天努力做出调整，信号调整付出的成本称为信号成本（singaling costs）。有效的信号需要满足两个基本条件：第一，信号的成本对不同类型的人一定不同。具体来说，信号的成本必须与个人能力成反比。高能力的人采纳这一信号的成本很低，因此可以获利，低能力的人采取这一信号的成本很高，得不偿失。这样第二类人不会模仿第一类人。同样的，第一类人也不会去伪装成第二类人，因为这样做同样是得不偿失的。第二，高能力者愿意选择这个信号。如果高能力者对待这个信号的态度模棱两可，这个信号就失去了有效性。

如学术型与技能型人才培养，学术型院校可以通过设计考核标准，使学术型人才可以低成本通过针对他们的考试，高能力者甚至能够轻松地达到筛选条件，进入理想的学校；而技能型学生可以在考试中充分发挥自己的特长，向应用型人才的技术职业学校发送信号，而学术型学生要通过此类考试需付出更高的成本。这样，通过有效筛选与区分两类学生，每类学生都不用太费力地升入自己理想的学校。如果统一划线不加区分地进入入学考试，区分的效果在高等教育大众化的今天肯定会大打折扣。如果获得高的考试分数是学术型人才的强项,这种统一考试就不利于应用型人才的选拔,第二类人才要想进入理想学校就得付出更高的成本,为了获取更高的考试分数,就不得不压抑特长(如在兴趣、动手发明、创造等)的发展,千军万马不得不去挤高考这个独木桥,学生、学校、教师、家长都要在激烈的竞争中付出更高的成本。

国内高校分普通高校与职业院校。如果没有分离与分流,混同均衡下,缺乏自选择机制和环境,全社会只有学历一个标准。高校会竞相升本,挤入更高一级大学,学生会想办法进入更高一级学校。我国的职业教育与学术型教育参加统一的入学考试,由于历史原因,现实的情况是,职业学校往往质量相对较差,在办学上并没有充分体现应用型人才培养的模式。职业学校给学生、社会的印象,好像是差生的学校。在录取分数上也较普通院校要低得多。由于职业院校本身也没有很好地与市场接轨,培养目标与方案上没有与企业的人才需求相衔接。学校的教师往往担任技能课的教学,所学知识也往往与企业发展和现实需要不相一致,没有很好的实现校—企的联合培养。学生的学习也多在自己学校,对企业的了解多是在毕业实习阶段才开始。职业学校自身面临的问题,使得社会对职业教育产生歧视。学生在接受职业教育后对应的工作多处于产业结构的低端,无论是经济收益还是社会声望都逊于普通本科学校毕业的学生,在工作稳定性、职业发展前景等方面也都不太令人满意。以职业声望为例,有学者将国内81种职业分为7个声望等级,排在前几位的包括党政机关领导干部、教育、司法、传媒类专业技术人员、企业管理者、执法部门工作人员等,而职业院校毕业者主要从事中低层专业技术工作(如各类技术员、护士等)、农村专业技术工作和产业工作,工作的职业声望排名均在后4位。

2.6.1　可信与不可信

孙膑是非常有名的军事指挥家。有一天,吴王对孙膑说:"孙子呀,都说你的军事理论很强,我想知道你能不能带兵打仗?"孙膑回答道:"你给我兵,我就能带。你给我一支军队,我一定能把它训练成非常优秀的军队。"吴王指着自己的宫女说:"你能把我这群宫女训练成军队吗?"孙膑说:"你只要给我权力,我就能把这些宫女全部训练成军人。""好,我给你权力,限时三个时辰"吴王说。

孙膑和吴王的宫女们都站在了训练场上。这些宫女从来没受过军事训练,只是觉得这件事很有趣,大家你推我搡闹作一团。吴王看着这情景,也觉得新鲜好玩,就把他最宠爱的两个妃子也叫了过来,并让她们担任两队宫女的队长。孙膑开始练兵,他大声说道:"大家停止喧哗,马上列队站好,左边一队右边一队。"但是没人听他的话,宫女和妃子还是在原地嬉笑打闹。孙膑也不着急,他大声说:"这是我第一次说,大家没听明白,这是我的问题。现在我第二次要求你们列队。"这些"女兵"依然没什么反应,玩笑依旧。

这时孙膑又说话了:"我第一次讲话大家没听明白,那是我的错;第二次没听明白,可能还是我的错。下面我开始说第三遍——大家列队,左队站左边,右队站右边。"第三次说话结束了,还是没人按照口令行事。孙膑沉下脸来严肃地说:"第一次大家没听明白,是我的错误;第二次大家也没听明白,还是我的错;但是,第三次没听明白就是你们的问题。来人,把那两个队长带到一边去,立刻斩首!"马上有士兵上来把那两个妃子抓了起来。这时,吴王赶紧对孙膑说:"不能这样!我只是说着玩的,千万别动真的。"孙膑说:"你是不是给我权力了?现在军权在我手中,立刻斩首!"士兵咔咔两刀把两个妃子砍了。见到这种阵势,众宫女马上肃然而立,没用三个时辰,两个队列就成形了。

这就是孙膑练兵的故事。孙膑前两次虽然不断强调纪律,但没人相信这是真的,他依据军规斩掉两名妃子,就发送了十分可信的信号——"军中无戏言",其他人就只得认真听从指挥了。

破釜沉舟的故事讲的是一个"可信承诺"的例子。有一年,秦国的三十万人马包围了赵国的巨鹿,赵王连夜向楚怀王求救。楚怀王派宋义为上将军,项羽为次将,带领二十万人马去救赵国。谁知宋义听说秦军势力强大,走到半路就停了下来,不再前进。军中没有粮食,士兵用蔬菜和杂豆煮了当饭吃,他也不管,只顾自己举行宴会,大吃大喝的。这一下可把项羽的肺气炸啦。他杀了宋义,自己当了"假上将军",带着部队去救赵国。

项羽先派出一支部队,切断了秦军运粮的道路。他亲自率领主力过漳河,解救巨鹿。楚军全部渡过漳河以后,项羽让士兵们饱饱地吃了一顿饭,每人再带三天干粮,然后传下命令:把渡河的船凿穿沉入河里,把做饭用的锅,砸个粉碎,把附近的房屋放把火统统烧毁。这就叫破釜沉舟。项羽用这种办法来表示他有进无退、一定要夺取胜利的决心。楚军士兵见主帅的决心这么大,就谁也不打算再活着回去。在项羽亲自指挥下,他们以一当十,以十当百,拼死地向秦军冲杀过去,经过连续九次冲锋,把秦军打得大败。

中苏矛盾时剑拔弩张,边境时有摩擦,苏联威胁中国安全,苏联想对中国大陆进行核打击,但考虑到中国大陆也有核弹,但是中国大陆的国力、军力不及苏联,中国大陆通过各种消息,知道了苏联准备进攻中国大陆的行动,尤其是美国政府通过第三国政府,都告诉了中国大陆。据说,当时中央高层震惊,一时找不出好对付苏联大举侵略的办法。这时毛泽东让人打开世界地图,当着领导们的面,让一个转达中共口信的信使,告诉苏联方面:"如果苏联军队敢侵入我国,那我们就不要国土了,举国冲入苏联,埋锅设灶,从此生活在苏联。"

苏联政府听到信使转达毛泽东的话后,都惊呆了,因为他们晓得毛泽东的性格,这是个可信的威胁。这个仗可怎么打?苏联的领导人想:人家中国人不要国土了,5、6亿人要拖家带口进入苏联生活,而苏联人那时还不到1亿人。毛泽东最后的策略,就是中国从中苏边界大批进入苏联境内。这样苏联的原子武器就无用武之地,因为原子弹无法区分其国内人和我国进入的人,苏联也不会在自己国土上使用原子武器。而如果打游击战，我们就有优势了。共产党就是靠农村包围城市，游击战由战术上升为战略，取得最终胜利的，苏联也深知我们游击战的厉害。在这个例子中，毛泽东不按常人的创新思维，运用的就是可信威胁，里面还有混同均衡思想，很难找到比这更妙的战略了。

"承诺"和"威胁"都是事先发送的信号，但事先发送信号是否有效，为另一方采信，即表现在"承诺"和"威胁"的可信与不可信两个方面。因为后行动方将来会采取对先行动方有利的行为，相当于一种"承诺"，而将来会采取对先行动方不利的行为相当于一种"威胁"。可将可信性分为"承诺的可信性"和"威胁的可信性"，即可信承诺与可信威胁。可信与不可信，也就是对方发送的信号是否是真实的。

为了防止一些大学生经常性缺课，上课时会偶尔点名，也发现会有学生替没来的人答到。教师不能熟悉每一位同学，就难识别是否有学生替别人答到。但如果一开始把规则告诉学生：替别人答到相当于自己没到，并且点完名后核对总人数。如果发现实到人数与总人数扣除缺课人数后的数不一致，就一定存在替别人答到的情况，如果曾经有过认真核对学生的事情，提前宣布这样的规则就可信；在教学中，课后习题教师有答案，是不是应该提前把答案交给学生呢？如果交给学生，学生可以自己核对是否做对了，但不是每个学生都是自觉的，就需要布置书面作业督促检查。但不自觉的学生可能把答案直接抄上交了，这样就达不到训练的目的。这就要求学生明白答案的意义在于自我检查，如果学生自主学习没问题，就可以提前交给学生，让他们自己安排好了。但由于有学习习惯不好的学生，答案还是不要提前让他们知道为好。如果在不需要向老师提交作业情况下有学生问老师要习题答案，可以肯定，这样的学生一定是为了自己检查学习的需要，这样的学生给个好的平时成绩是应该的，因为他（她）发送的信号是可信的。

也有不可信的威胁。比如，有家长不同意子女的婚事，扬言如果自己孩子执意不听父母的安排,会讲出断绝父子母女关系之类的话。实际上,说这话时,多是无奈的情况时的气话,若子女的婚姻既成事实,往往是当长辈的做出让步,认同子女的决策,这就是不可信威胁。

有时表面上不可信的实际上是可信的,也可能表面上是可信的,实际上是不可信的。比如,在市场上买卖商品,讨价还价时,有人对商品表现出不满意,实际上是一种让对方让价的策略。当卖方以 200 元出售的东西,你刻意地挑毛病,对方最终以 150 元卖给你,你实际的保留价格是 220 元,你就可以获得 70 元的消费者剩余,挑剔卖方产品质量是假的信号,真实目的是为了压低价格。这里挑的商品毛病信息不可信,表现出来的非买意愿也不可信,而购买行动才是真实的信息。相反的,如果对卖家商品不感兴趣,就根本没心思去挑剔对方商品的毛病,正所谓"褒贬是买主儿,叫好是旁人。"真要买的人会挑挑毛病压压价,无心买的人往往会说一些类似于"下次来再买之类的话。"对于卖家来说,真正需要的是挑挑毛病压压价一类的顾客,光说货好、真不错、肯定能卖个好价之类的人,多半是"反正我也不买"的主。

2.6.2　广告的作用——信号发送与信息甄别

顾客愿意搜寻商品,提高购买的性价比,厂商也有激励去告知顾客,他们所提供的产品是质量好的或价格低的。与显示价格优势相比,更多的广告在做质量宣传,甚至不惜牺牲价格优势。如,我们的产品贵一点点,质量更可靠之类的宣传。但如果你的产品也只是好一点点,但客户看不到这一点点,你的价格高一点点,客户就比较出来了,这样的宣传未必奏效。当然,如果你是品牌的话,顾客还会介意吗?

厂商做广告会花费大把的金钱,以便告知顾客产品质量、功用、价位、优惠、地理位置等信息。广告在不同市场结构中的作用是不同的,在四种市场结构中,完全竞争厂商均衡时为零利润,厂家是不会也不用做广告的,因为产品同质、价格只能相同。谁做广告,谁就会额外增加成本,谁就会亏损;①完全垄断厂商可能会做广告也可能不用做广告,若做广告,其用意在于产品宣传,增加市场需求,不是为了竞争市场份额;如果其产品已经为广大消费者所熟知,就没有必要做广告了;垄断竞争厂商时常做广告,为了宣传产品的差异,提高自己拥有的市场份额,右移面临的需求。成功的垄断竞争厂商的广告,应是以合适的成本在合适的媒体,针对合适的人群宣传给服务的客户,形成其产品差别的优势形象;寡头垄断厂商也可能会做广告,取决于对手是否做广告,也可能均不做广告。一般地,即使做广告,也尽量避免刺激竞争对手。在美国,许多厂商的广告支出占总收入的 2%～3%,甚至更多。不同行业情况是不一样的:电影制片厂将 12% 以上的销售收入用于广告上,电影院的广告支出只有 1% 左右。百货商店的广告支出超过总收入的 3%,而药店的广告费不到销售收入的 1%。② 在我国房产销售广告一般占 3% 左右,规模大的开发企业销售占比会相对小些。广告支出还受市场行情的影响,与市场繁荣时相比,市场不太活跃时,促销和广告费会相应增加。

广告在产品投放市场的初期,主要目的是为了扩大宣传,发送产品或服务的信息。一家企业想扩大销售,不能被动地等顾客找上门来,应当采取积极的手段去争取新的顾客,向他们传递产品或服务的信息。在存在不完全信息时,广告在改善市场效率方面起着重要作用:它可以向消费者介绍区分自己产品、识别产品

① 单个完全竞争厂商不需要做广告,由于单个完全竞争厂商面临的需求曲线是无限弹性的,即水平的。它无法也不需要通过做广告来增加自己面临的需求。但作为整体的完全竞争者,面临的需求曲线即市场需求曲线仍然是向右下方倾斜的。对行业整体做劝导性广告,可以增加市场总需求,是有利的。但谁会愿意为整体行业去做广告呢?在市场结构中,我们能看到很多有趣的辩证的例子:完全垄断是市场失灵的一种,但进行一级价格歧视的垄断厂商,但在资源配置效率上达到和完全竞争一样的最优效果;寡头垄断以价格为竞争策略时,也会把价格降低到等于边际成本处;古诺模型中,随着厂商数量的增加,寡头厂商的行为慢慢趋向完全竞争厂商的行为。

② 约琴夫·E·斯蒂格利茨,卡尔·E·沃尔什著.经济学(上)[M].中国人民大学出版社,2013:356.

质量及真伪的知识。但也不是所有广告都在发送产品或特征事实的信息,有些广告仅仅是维持产品在消费者心中的印象,有些广告试图去说服消费者试用一种产品或者继续使用该种产品而不转向其他产品,做广告的原因是因为其他同行在做广告。当然,好的广告会产生价值认同,比如一件服装由电影明星或电视节目主持人先穿,引导一种潮流,会引导更多人效仿,起到推广的作用。

广告分信息性广告与说服性广告。信息性广告主要用于宣传新产品的相关信息:产品功用、价格、哪里能够买到、使用注意;说服性广告目的在于劝导消费者去尝试其他品牌的产品,产生新的体验。劝导性广告突出产品差别,如果这种差别广告宣传成功,厂商增加争取到其他

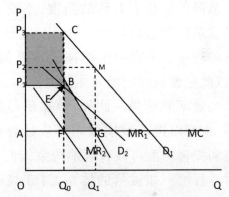

图 2-11　广告使需求曲线移动及对利润的影响

竞争对手的顾客,将使自己面临的需求曲线向右移动;如果形成自己忠诚的顾客群,该厂商面临的需求曲线会变得陡峭。这里假定广告支出为固定成本,不影响边际成本曲线。如图 2-11 中 D_2 表示广告前厂商面临的需求曲线,D_1 表示广告后扩大的需求曲线,相应的边际收益曲线为 MR_2 和 MR_1。因移动需求曲线和需求曲线会变陡,使厂商的利润增加由两部分构成:一是,厂商能够以更高的价格出售产品,由此增加的利润为 P_3CBP_1 的面积;二是,增加销售量带来的利润增加:新的边际收益曲线(MR_1)与边际成本(MC)交于 Q_1 处,从 Q_0 到 Q_1 的产量增加,带来的利润增加为新的边际收益曲线 MR_1 超过边际成本的阴影部分,即围成的面积 BGF。P_3CBP_1 的面积与 BGF 面积之和,等于 P_2MGA 的面积减去 P_1EFA 的面积。净利润的变化,要考虑广告成本。即

前二者之和是否大于广告支出：如果前者增加大于广告支出，做广告是值得的，否则则是不值得的。还要注意的是，在此的分析，没有考虑其他竞争者的反应，如果其他竞争者也跟随增加广告支出，广告对厂商利润的影响及是否值得投入，就要重新结合需求曲线的移动再做具体分析了。

2.6.3　信号发送还是信息筛选

从降低信息不对称的角度，不论是雇主对员工的甄别筛选，还是雇员的发送信号区分自己与其他竞争者，都可以降低信息不对称的程度。考虑顾主筛选成本更低还是雇员发送信号成本更低，以此把甄别界定给雇主还是雇员，这样不同的制度安排，会影响市场效率的结果。此外，单靠信号发送技术、信息甄别的技术进步，也可以提高甄别效率。从社会整体的角度看，良好的社会规范和完善制度可以有效地约束人们的机会主义行为，降低信息不对称程度。如诚信的体系，遵守规则的自律意识提高，对违反社会规则者的较强惩罚措施配套，增加制度威慑力，让个体如实发送信号，降低和减少甄别的成本，本身也在节约社会资源，提高经济效益。信号发送还是信息甄别，信号发送方先行动还是信息甄别方先行动，由哪一方发送信号，基于效率来安排，由市场来选择。

信号发送和信息甄别过程中，究竟是信号发送方先行动还是甄别方先行动，要看具体情况。一些市场中，可能是没有私人信息方先行动，比如招聘单位发过招聘信息，招聘人才的不同标准及相应待遇，让求职者去根据自己情况来应聘。这种情况下适用信号甄别模型。如保险公司提供各种不同类型的保险合同，让顾客根据自己的情况来选择搭配保险合同。另一些市场中，也可能是拥有私人信息方先行动，如古代张榜求贤，现在出彩秀节目的人员推选，竞争选举的竞选演说等，私人展示自己的信息，让另一方甄别。

毛遂自荐故事讲的就是这个道理。春秋时,秦军在长平一线,大胜赵军。秦军主将白起领兵乘胜追击,包围了赵国都城邯郸。赵国形势万分危急。平原君赵胜奉赵王之命,去楚国求兵解围。平原君把门客召集起来,想挑选20个文武全才一起去。他挑了又挑,选了又选,最后还缺一个人。这时,门客毛遂自我推荐,说:"我算一个吧!"平原君见毛遂再三要求,才勉强同意。

到了楚国,楚王只接见平原君一个人。两人坐在殿上,从早晨谈到中午,还没有结果。毛遂大步跨上台阶,远远地大声叫起来:"出兵的事,非利即害,非害即利,简单而又明白,为何议而不决?"楚王非常恼火,问平原君:"此人是谁?"平原君答道:"此人名叫毛遂,乃是我的门客!"楚王喝道:"赶快下去! 我和你主人说话,你来干吗?"毛遂见楚王发怒,不但不退下,反而又走上几个台阶。他手按宝剑,说:"如今十步之内,大王性命在我手中!"楚王见毛遂那么勇敢,没有再呵斥他,就听毛遂讲话。后在赵楚谈判期间,毛遂凭三寸不烂之舌说服楚王联赵抗秦。楚、魏等国联合出兵援赵,秦军撤退了。

有的求职者主动展示自己,打动招聘单位,为自己争取到工作的机会。在营销中,销售员为了推销自己的产品,主动让顾客试用小包装的产品,让顾客先有好的体验后主动购买;销售食品的让顾客先品尝的做法,培训班让顾客试听等,都是拥有私人信息一方出去示意,让对方甄别的例子。劳动力市场上,雇主通过提供雇佣合同菜单先行动,求职者通过在这些合同中做出选择。在劳动力市场求职者向雇主发出教育水平信号,雇主通过提供不同的工资来回应。雇主对发送的信号没有控制能力,他们只能通过自己关于教育水平和生产能力的关系信念,来解释教育水平的信号并提供相应的工资;而在信号甄别模型中,因为雇主在供选择的合同中同时规定工资和教育水平,他们有动机向市场提供任何可以使他们获利的雇佣合同。这也可以解释为什么大学生都愿意留在大一些的城市,因为大城市有更多的工作岗位类型和更多就业机会,能够给自己展示才能的更大的舞台。有句话:"是金子总会发光的",还有句典故:"龙游浅滩被虾戏,虎落平阳被犬欺"。前者说的是才能的重要性,后者说的是机会的重要性。其实,二者都很重要,机会来临,不失时机显露自己的才能,抓住机会才会更容易成功。

2.7 信息甄别

《西游记》第五十七回,"真假美猴王",六耳猕猴化作孙悟空的模样,伤了唐僧,后又和孙悟空大打出手。这位假孙悟空,和真孙悟空一般无二,与孙悟空上天入地下海,大战多个回合,不分胜负。唐僧念紧箍咒,两个都喊疼,自然看不出哪个真假;到天宫,托塔李天王拿照妖镜照,也看不出;又到观音那里,观音也看不出。最后还是如来道出六耳真身并用金钵盂将其罩住,才被孙悟空一棍子打死。由于真假悟空实力相当,真悟空难以发送区分自己的信号,使各路神仙都难以甄别。

楚庄王一飞冲天的故事,也是一个发送信号和甄别的例子。春秋时期的楚庄王年少即位,面临朝政混乱,为了稳住事态,表面上三年不理朝政,实则暗地里等待时机,结果是"三年不飞,一飞冲天;三年不鸣,一鸣惊人"。庄王即位之初,并不是一位让人称道的好皇帝,他纵情享乐,不理朝政。其实,这只是庄王的一种策略,但他并没有告诉任何人,而是暗地进行,并在暗中观察。尽管庄王张贴了"谏者处以死刑"的告示,仍有些忠心耿耿的大臣敢于冒死求见庄王,直言进谏。大臣伍举一心辅佐庄王,看到庄王终日享乐,不理朝政,决心冒死进谏。伍举问庄王"大王,臣想请您猜一个谜:在山冈上有一只鸟,但有三年的时间它既不飞也不叫,请问大王,这还能算鸟吗?"庄王沉吟片刻,说道:"三年不飞,但一飞冲天;三年不鸣,但一鸣惊人"。伍举见此情景,以为庄王可能懂得了他的意思。但过去几个月,庄王依然故我,不仅没有收敛,反而变本加厉。伍举终日只得唉声叹气,无计可施,其他忠臣也忧患日深,而那些奸臣则暗自窃喜。然而待大臣"原形毕露"后,庄王便不再纵情享乐,开始致力于政治革新。他首先将那些围绕在他身边,与他一起吃喝玩乐的谄媚小人予以处分,接着任命伍举、苏从为重臣,使整个国家面貌焕然一新。庄王的行为,成功地对忠臣与奸臣进行了区分,当然这个代价也过于高昂了。

约瑟夫·斯蒂格利茨研究不拥有信息的人如何设计一个菜单,来进行信息甄别,使具有不同信息的人不隐瞒信息和行为,或者说设计一个分离不同信息的人的机制。有信息一方可以显示自己的信息,叫信号发送,无信息一方采取行动引起有信息一方披露自己私人信息叫筛选(screening)。一方发送信号后,无信息一方辨别真伪叫甄别(identify)。

解决思路是委托人或"高质量"代理人通过信息决策,减少委托人与代理人之间信息不对称的程度。解决的途径有两个:其一是委托人通过制定一套策略或合同来获取代理人的信息,这就是"信息甄别";其二是"高质量"代理人利用信息优势向委托人传播自己的私人信息,这就是"信号传递"或叫"发送信号"。

信息甄别,就是委托人事先制定一套策略或设计多种合同,根据代理人的不同选择,可以将代理人分为不同的类别。与信号发送不同,信息甄别是通过委托人的信息决策来获取代理人的信息,以减少信息不对称程度,所以,这也是减少逆向选择的又一种途径。信号发送与信息甄别是相互的两类模型。二者的区别在于信号传递是信息发送,是拥有信息方向不拥有信息方主动发送有区别意义的信号,以显示自己区别别人;信息甄别是不拥有信息的一方,通过制度设计,使发送信息者无法隐瞒各自信息,被动接受顾主挑选,自动实现分离均衡的问题。不论信号发送还是信息甄别都需要成本,但成功的信号发送和信息甄别也都会提高效率。但信号发送成本太大或信息甄别成本过高,也会出现低效率的问题。这就要通过各种措施来降低信号发送成本和信息甄别成本。

如果上市公司发布信息,称集团领导、中层干部以及关键骨干员工等都参与了某只股票的核心员工持股计划。这很可能是该公司深化改革,完善激励约束长效机制的创新举措,有利于员工与股东事业共创,风险共担,责任共担,利益共享;有利于调动管理者和员工的积极性,持续激发员工的创新活力,实现公司长期可持续发展。反之,如果上市公司不分红或只是象征性地分红,或者干脆选择配股,它发送的信号有可能是经营效益不好而对资金需求增加,意味着其股价可能走弱。

当然有的情况下信息是很好甄别的。像滥竽充数里的南郭先生,只要让其单独演奏,就能判断出谁吹得好与不好。在婚姻市场上,大龄女子可能并不愿意花太多时间通过电话聊天的方式了解对方,可能更愿意见面,这样提高了解对方的效率。有些信息相对难以甄别。在挑选求职者时,不仅看他的求职简历,还要进行面试。多数人在简历上下了很多功夫,制作得很精美,把自己包装得也很靓丽。与面试相比,简历更容易"造假",不太容易识别,而面试能较快较直接地了解求职者的更多信息,如工作经验、学识技能、待人接物、谈吐气质等信息。特别是不同的用人单位,对招聘的员工素质要求不同,与其看千篇一律的简历,真不如就某个岗位上的基本功当场面试来得快。

2.7.1 所罗门故事与信息甄别

所罗门王是古代以色列国的一位智慧、英明的君主。有一次,两个少妇为争夺一个婴儿,争吵到所罗门王那里,她们都说自己是婴儿的母亲,请所罗门王做主。所罗门王稍加思考后做出决定:将婴儿一刀劈为两段,两位妇人各得一半。这时,其中一位妇人立即要求所罗门王将婴儿判给对方,并说婴儿不是自己的,应完整归还给另一位妇人,千万别对婴儿下手。听罢这位妇人的求诉,所罗门王立即做出最终裁决:婴儿是这位请求不杀婴儿的妇人的,应归于她。这个故事讲的道理是,尽管所罗门王不知道两位妇人中谁是婴儿的母亲,但他知道婴儿真正的母亲是宁愿失去孩子也不会让孩子被劈成两半的。所罗门王基于这个信念,很快就识别出谁是婴儿真正的母亲。所罗门王进行有效的"机制设计",让不同类型的人做出不同的选择。虽然每个人的类型可能是隐藏的,别人观察不到,但他们所做出的选择却是可以观察到的,观察者可以通过观察不同人的选择而反推出她们的真实类型。

　　三国演义中,有庞统巧断"羊皮口袋案"的趣事。案情是这样的:有位老太太状告一乡绅强抢她儿子用来贩盐的羊皮口袋,她儿子不肯给,被打致残。而乡绅又说口袋是自己家的,口袋上还有他家的印记,是老太太的儿子偷了他家的口袋。双方各执一词,难以判决。庞统听完双方的陈述之后,就让人把口袋剪成两半,对乡绅和老太太说:"你们两个人谁能用唾沫把口袋粘起来,口袋就归谁!"这两人就一人拿一半羊皮口袋去舔,想把口袋粘起来。庞统又问:"有什么味道没有?"两人都说是咸的。庞统断喝一声:"大胆恶绅,抢人口袋,打人致残,还敢抵赖?"乡绅一看实在无法抵赖,就承认了自己抢人口袋,打人致残的恶行。原来庞统让他们粘口袋是假,让他们尝口袋的味道是真,老太太的儿子既然一直用口袋贩盐,口袋中必然会有盐的味道,尝起来也就自然是咸的,从而使得案情水落石出。因为那个老妇人说他儿子拿这个袋子装盐的,所以舔出咸味证实老妇的话是真的,那男的不是没舔出咸味,而是明白自己的谎话被拆穿后的无语。

　　与对称信息模型相比,非对称信息下厂商利用自己拥有的信息优势,进行掠夺性定价或极限定价现象。如垄断厂商运用价格歧视的原理,进行差别定价,即通过区分不同消费人群的不同需求弹性,对不同市场或不同人群,分别实行不同的价格。比如飞机、轮船等设立头等舱、经济舱,火车分软卧、硬卧、软座、硬座,票价也不相同。不同的人愿意支付的价格是不一样的。有的人收入高一些,或对花钱看得比较轻些,就可以支付较高的价格,收入低的人或对花钱看得重一些的人,支付意愿较低。但是,如果你问他们愿意最高支付什么样的价格,他们必都低报价格,因为谁都知道低价购买更划算。飞机或轮船公司为了将具有不同支付意愿的人区分开,让能支付较高价格的人支付较高价格,给支付意愿低的定低的价格,设计了一种信息甄别机制,来甄别和区分不同的消费人群,对不同人群或不同的消费数量索取不同的价格,尽可能多的攫取消费者的消费者剩余,获得尽可能多的利润。于是,航空公司或轮船公司将舱位分成头等舱、二等舱等,当然价格不同服务也不同。头等舱比其他较低等级舱位的价格高许多,并不见得其舒适程度和服务就比其他舱位的好很多,而是因为那些坐头等舱的人支付能力比乘其他舱位的旅客支付能力要高很多,说白了,就是坐头等舱的人比坐其他舱位的人更有钱或更愿花钱享受更好的服务。如果航空公司或轮船公司不对舱位和价格做如此区分,即使是有钱人也不愿意坐同样的舱位而支付比别人更高的价格,这样企业本可以得到的利润就会白白流失。

通常认为垄断企业可以凭借垄断地位会制定高的价格,然而也有垄断厂商并未如人们所料想的那样高价格销售商品,而是对某些消费人群采取低的价格。当销售者统一定价时,不同支付意愿的人都会以最低价格买票,不会有人愿支付比别人更多的钱去买相同的商品或服务。垄断厂商还会根据不同季节的需求信息,在消费淡季采用普遍的低价策略;根据消费者的需求强度,对需求强度较低的消费者或在需求强度较低的市场,采取低价策略。

这里,支付能力是旅客的类型,选择舱位等级是他们的选择。支付能力无法观察,但买什么舱位的票却能够观察,航空或轮船公司可据此识别出不同支付意愿的人群。譬如,有两位旅客 A 和 B 乘飞机,A 最高愿意支付 1000 元,B 最高愿意支付 1500 元,经济舱的服务成本为 800 元,头等舱的服务成本为 1200 元。如果没有头等舱,航空公司最多把票价定到 1000 元,利润为 $2 \times (1000 - 800) = 400$ 元。因为票价一旦高于 1000 元,A 和 B 就不会买票了;当设立头等舱后,航空公司将经济舱票价定为 1000 元,将头等舱票价定为 1500 元。此时,A 以 1000 元买经济舱。B 如果买经济舱,无消费者剩余,买头等舱的消费者剩余 $1800 - 1500 = 300$

元,所以 B 会买头等舱。A 的支付能力只能 1000 元,所以甲只有买经济舱。这时,航空公司的利润为(1000 － 800)＋(1500 － 1200)＝500 元＞400 元。公司利润增大了。

　　类似地,同一种软件产品对于不同的消费者其效用是不同的。一般来说,企业用户对软件的最新版本需求较大,自然其愿意支付的最高价格较高,家庭用户的使用要求低,使用早期版本同样可以完成工作,愿意支付的最高价格也较低。客户的需求信息在供应商与客户之间是不对称的:客户知道自己的需求,而供应商不知道,因为高需求客户为了以更低的价格成交,往往会隐藏这种"其具有高需求"的信息。书的生产商通过提供精装本和平装本两种版本,结合对读者的区分:一类对书的评价较高,用来珍藏或送人,另一类对书的评价较低,只是为了阅读。对精装本定高价,普通本定低价;电信服务商将用户区分为高频率用户和低频率用户。向用户提供两种收费标准供选择:一种是单位时间通话费用较低但需交纳较高的月租费,另一种是单位时间通话费用较高月租费较低。高频用户会选择前者,低频用户会选择后者,实现自我选择。

　　由于签约双方中,一方掌握另一方不知道的信息,当价格不能反映决策所必需的信息时,缺乏信息的一方便无法做出买卖的决定。这时,提高价格留下了差的客户,赶走了好的客户。如保险公司提高保费,会使低风险的首先退出,不断提高保费,剩余下来的就是越来越差的客户。逆向选择的结果最终导致市场的萎缩。在逆向选择的情况下,可以利用信号自我选择的原理来进行市场分离。如雇主可以设计报酬,诱导雇员显示其信息类型,自动实现分离。对保险困境的问题,可采用差别保险合同的方式。假设有高风险和低风险两种类型的潜在投保人,保险公司一开始是无法辨别其风险类型的。为了获取投保人的信息,保险公司可以提供给投保人两种可供选择的合同,一种是"高保费高赔付",一种是"低保费低赔付"。显然,高风险投保人愿意选择前一种合同,而低风险投保人则愿意接受后一种合同。低风险投保人通过谨慎开车,降低出险概率,节约保险成本,这样期望的出险损失(出险概率乘以出险造成的损失)会小于全额保险的保费,所以他不会买全额保险。这时相当于储蓄全额保险的资金用作自己的保险基金:自己给自己保险。这样一来,保险公司就可以从投保人的选择中获取潜在投保人类型的信息,这种自选择有效地将两类投保者区分开,减少逆向选择和产生混同均衡的可能。如果投保人已经是保险公司的老客户,保险公司就可以根据以往理赔和出险的信息,以及其购买保险合同组合的信息,判断其风险类型,进行客户管理和针对性营销和开发[①]。

由于低风险投保人愿意选择保险费率低的保险合同,这样,保险公司只有降低保险费率,才可以吸引低风险者投保,为了分离高风险者而设置较低的保险金额上限。低风险者选择低保险费率,低赔偿额合同;而高风险者自认为出险概率高,期望出险损失大于全额保险的保费,他会选择高保费率,高赔偿额组合的合同。

2.7.2　统计问卷中的信息甄别

如果能在问卷整理的时候就及时发现问题,那么你就不会在最后期限的前夜被劣质的数据折磨得狼狈不堪。可以利用信息经济学知识帮助审核数据、辨识真假。

第一个办法,可以设置同质题目,一个问题,多处提问。同质题目是指一个问题在问卷中设置两种问法,对一个受访者访问两次,只要这两个答案不一致,就可以据此来判断是虚假数据。比如:年龄和身份证号码一起问,小孩的年龄与年级一起问。还有就是利用态度量表,设计正反问法。例如,在一份测度啤酒消费习惯的态度量表中,问题 1 和问题 2 是一对同质问题,只是问题 1 是正向询问,问题 2 是反向询问。

---

① 开拓一位新客户所花的成本是留住一位老客户的5~6倍,且搜集信息并筛选出来优质老客户,进行开发,可以为公司带来源源不断的利润。

表 2-1　对啤酒偏好的问卷调查

问题 / 吻合程度	非常吻合	比较吻合	不太吻合	与表述相反	完全不吻合
1.我很喜欢喝啤酒	1	2	3	4	5
2.要不是应酬，我绝对不喝啤酒	1	2	3	4	5

若问题 1 与问题 5 的选项之和超出[4,6]的区间，就可以判定它是虚假的回答。比如：问题 1 选 1，问题 5 选 2，两者相加得分为 3；问题 1 选 3，问题 5 选 4，两者相加得分为 7。3 分和 7 分都超出了所能容忍的范围，就可以认为该答卷不可信。

第二个办法：测度选项比例，判定真假。一般来说，通过分析每一份个案中同一选项的比例，可以发现虚假数据。比如，在某个 30 道题目的调查问卷中，某选项的比例超过 70%，比如 70%的选项全是 C，说明答题者更可能是敷衍的，则可将该份问卷判定为虚假问卷。同理，通过计算某个访问员所有调查问卷中选项的比例，如果某一项的比例超过阈值，则可以认定该访问员造假。

第三个办法：测度总分分布，衡量整体质量。通过测度数据的分布，来判定调查问卷数据的整体可靠性。以满意度调查为例，在对数据量表量化之后，可以计算出每个个案所有量表的总分。比如，一共有 30 题，每题的得分范围为 1～10 分。那么总分的理论取值范围就是 30～300 分。如果一共收集了 500 份问卷，就应该有 500 个总得分。理论上讲，一项服务的满意度应该服从正态分布，因为大多数被访者的评价会差别不大，高分和低分的评价应该都比较少。调查结果的总得分分布，如果接近正态分布，就可以说明该调查数据是可信的，如果数据远远偏离正态分布，则认为该数据存在比较严重的质量问题。

第四个办法是记录填写时间，答卷过程用的时间越少越可疑。如果做的是网络调查，可以根据作答的时间来作为判断依据。设置系统自动记录用户的答题时间，如果用户答题所用的时间很短，则认为该用户纯粹是在骗奖品。如果你们的服务器可以记录被访者填写每一道题目的时间耗费，就容易识别出异常答卷，予以剔除。

2.7.3　政府采购中的信息甄别

政府在国防、健康以及教育方面的支出通常以成本加成为基础。它包括两部分：政府补偿供货商成本并加上适当的利润。政府采购部门通常不知道生产这些物品或服务的真实成本信息。如果一个能以低成本生产的供货商假装有一个较高的生产成本，它就会从政府那里获得额外的补偿，增加其利润，因此企业有积极性去多报成本。如果政府希望避免过多的支付，它就必须设计出一个能消除谎报成本的方案，可以举例说明如下：

假定真实的平均生产成本有两种情况 c_1 和 c_2，且 $c_1 < c_2$，每个值都已经包含了正常的利润。高的成本可能是真实的，也可能是伪装的，政府无法区分。政府能够决定它将购买多少单位，而支付多少还与供货商宣称的成本有关。假定它宣布：如果供货商声称具有平均成本为 c_1 时，它购买 q_1 数量，支付 $c_1 q_1$；具有平均成本为 c_2 时，它购买 q_2 数量，支付 $c_2 q_2$。

如果政府愿意支付的价格高于两个成本中的任何一个，即

$$R_i \geqslant c_i q_i, i = 1, 2 \tag{2.1}$$

对供货商来说，披露他的真实成本应该是最优的。也就是满足激励相容约束条件。如果供货商的真实平均成本为 c_1，他应该不会伪装成平均成本 c_2，反之亦然，因为伪装为其他平均成本，不能增加其收益。经济的直觉告诉我们，一个真正高成本的企业将不会伪装成低成本的，一个低成本的企业也没有必要高报其成本，因为有高成本企业的竞争约束。如果成本为 c_1 的企业伪装成成本为 c_2 的企业，它将销售 q_2 个单位产品而不是 q_1，获得收入

R_2 而不是 R_1，但它的平均成本并不改变。因此，对成本为 c_1 的企业，真实报告其成本的约束为：

$$R_1 - c_1 q_1 \geqslant R_2 - c_2 q_2 \qquad (2.2)$$

对成本为 c_2 企业来说，真实报告成本的约束为：

$$R_2 - c_2 q_2 \geqslant R_1 - c_2 q_1 \qquad (2.3)$$

假定政府从数量 q 中获得的收益为 $B(q)$，该收益函数递增且是严格凹的。假定它对真实成本为 c_1 的概率估计为 θ_1，真实成本为 c_2 的概率估计为 θ_2，$\theta_2 = \theta_1 - 1$。则政府获得的期望利润为：

$$\theta_1 [B(q_1) - R_1] + \theta_2 [B(q_2) - R_2] \qquad (2.4)$$

最优方案在满足参与约束（2.1）式与激励相容约束（2.2）、（2.3）式下最大化式（2.4）式的值。现在先忽略对 q_i 和 R_i 的非负约束。

将激励相容的约束式（2.2）与式（2.3）加起来，化简得：

$$(c_2 - c_1)(q_1 - q_2) \geqslant 0 \qquad (2.5)$$

如果供货商宣称低成本，他将至少和高成本类型企业销售一样多，而且一般而言要销售得更多。这是使低成本类型企业做出真实反应的一部分激励。当然如果 $q_2 = 0$，$q_1 > 0$，即有效消除供货商伪装成高成本的激励。但这也带来了风险：如果供货商被证明是真的拥有高成本，那么已经承诺执行这个方案的政府将不能从他那里购买物品，尽管这样的交易也许是事后值得防范的。[①]

2.7.4　信息不对称、举证倒置与效率

信息不对称情况下的举证权配置会影响诉讼效率。在信息严重不对称的情况下，让拥有信息优势的被诉讼方举证，是相对有效的一种制度安排。比如，让百姓吃上放心食品，判断食品质量优劣，比判断鸡蛋是否新鲜要困难得多。如果把甄别产品质量

---

① ［美］阿维纳什·K·迪克西特著；冯曲，吴桂英译. 经济理论中的最优化方法 [M]. 格致出版社，2013:123－124.

的问题交给消费者,需要教会每个消费者如何辨别所有产品质量好坏,这将会有许多资源因投入在这种"非生产领域",从而造成大量不必要的资源浪费。政府可以建立独立的质量监督、认证机构,帮助消费者识别劣质产品。如,公司与股东拥有信息的不对称,证监会要求上市公司及时真实披露企业信息,以减缓信息不对称程度。当信息不对称十分严重十分普遍时,信息公共产品由政府提供,即使有规模优势,也是理所应当的。政府本身收取纳税人的钱,为纳税人办事,理所应当;再者政府执行起来也有行动优势。[①]

现在法院在审判犯罪嫌疑人时也去掉了"坦白从宽抗拒从严"的横幅,因为那样的口号意味着人家就是有罪的(中国报道出来的冤案还少吗?),是基于有罪推定,显然是不合理的。法律上规定,诉讼中一般是"谁控告谁举证",或"谁主张谁举证"。因为,要证明别人侵犯了自己的权利,相对就容易找到证据(如果有法律意识和留意此事,就更容易做到)。这个制度起源于罗马法。我国的《民事诉讼法》第六十四条做了"当事人对自己提出的主张,有责任提供证据",即"谁主张,谁举证"的简单规定。这就涉及举证责任分配的问题。举证责任是将提供证据以证明某些事实的义务分配给一方当事人,如果该当事人不能举证或提供的证据无法证明该事实,则裁判者会撰写与该当事人利益相反的事实,并以此为基础做出判决。如果社会结构简单,诉讼当事人掌握的信息基本相同,这种举证责任分配是有效率的。

随着时代的发展,社会结构与关系愈发复杂,诉讼当事人可能在获取信息的能力或优势上相差悬殊。当原告处于信息劣势时,"谁主张、谁举证"这个制度的效率就难以保证了。考察行动双方的策略,由原告或被告负有举证责任时,会出现不同的均衡结果。当原告负有举证责任时(通常的情况),他需要提供对被告不利的证据,此时,对被告来说,最好的策略就是不提供任何证

---

① 王则柯.经济学的常识理性[M].商务印书馆,2014:94.

据,被告只要有激励去证伪原告的证据或逻辑错误就行了,没有必要再去提供证据。因为,如果原告已经提供证据,被告再提供,对审判结果不会产生任何影响,还会额外增加提供证据的成本;当被告承担举证责任时,他需要提供对原告不利的证据,当且仅当对原告不利的证据存在时,被告才会提供证据,此时原告不会提供任何证据。

可以发现,诉讼人行为策略的一般性结论:无论举证责任如何分配,诉讼中具有举证责任的一方只有在证据支持其主张时才会出示证据,而不具举证责任的一方则无论证据是否支持其主张,均不会出示证据。在已知双方行动策略的基础上,可以找出满足公平、效率且社会成本最低的最优举证分配安排:即将举证责任分配给举证成本最小的一方。如果法院是中立的,即法院认为对原告和被告不利的证据出现的可能性相同,那么根据科斯定理,规则可以简化为:当诉讼当事人对证据存在不对称信息时,将举证责任分配给具有私人信息的一方,是有效率的。① 这样,那些"无价值"的诉讼就不会发生。当搜集私人信息的成本无论给哪一方都较高时,可能会出现举证成本超过诉讼标的(利益)的情况,这样虽然法律最终给出公正判决,从社会效益上看却没有效率。所以,对于民事诉讼案件,法院鼓励庭前当事人双方自我调解解决。当一个案件在庭前和解,诉讼当事人就不必举证,可节省出举证成本,这就可以变成和解的剩余,通过谈判,为双方共享。

举证倒置指基于法律规定,将本应由提出主张的一方就某种事由不负担举证责任,而由另一方当事人就某种事实存在或不存在承担举证责任,如果该方当事人不能就此举证证明,则推定原告的事实主张成立的一种举证责任分配制度。

淘宝网于 2008 年 6 月为保证买家利益提出了新的服务制度举证倒置——"买家申诉,卖家举证"。我国法律规定八类举证倒

---

① 乔岳,邓蔚然."谁主张、谁举证"的效率之辩[J].经济学家茶座,2014(6):91—93.

置的情况：

（一）因新产品制造方法发明专利引起的专利侵权诉讼，由制造同样产品的单位或者个人对其产品制造方法不同于专利方法承担举证责任。

（二）高度危险作业致人损害的侵权诉讼，由加害人就受害人故意造成损害的事实承担举证责任。

（三）因环境污染引起的损害赔偿诉讼，由加害人就法律规定的免责事由及其行为与损害结果之间不存在因果关系承担举证责任。

（四）建筑物或者其他设施以及建筑物上的搁置物、悬挂物发生倒塌、脱落、坠落致人损害的侵权诉讼，由所有人或者管理人对其无过错承担举证责任。

（五）饲养动物致人损害的侵权诉讼，由动物饲养人或者管理人就受害人有过错或者第三人有过错承担举证责任。

（六）因缺陷产品致人损害的侵权诉讼，由产品的生产者就法律规定的免责事由承担举证责任。

（七）因共同危险行为致人损害的侵权诉讼，由实施危险行为的人就其行为与损害结果之间不存在因果关系承担举证责任。

（八）因医疗行为引起的侵权诉讼，由医疗机构就医疗行为与损害结果之间不存在因果关系及不存在医疗过错承担举证责任。

在信息极端不对称情况下，像医疗，病人对疾病及医学的知识无法与医生相比。病人看病只有把自己全权委托给医生与医院。这就存在一个问题，医生是否有激励从病人角度治病。那就看医院对医生的管理是否按照医疗规律来办事了。如果医生的收入与晋升是以病人的满意为判断依据，医生服务态度肯定会好，医生肯定遇事多征求病人意见，可能不会多让病人做一些不必要的检查。反之，如果医生的收入与晋升与医院的经济效益挂钩，那就难免会多让病人花冤枉钱，出现小病大治，过度医疗现象。由于医生与病人间掌握医疗知识的巨大差别，产生过度的信息不对称，必须由第三方专业的且与前者无利害关系的组织，来监管医院医生的医疗行为。这就要让医生为了保存证据,写出详细的诊断记录。医疗案件中病人诉讼医生或医院时,国家为了保护信息不对称和在医学知识方面没有专业优势的病人这个弱势一方,推出举证倒置制度;美国证券交易所为了保护散户利益也推出举证倒置制度,同样也是为了保护举证困难和举证没有优势的一方。举证导致的制度安排不仅降低了诉讼方搜集证据的成本,保护信息弱势一方,也增加了对违规操作者的威慑。要知道,要证明一件事自己做了容易,而要证明一件事自己没做,那是相当困难的! 为防止"有口难辩",最好"好自为之"。

2.8　声誉机制

企业只有在建立良好信誉有好的回报时——更高的价格和销售量带来更高的利润,他才会愿意长期为高质量产品付出努力。名牌商品的品牌和信誉,不是一朝一夕树立起来的,也不是靠自我宣传能够达到的,而是通过扎实的产品质量和用户口碑长期自然形成的。而一旦产品质量下降,其商誉会受到质疑,品牌价值就会受损,销售和利润都会受到影响。对看重商誉的企业来说,由于其拥有忠实的顾客,竞争中降价不是其最优策略。所以如果不是可信的理由,"低价没好货",对消费者来说就是一个可信的信念。如果价格太低(除非能在量的扩大上得到弥补),愿意降价的企业,只能通过降低生产成本,偷工减料来实现,但这样又怎么能够保证质量呢? 况且质量高信誉好的产品本身就会面临相对陡峭的需求曲线,可以凭借这个"垄断"差别优势,高价就可获得"垄断"利润,何必竞争性地降价呢? 厂商还会认识到,如果顾客相信低价销售的汽车不是次品的话,他们就不会降价,降价就会吓跑那些认为便宜没好货的顾客。这种情况下,即使厂商在现行价格下不能售出他们想要的数量,也会坚持好品质,而不做降低的承诺。也许灵活的厂商,会变相降价,如打折优惠、节日促销、折上折、会员优惠、抢购式限量销售（俗称饥饿营销）、换季促销等，这一般是面对竞争对手在销售旺季大范围的促销时，不得不做出的应对策略，但即便如此，高品质产品的销售者也不能让消费者产生因价格降低带来品质下降的联想，仍然会维持相对的高价。对那些其产品替代品少的企业来说，更是如此，这也提供他们操纵价格，获取超额利润的机会。有些厂商甚至打出"我们的产品比别的厂家的稍微贵一点"的广告，以突出其产品质量优势。

通过私人部门的制度安排来减少信息的不对称，如可转让产品保证书、特许经营以及著名商标的确立，可以降低信息不对称程度。企业也会有积极性通过发布产品高质量信息增加利润，如发布消费报告、信用机构、担保机构、经纪人以及其他中介机构的报告等。[①] 商家提供的退换货制度也是一种信誉保证，它可以降低因信息不对称而谨慎购买的搜寻成本，减少消费者购物时面临的风险，并鼓励商家进好的商品。如果厂家对自己商品品质没有信心，就不敢轻易地送到提供退换货保证的商场。因为，只有厂家向销售商保证产品质量，商家才敢提供退换货保证。虽然商家实行退换货制度可能要面临一些恶意的消费行为，如遇到消费者素质不高，免费使用一段时间后，再退给商家。但这样的消费者也会面临社会信誉损失的可能，所以不会是普遍现象。从消费者角度，退换货虽然免费，自己也要承担相应的成本，如退换货过程中的交通成本、时间成本等，这在某种程度上，也会防止消费者的恶意退换货行为。再者，商家推出这种退换货制度，本身就向消费者发送了自己产品质量有保证的信号。当消费者面对不曾了解性能和质量的某种贵重商品时，如果买到劣质产品冒较大的风险损失，退换货制度就满足了消费者的这种需求，它相当于商家提供的增值保险服务，会激励消费者去购买该种商品。同时这种退换货制度也会让厂家尽力去提高产品质量，否则会面临较为频

---

① ［美］斯坦利·L.布鲁，兰迪·R.格兰特著；邸晓燕译.经济思想史［M］.北京大学出版社，2014：454.

繁的退换货,若那样就会既增加其成本(返厂维修或赔偿的成本会增加),又降低其品牌价值。由于产品质量本身不好或对自己产品质量没有把握的厂家,支付不起高质量厂家提供的保证,也不敢把自己的产品送到有退换货服务的商场去销售。这样,厂家的自选择就实现了分离均衡。

与信誉作用相同的另一种保证方式是担保,如银行在发放住房贷款时,以足够的产品价值做抵押(以房产证做抵押)。如果房价持续上涨,抵押物价值也在增加,银行不会担心贷款者还不了剩余的房贷,因为若真出现恶意或客观原因借贷者不如期偿还贷款的情况,银行可以通过出售抵押物偿付欠款。当然如果房价持续下跌,银行会在抵押物价值下降到某一程度之前,就通知贷款者补足抵押品,否则就出售抵押物偿还剩余欠款。或者在一开始就提高房贷的首付比例,减少贷款的比例,以防止当房产抵押品价值下降时,贷款人断供的机会主义行为。

此外,品牌本身就是商品有质量保证的信誉显示。品牌意味着价值,知名品牌拥有者会珍惜品牌价值,提供质量有保证的商品。因为一旦企业降低产品质量,欺骗消费者,将使品牌价值大大受损,企业自己就受到惩罚。而且越是产品质量不易鉴别,品牌就越显示其价值(为什么电视机有品牌而土豆没有品牌)。实力雄厚的大企业一般不会制造假冒伪劣产品,因为它承担不了信誉的损失,而那些流动商贩的产品由于没有保证,即使质量好,往往也难以卖出好的价钱。制造假冒伪劣产品的也一般是小企业,这样即使其产品质量被曝光,大不了换个商标重新生产而已,不会因此而受到太大损失。甚至商标也经常假冒别人的,由于它没法从品牌中获取利益,所以也没有积极性珍惜品牌的声誉。个人的声誉也相当于品牌,即通常说的人品。当一个人成为公众人物时,他就会更加珍惜自己的名誉,尽量注意自己的言行举止。因为对于公众人物,更容易受到媒体的关注,容易受到监督和曝光,一旦言行不检点,会使其公众形象走向负面而受到比普通人物严重得多的损失。

2.9　混同均衡与分离均衡

信号发送和信号甄别的研究,让我们认识到现实中可能存在某些机制能使市场失灵的程度得以减轻。分离均衡也是用来解决逆向选择问题,降低信息不对称而产生效率损失的一个办法。迈克尔·斯彭斯(Michael Spence)研究的是拥有信息的一方主动发布信息,把自己从不同类型中分离出来的分离均衡问题。约瑟夫·斯蒂格利茨(Joseph Stiglitz)的重要观点:我们不能用通过提高保费的办法来使保险市场的逆向选择现象和道德风险消失。因为提高保费,会使该来的不来,不该来的来了。为了解决这一问题,保险人可以通过提供不同类型的合同,将不同风险的投保人区分开来,让买保险者在高自赔率加低保险费和低自赔率加高保险费两种投保组合之间进行选择,以防止投保人的欺诈行为。即不是使保险处于混同均衡状态,而是出现分离均衡状态。

2.9.1　混同均衡与效率损失

乔治·阿克洛夫(George Akerlof)研究的是产品市场上的信息不对称,迈克尔·斯彭斯研究的是劳动力市场的信息不对称,约瑟夫·斯蒂格利茨进一步把信息不对称引入保险市场和信贷市场的研究。斯蒂格利茨和罗斯查尔德(M. Rothschild)探讨了在非对称信息的条件下,市场中不知情的经济行为人,能够采取什么措施来改善他们的处境。在保险市场,公司不拥有各个客户的风险信息情况下,不知情的公司可以向知情的客户提出各种保险费率和免赔额度的组合,让客户自己选择,结果不同的客户会自行"对号入座",选择那些为自己类型客户"量身定做"的组合。比如,公司出售两种不同组合的合同,一种合同提供全额赔偿但是保险费率较高,另一种合同提供部分赔偿但是保险费率较低。

在均衡状态下,免赔额仅仅是吓跑了那些高风险的投保人。因为,对高风险投保者来说,尽管低费率有吸引力,但他们不得不付出更高的保险费率来购买全额的保障。本来处于信息劣势的公司,通过合理调整不同合同的保险组合来有效地筛选本来处于信息优势的客户。他们对均衡的分类已经成为公认的标准:混同均衡和分离均衡,成了当今信息经济学理论的标准概念。

航空公司甄别旅客身份以实现歧视定价也是运用的分离均衡思想。以美国为例,航空公司之间经常发生价格大战,优惠票价常常只有正常票价的 1/3～1/2。然而,即使价格大战,航空公司也不愿意让出公差的旅客从中得到太多便宜。为了区分出差与个人旅行的顾客,对购买优惠票做一些条件限制,如,规定要在两个星期以前订票,来排除了一部分出公差的旅客(因为个人旅行者往往两个星期以前就会做出计划,而公司出差者不会)。还有要求在目的地度过一个甚至两个周末的条件。老板如果让你在对方城市度周末,那开支肯定比享受的那一点优惠大,何况度完周末才回来,还要有补假支出。这样,优惠的限制条件可以把大多数公差者排除出去。实际上微观经济学中的三类价格歧视,进行的都是有效分离,道理都是如此。只不过要求掌握的信息不同:一级价格歧视要求销售者能够区分每一个消费者每一单位消费量下最高价格意愿的信息;二级价格歧视要求销售者能够区分不同的消费量,根据不同的购买量愿意索要不同的价格;三级价格歧视要求销售者能够区分不同的消费人群,对不同消费人群的需求弹性拥有不同的信息。由于掌握的信息不同,获取的信息租金也不同,其中一级价格歧视,掌握的信息最多,获取的收益(信息租金)也最大。

2.9.2　分离均衡的条件——一个例子

假定受教育能提高劳动者的生产能力(这一点与斯彭斯的假设不同),通过受教育成为高生产力者,假定其边际产品价值为 15

元,而不受教育是低生产力者,其边际产品价值为10元。并假定只有这两类生产者,其边际产出均为常数。两类工人人数相等,厂商无法直接区分两类工人的能力。即使厂商雇用了这些工人,厂商也无法严密监视他们的工作以确定他们的类型和报酬。如果劳动力市场是竞争性的,工人得到的支付将等于其边际产品价值,由于无法区分两类工人的能力和产出,只能给予平均产品价值的工资,即(10+15)/2=12.5元。厂商为了区分两类工人,提供一个课程培训并要求考试通过。现假设考试的知识与生产高度相关,即考试的专业技能,考试通过与否,直接可以作为识别高能力与低能力者的依据。假设培训与考试整个过程对高、低能力工人都会带来成本,但由于高能力者学习能力、技术基础要好,他们认为该培训相当于工资减少了3美元一样糟糕,而低能力工人认为上这门课与工资减少6美元一样糟糕。厂商可以观察的是两类工人的不同选择,如果上这门课并通过,那肯定是高能力和高生产率者,将支付其15元的工资,如果不选择培训,直接给付10元的工资。假设高能力者全部选择培训,而低能力者全部选择不培训,自然实现了分离均衡。问题是这样吗?我们看二者的选择是否是激励相容的。高能力者选择培训,虽然接受培训会承受培训的成本,但要比不培训接受10元工资要好,因为通过培训,可以得到15元的工资,减去由此带来的成本3元,净收益12元。而低能力若参加培训,并不一定能通过不说,即使通过考试,得到高报酬15元,但其净收益变成9(=15-6),还不如直接不培训接受10元工资。所以不同能力工人的培训成本差别成为有效分离的条件。因为培训,虽然两类工人整体福利下降了(两者的净收益都不如混同均衡的12.5元好,高能力者收益下降了0.5元,低能力者的收益下降了2.5元),但厂商因有效区分两类工人,提高了总体的生产力。不然的话,高能力生产者会因得到的报酬低于其生产能力而不努力,低生产者即使得到的报酬高于其边际产量,但因能力有限,也无法提高生产力。

若培训仅仅为了达到区分的目的,毕竟增加了培训者的成本,可否既降低培训成本,又有效区分两类工人呢？首先想到的就是降低培训或考试难度。假如减少培训降低考试难度,高能力者接受培训并通过考试,相当于工资减少 1 元那样糟糕,低能力者接受培训并通过考试,相当于工资减少 4 元那样糟糕。是否还能实现有效分离呢？发现这样的话,高能力者的净福利变为 $14 = 15 - 1$ 元,低能力者的净福利变为 $11 = 15 - 4$,这样两类工人都会选择培训,因为福利都得到提高。结果厂商就达不到有效分离的目的。

从图 2-12 可以直观地看出,只要使高能力者净收益大于零: $15 - C_H > 10$, C_H 为高能力者的培训成本。低能力者接受培训后,即使通过考试获得与高能力者一样的报酬,其净收益仍然小于零,即: $15 - C_L < 10$,就可以成为分离均衡的条件。很容易解出,只要 $C_L > 5$,由于 $C_H < 5$,即 $C_L > 5 > C_H$,就可以成功进行市场分离。也就是说实现成功分离,要求培训成本对低能力者,其成本至少与减少 5 元一样糟糕就可以了。这样可以在原来培训难度上再下降,使高能力者培训成本比原来的 3 元还少,其福利增加,也是社会净福利的增进。

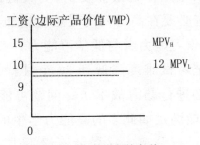

图 2-12　分离均衡的条件

现实生活中,假如对大多数学生来说,通过高考这条路,提升学历能够找到好工作。但并不是所有学生都喜欢学习并善于考试,假如社会招聘者认为经过大学教育者是高生产能力者,而没有取得学历者是低生产能力者。假定高能力者的平均工资为 5000 元,低生产能力者的工资为 1000 元。并假定大学难进易出,也就是说只要学生能竞争考过高考,考取大学,就轻松拿到大学学历并顺利找到高工资(平均 5000 元)的工作。并假设录取只把高考考试成绩作为唯一的指标。那么自认为通过努力能考取大学者,通过大量做题与记忆来提高考试成绩,那么努力学习者学习付出努力的成本相当于未来收入现值为每月 200 元,而成绩较差者或不太适应学习者付出努力的成本相当于未来收入现值为每月 200 元以上。假设只有这两类学生。那么通过提高考试难度来实现对两类学生有效分离的条件是什么呢?假设提高考试难度相当于增加同样成绩需要付出更多学习成本。不妨把考试难度化为需要付出的学习时间(以每月为单位)。即有如下函数形式:

学习成绩为学习花费时间成本(用月表示):$R = F(m)$。R 为成绩,m 为花费的学习成本(月)。当高能力者选择学习以考取大学,低能力者选择放弃为考大学而努力学习。则可以推导出,当 $20 < m < 40$ 时,可以有效分离两类学生,即通过提高考试难度,最低限度是不能让能力低的学生付出 20 个月以下的努力,当然如果考试难度达到需要花费 40 个月的努力时,高能力者也会放弃考大学,因为这样已经超过了他对学习的承受程度。自然想到的是,专业知识对未来工作是最需要的,更关键的是大学里专业课的学习,那么没有必要在高考入门时难度增加到 40 个月的上限,也就是只要把高学习能力者与低学习能力者有效区分,社会成本又最低,只需要把考试难度降低到 20 个月就是了。这样学生不至于太累,也不必进行题海战术了。问题可能又来了,如果学校招生的数量并不能满足如此多的高能力学生的话,就还需要对这些高能力学生再进行分离。这样就不得不进一步提高考试的难度,还有一些虽然学习能力并不强,但肯于花费大量时间来弥补其成绩,比如重点花在对智力要求不高的课程成绩提高上,这种办法短期提高学习成绩也会奏效,这样高能力者要想把自己与其他学生分离,就要进一步提高自己的成绩。当所有学校都通过加强学习强度来提高考试成绩,学生的压力就会变得更大。素质教育虽然提了多年,但学生负担不减反增。这是以考试成绩排名为依据下,出现分离成本大大上升的无奈结果。

制造混同均衡也是一种策略,运用混同均衡保护自己。如在《西游记》传艺玉华洲这一回里。玉华州国王下旨逐僧。唐僧师徒来到州境,扮成客商,住进小店。适逢三个太子领兵盘查,四人分别躲进米缸、衣箱、席筒、木柜内,被抬进宫去听候发落。夜间,悟空用隐身术潜入宫中,作法把国王、王后、妃嫔、太监的头发全剃掉了。大家都变成了和尚头,那自然就达到混同均衡,无法区分了。这件事教训了国王,使他认识到当初驱逐和尚一事的荒诞。

2.9.3　分离均衡:一个保险市场的例子

现在考虑一个完全竞争的保险市场,在这个市场上保险公司为价格即保费率为 q 提供补偿 z。即个人事前付给保险公司 qz,当他出险时,公司赔偿他 z。这样投保后他的收入变为:

$w-qz$,(如果他没有出险)

$w-L+z-qz$,(如果他出险)

个人最优化问题变为,最大化其效用函数

$$\max_{z\geqslant 0}(1-\pi)u(w-qz)+\pi u(w-L+z-qz)$$

其中 π 为出险的概率。

一阶条件

$$(1-\pi)qu'(w-qz)=\pi(1-q)u'(w-L+z-qz)$$

保险公司的利润是 $qz-\pi z$。零利润导致 $q=\pi$。一阶条件意味着 $q=l$,即完全保险。

可以用图形加以说明,为此把问题转化为一个等价问题。在两种状态下,个人收入分别是

$$I_1=w-qz, I_2=w-L+z-qz$$

意味着 $(1-q)I_1+qI_2=w-qL$

个人最优化可以表达为

$$\max(1-\pi)u(I_1)+\pi u(I_2) \qquad I_1,I_2>0$$

$$\text{s. t.}\ (1-q)I_1+qI_2=w-qL$$

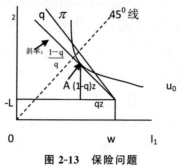

图 2-13　保险问题

问题的一阶条件是

$$\frac{(1-\pi)u'(I_1)}{\pi u'(I_2)} = \frac{1-q}{q}$$

该条件即为图中切点 A 满足的条件。效用曲线的边际替代率(MRS)等于预算约束的斜率。图 2-13 中 q 线的直线上的合约 $(I_1，I_2)$，对应于具有利润的补偿—价格组合 (q,z)。当 $q=\pi$ 时，称这条线为 π 线。公司在 q 线获得盈利的必要条件是，即 q 线在 π 线的左边。当 $q=\pi$ 时，对公司来讲，预算线是盈亏平衡线。

下面分析混同均衡与分离均衡。

如果保险公司无法区分高风险与低风险的类型，更无从知道两者所占的比率及分布。保险公司提供给所有人只有一个合约 $C_P = (I_1^p, I_2^p)$。保险公司当然无法从客户接受的合约中揭示其类型。出险的平均期望概率为 $\pi_p = \lambda\pi_L + (1-\lambda)\pi_H$，其中，$\lambda$ 为低风险人数比例。由于零利润意味着 $q=\pi_p$，即图 2-14 中对应的 π_p 曲线。类似地，$q=$

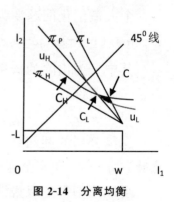

图 2-14　分离均衡

$\pi_L, q=\pi_H$ 分别对应 π_L、π_H 曲线。u_L、u_H 分别为类型 L 和类型 H 的无差异曲线。

均衡点零利润意味着，混同均衡点一定在 π_p 上。然而在 π_p 线上的任何点，公司能够提供另一份合约，这个合约对类型 L 来说较好，对类型 H 来说较差。即图中阴影 C 区域，由于该区域在

π_L 下方,保险的公司可以获得正利润,这样的混同均衡不可能维持。

下面考虑分离均衡的情况。在分离均衡中,保险公司提供两种合约(C_H , C_L)。前者能够被高风险类型接受,后者能够被低风险类型接受。根据客户接受的合约,保险公司可以验证客户的类型。图中合约(C_H , C_L)能够分离两种类型客户,但不是一个均衡。实际上,保险公司间的竞争,会使另一家公司提供 C_L 右下方,阴影 C 区域里的合约,就可以吸引低风险人士。所以保险公司会不断地调整合约,以使高风险类型者合约 C_H 不断接近 π_H ,否则保险公司会亏损,而对低风险人士的合约不断接近。不难理解,在车主首次购买车险时,保险公司不知道投保人的风险类型,但投保者的出险记录能够反映出其类型,这样,保险公司可以根据上年出险记录,给投保人不同的费率优惠;如,没有出险的低风险者,可以打 9 折优惠,而出险者会提高保费率,第三年的保费率再综合前二年的出险情况,给予不同程度优惠或决定是否提高保险费率。由于出险记录是真实的,高风险者无法伪装成低风险者,低风险者也没有必要去伪装成高风险者,保险公司自然可以有效分离两种不同风险类型的消费者。

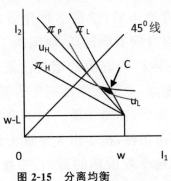

图 2-15　分离均衡

上市公司会"过度分红",也是出于信号的考虑。在许多发达国家,公司红利面对的税率比资本增值面对的税率高,如果没有信息问题,少分红多投资让企业增值,股价上升,本来对企业和股东都更有利。业绩好的公司更愿意给股东分红,作为向股民发出业绩好的信号,而业绩不好的公司发不起这样的信号。结果,分红变成一个区分公司好坏业绩可信的信号。分红的公司赢得市场青睐,股价上升,它因为分红多交的税也得到补偿。而业绩平平,只是象征性地分红,或只选择配股的企业,则发送的是业绩不良的信号,也可以由此推断其股价下降的可能性更大。

当高等教育扩招,教育门槛降低,大学文凭的区分作用下降时,许多学生通过考研究生来进一步区分自己。考研热也同时体现了教育过度和人才浪费。大量可以由本科生做的事,由硕士生、博士生做。用人单位对学历要求越来越高。于硕士生接着考博士,甚至当博士越来越多时,博士生继续读非学历的博士后。教育资源本身是稀缺的,当越来越多的人完成更高的学历,越来越多的单位对学历要求越来越高,就业的困难仍然没变,只是教育过度了。就像人们为了在电影院里看清,站起来看,越来越多的人站起来……最后,所有人都站起来看与所有人都坐下看,效果没有改善。每个人的成本都增加了。对于发展中国家来说,这种教育浪费,是社会资源的浪费。由于待遇良好的工作有限,部分教育水平高的人宁愿失业也不愿意去做待遇较低的工作,造成高学历人才失业的现象。作为高校,应对学历需求,也纷纷升格,中专升大专、大专变本科,学院本科升格大学。大家关注的不是学校自身、学生自身的素质提高,而陷入了无特色的升格攀比,锦标赛竞争变成一种高校资源的浪费。恶性的锦标赛、表面的竞争,误导资源的配置,也使大学逐渐失去其独立人格和特色,不是发挥其自身特色优势,而是千篇一律的升格竞争。高校升格需要硬性的硬件与科研条件,衍生出大学建大楼、教师重金买"高水平文章"的现象,学校学院激励的导向,重视科研而忽视教学,使学校以学生为本异化为学校追求名利、学生追求学历的怪现象。按照内生增长理论,人力资本投资是经济增长的重要源泉,该理论就是建立在人力资本投资能够带来劳动生产效率的提高的前提下的。如果人力资本投资仅仅具有传递信息、区分自己的作用,大家为文凭而文凭,企业难以招到满意的大学生,也难以开出比不受大学教育者更高的工资,使大学生沦为高学历低工资的普通打工者,高校变为文凭工厂,这将是我国高等教育的极大损失。

2.10　高等学校中重科研轻教学问题分析
——基于分离均衡的视角[①]

人才培养是大学的根本使命。现行科研与教学管理体制下,我国高等学校出现较为普遍的重科研轻教学现象,多重因素共同导致"重科研轻教学"的结果。

2.10.1　目前管理体制及教学与科研自身的特点导致重科研轻教学

1.行政主导的资源配置及相对单一的资金获取渠道是重科研轻教学的外部原因

(1)政府政策的导向作用、高校管理的推动作用和教师职业发展的需要共同造成了高校重科研轻教学的问题

首先,教育政策导向是影响教学与科研关系失衡的重要原因。政府大幅度增加科研经费,改革科研投入机制,通过调整项目评审、评奖等多种手段,引导和鼓励高等学校面向国家和市场需求开展科学研究。在社会和国家宏观政策的影响下,科研受到了前所未有的重视,而教学却没有得到同等程度的加强。其次,高校管理体制自身易导致重科研轻教学的结果。我国目前的高等教育评估是教育主管部门、政府对高校实行监督与宏观管理的一种形式,是行政性评估,通过政府的行政性指令来推动。具体的评估工作由教育部、省(市)教育主管部门组织专家对高等学校的教学工作水平、学科水平和专业教学工作进行评估。面临教育

---

① 郑书耀,李凌云.高等学校重科研轻教学现象的经济学分析——基于分离均衡的视角[J].重庆高教研究,2015(4):57-63.

主管部门的量化考核,学校受上级科研较"硬"、教学较"软"的指标影响,政策导向也倾向科研,教师精力必然也更多投向科研。再次,教师职业发展需要也容易使得教师自身重科研轻教学,搞科研可以带来更大收益,如可通过科研更容易评上职称,获得科研的多重奖励,得到同行和社会的认可,教师自然会选择在科研上投入更多精力。

(2)多数高校重科研轻教学的倾斜性政策也使科研工作带来更多的实惠

搞科研在多数高校对教师来说都是一件名利双收的事情。首先,与教学工作相比,教师搞科研更容易评上高一级职称、晋升高一级岗位。目前,一个大学教师的声望和价值主要通过职称来体现。一个大学教师,只要他到了一定年龄还不具有高级职称,是不会有太高的社会声誉的。同时,职称涉及大学教师的工资、奖金、福利待遇等物质利益。这不仅是教师提高工资和津贴待遇的需要,更是教师证明自己的一种重要方式。在教师职称评审和岗位聘任的相关文件中,对教师的学术水平都做了明确要求,规定了很多具体指标。其中,论文的发表、学术著作撰写、承担科研项目、科研获奖等都有明确的量的规定。

科研在教师的薪酬体系中占有更加重要的地位,在提高教师收入中起着关键作用,而教学对教师的收入影响不明显。高等院校大多是以课时津贴来体现教学报酬的。而搞科研,既可以获取项目经费,也可以获得学校奖励。高校制定了很多科研奖励措施,每年对在各种学术刊物上发表科研论文的教师进行奖励。由于大学的评比,从教学上很难评价,往往以科研指标来比较。这就是为什么既是大学制定出的重视教学工作,提高教学质量的措施,也很难像为科研制定的措施那样对教学工作产生积极的推动,更难以调动广大教师的教学积极性。

2. 教学与科研管理活动的特征也是重科研轻教学的内在原因

(1)教学与科研自身的不同规律,决定着当面临短期目标时,

教学更容易被忽视

人才培养与科研相比,前者的效果具有滞后性,而且需要用人单位的检验,在较短时间内很难体现出来,科研的成果和绩效却能够在较短的时间内体现出来。尤其是对教师主体来说,更是如此。由于科研更容易出"成绩",于是为了在较短时间内体现办学的绩效,大学的管理者就必然把主要的精力和资源倾向于科研,在大学更名、教学评估、学位授权点的建设时,尤其如此。在"建设国际一流和国内一流、国内领先"等口号下,各级各类高校都在追求升格。是人才培养的质量吗?当然,这是一个重要标准,但又是一个很模糊、很难把握、很容易产生歧义、引起争议的标准。你能说现在重点大学的毕业生就一定强于普通院校的毕业生吗?显然,要想使众人心服口服,必须有一个硬性的、透明度较高的指标,而这个指标就是科研水平。在某种程度上更关注的是其每年度在核心期刊上发表了多少高质量的论文,完成了多少国家级或省级的项目及经费,学校有多少个博士点和硕士点。如这些学校在科研水平上一塌糊涂,学校的名声也会随之一落千丈。科研既然对每所高校如此重要,当然会引起各校的高度重视。但一时之间却难以判断教育质量好坏。

(2)信息不对称下科研"质量"更容易量化,教学"质量"难以衡量

虽然对不同级别的教师岗位有教学工作量的要求,但相对于科研工作量的完成要容易得多。因为无论教学质量的好坏,绝大多数的教师都能完成其教学工作量;而科研,从本质上看,是一种创新的研究活动,是在前人成果的基础上的发展和突破。这种发展和突破是相对艰难的过程,需要耗费大量的时间和精力。否则便很难完成科研工作量,也很难评上高一级职称。出于此考虑,教师把科研作为自己工作的第一选择,把更多的时间、精力投入到科研中,弱化了教学,加剧了教学与科研的失衡。由于教学潜在性,很长时间才能显效的特点,教学效果和教学质量很难评价,教学不能马上在本校得到同行的认可,更受不到别的学校及同行

的评价。而研究则不同,成果一经发表,就成为硬指标,使教师体验到成功的喜悦和自我实现的满足。教学的影响力基本限于所教学生,难以为同事和管理层所了解。另外,影响教学质量本身的因素又很多,除了教师讲课水平以外,学生的层次、学生追求的目标(是求真还是仅仅为了过关)会影响对讲课教师的认可与评价,更有管理层对教师的评价也往往受自身专业知识的影响,更多带有个人因素。相反,影响科研活动的因素,主要是教师自身的努力,科研成绩看得见、容易量化,这是教师自己相对可控的。教师也就更愿意把时间和精力投入到科研中去。

2.10.2 "混同均衡"必然导致重科研轻教学

教育与科研是互相促进而不是相互排斥的。在给学生上课的过程中,通过师生互动,教师在认真讲解、结合实际思考的过程中也会产生灵感、受到启发;反过来,教师跟踪学术前沿,把最新的知识教给学生,扩展学生的视野和思维,激发学生的学习兴趣、求知激情和探索动力,学生素质也会得到更大的提高,这就是教学相长的道理①。在现有教师承担教学科研双重任务和现有科研管理目标背景下,学校短期为了快速增加科研成果的目的,自觉或不自觉就会以牺牲教学为代价。在此管理体制下,每位教师将选择更多精力投入科研,追求科研成绩,结果形成科研的混同均衡。

图 2-16 显示了教育市场的混同均衡情形。横轴表示教师的科研成本即时间、精力投入、金钱支出 C,教学成本即时间、精力投入,纵轴表示相应的收益水平,包括货币收益和精神上的收益 R。

科研收益曲线与教学收益曲线如图 2-16 所示。伴随着成本的增加(个人努力与物质投入)教学与科研给个体所带来的收益

---

① 著名的拉姆齐法则,就是拉姆齐在上课解答他的老师凯恩斯的作业时,发现的征税社会效率损失最小化的著名法则。

呈递增状态。二者的区别在于,由于高校对科研工作的"重视",对科研的奖励变大,科研努力的回报大于教学努力的回报。

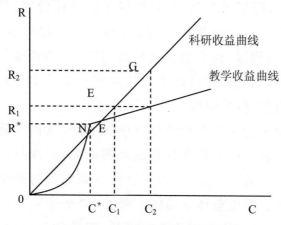

图 2-16　教学科研收益与混同均衡

学校一般规定完成基本课时后就发完整的教学津贴,而超过工作量后,课时费就下降,这时,努力的边际收益就低于科研努力的边际收益了;完不成基本教学工作量,会面临较高的"惩罚",如影响评职称,加倍扣除教学津贴,甚至视为教学不合格。所以教学收益曲线会显示先以递增的速度上升,然后边际收益明显下降,甚至为零,如有些学校规定超过一定工作量后课时减半,再增加到一定程度就不计报酬了。在完成基本工作量之后(如 C* 点),教学的收益很快被科研投入的收益所超过。科研的回报率将大于教学的回报率,并且科研的工作量更易衡量,而教学努力的效果较难衡量,使得超过 C* 点后前者相对更陡峭,后者相对较平缓。也可以给出两个方面的解释。假定教师在科研与教学能力方面是同质的,假设教学的收益水平为 R_1,在 R_1 的水平线会和两条收益线相交,与科研收益曲线相交,对应横轴上的点即科研所付出的成本水平 C_1,与教学收益曲线相交所对应的点 C_2,为教学付出的成本,显然得到同样收益,科研付出的成本小于教学付出的成本。超过交叉点 E 之后,教师会选择在科研方面投入,以获取较大的收益。大家都会在完成基本教学工作量后把更多精力放在科研上。那些新课、备课工作量大、学生接受起来难度大的课以及与自己科研关系不大的课,没人愿意上,导致排课的困难。因为教学评价是软的,缺乏职业道德约束的教师可能会按机会主义行事,降低教学努力,只取悦于教学评价者:学生和督导教师。此时是一个混同均衡状态,教师选择上完基本工作量,付出 C^* 点的努力程度,而后会根据科研与闲暇,即教师的科研供给曲线,结合自己的偏好在科研收益与闲暇机会成本之间来选择投入科研的努力程度(或时间)。

科研导向下的教育必然使教育质量下降,从而导致学生整体素质的下降。也会由此带来社会福利的损失,如提高用人单位区分毕业生能力的成本,学生学习积极性下降与教师教学成就感的下降恶性循环。学生整体素质的下降,会降低企业对毕业生整体质量的评价,使大学毕业生的待遇降低,而这种期望收益的下降,进一步影响学生学习的积极性。为了区分自己的能力,学生会花更多的时间用来考更大难度更高级别的证书,或进一步提升学历,并使学生把时间与努力投入到这方面而忽视自身专业素质人文素养的发展,学生功利的选择对企业而言并不形成相应的生产能力,实际是一种人力资源内在配置的扭曲。

当然,以上假设是教师同质的。高校教学和科研的双重要求,要求既要具备教书育人素质,又要有科学研究能力,并非所有的大学教师都同时具备这两种能力,而强行要求只擅长做科研的老师从事教学工作,只会导致教学质量和科研质量的同步下降,反之亦然。由于教师能力、偏好、禀赋等方面存在的自然差异,这种混同均衡产生的低效率可以为分离均衡所取代,进而可以提高效率。

假定教师可分为两类:偏好和擅长科研(擅长、拥有学术资源,如带研究生可以帮助其打工,有行政职务能力号召力,有社会资源更易拿到课题、对物质奖励敏感等)和偏好和擅长教学(乐于教书育人、在培养优秀人才中获得价值感、不急功近利或不擅长学术研究等);假定学校允许教师可以根据自己的情况选择教学岗或科研岗。可以给教学岗位者定低的科研工作量,或不规定科研工作量,只对其科研进行奖励。也就是说教学是这部分教师的分内之事,而科研不是基于压力的,这样科研可能就是出于其对科研本身的兴趣。对科研工作人员可以对其教学不做硬性要求,科研能力强的也可能对教学感兴趣,可对其承担的教学工作量发放教学津贴。

2.10.3　教学科研岗的分离

1.分离的必要性——基于比较优势的视角

第一类教师在教学上具有比较优势;第二类教师在科研上具有比较优势,对科研相对感兴趣,同样的投入能够取得更多的科研成果。根据比较优势原理,学校主管者既需要一定数量的科研,也需要一定声誉的教学质量评价,前者服从于上级教育主管部门的评估,后者需要长期形成良好的社会声誉,体现在学生就业率高,用人单位评价高。前者依赖于学术成果的档次与数量,后者取决于教学质量。管理者最优需要在现有资源约束下,最大化科研与教学质量。发挥教师资源的分工,运用比较优势原理,需要教学型与科研型一定程度的分工与专业化,防止出现科研型因为教学工作量而降低科研投入和教学型因科研任务而限制教学投入,科研和教学型教师均无法发挥其优势的局面。如果只有硬性的科研任务,会导致教学务虚、科研务实,大家都把精力运用于科研,导致教学质量整体下滑。而且科研任务如果规定得过高,则大量教师完不成任务,如果规定得过低,则形成教学与科研型教师的混同均衡,对科研型教师激励不足,降低其最优投入的努力。

如图 2-17 所示,横轴表示教学的数量(这里假定各位教师的教学质量相同),纵轴表示科研数量(同样假定科研产品也是同质的)。并假定教师分二类,一类为教学具有比较优势的,称为教学型教师;一类为科研具有比较优势的,为科研型教师。曲线 AA'

为科研型教师的生产可能性曲线,即为科研型教师把全部精力用于科研与教学所能生产最大可能的不同组合产量,BB′为教学型教师的生产可能性曲线,即为教学型教师把全部精力用于科研与教学所能生产最大可能的各种产量组合。如果每位教师都把其精力一半投入到科研,一半投入到教学,则全部教师的生产可能性曲线为CC′,如果根据比较优势分工为教学与科研岗,则全部教师的生产可能性曲线为 AB′。显然在既有体制约束下,通过学校内部改革也可以提高教学与科研总量,姑且不说专业化后,整体的教学与科研质量的提升。也就是说,发挥不同教师的比较优势,对委托人和代理人而言,是激励相容的。

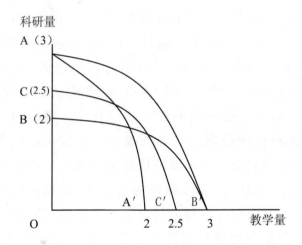

图 2-17　科研与教学资源不同配置的生产可能性边界

2. 分离的可行性

作为代理人的学校向委托人教师发送的信号,教师的偏好和能力是个人的隐藏信息。在混同均衡下,科研成果少的,可能与其拥有的学术资源少有关,或者是低能力、也许是自身对学术要求更加苛刻的缘故,或者是为了追求学术的纯洁性与长期性,但这部分人都会主动选择教学岗,而其他的教师,如拥有较多学术资源、擅长科研、偏好科研等的教师会主动选择科研岗。虽然教学与科研能力、资源、偏好是他们的隐藏信息,但只要设置教师与科研的岗位，允许教师进行自选择，是不存在隐藏行动的问题，即委托人对于信号的甄别成本非常低。这样，教师可以自由地选择自己的套餐，学校也可以根据自己的目标和需求，及时地调节教学与科研的"价格"，即津贴或奖励。

3. 分离的条件——基于科研管理的委托—代理模型的分析

(1)科研管理委托—代理的基本模型

在此把学校科研管理部门看成委托人，教师看成代理人，根据教师科研成果提供相应津贴，设计如下契约(p_i, w_j)：

$$\max_{(p_i, w_j)} g\left(\sum p_i(e_i)\right) - w_j\left(\sum p_i\right) \tag{2.6}$$

其中，p_i 为教师在第 i 种科研项目上的得分，如发表不同级别论文、获得不同级别课题、奖励等，在概率意义上，它取决于教师的自身努力程度 e_i；g 函数为学校在科研提升中得到的好处，如获得大学评估收益，w_j 为校方为教师提供的第 j 种相应待遇，如绩效工资、评职晋级、评优等。

教师科研动机包括工资待遇方面的物质刺激，以及职业道德、兴趣爱好以及自我价值实现等精神因素：

$$\max_{(p_i, w_j)} u(e_i) = w_j\left(\sum p_i\right) + a\sum p_i - \sum e_i \tag{2.7}$$

其中，i 为科研项目成果，如不同级别论文、课题、获奖等，右边第二项为教师从科研中获得的成就感和满足感，a 为参数，与教师对科研偏好度有关，如果仅仅把科研作为完成任务，其精神满足自然会低，如果精心做科研、有职业责任感，则会从中获得较多满足，在此为简化起见，对不同类型教师不做细分。第三项为教师付出的努力成本。不失一般性，假设科研生产函数满足单调性条件：

$$\frac{\partial p_i}{\partial e_i} > 0, \frac{\partial^2 p_i}{\partial e_i^2} < 0 \tag{2.8}$$

不难理解，增加科研产出，需要付出努力，由于体力与精力等原因，但努力边际产量会下降，也就是科研产出的边际成本会以递增速度上升。同理：

$$\frac{\partial w_i}{\partial p_i} > 0, \frac{\partial^2 w_i}{\partial p_i^2} < 0 \qquad (2.9)$$

教师从事科研还需要满足参与约束（participation constraint）条件：

$$w_j(\sum p_i) + a\sum p_i - \sum e_i \geqslant w_0 \qquad (2.10)$$

w_0 为其科研的保留收益，如果条件不满足，教师会放弃科研，可能会选择做其他兼职或多上课挣得课时费等。综之，教师科研的委托－代理模型为：

$$\max_{(p_i, w_j)} g(\sum p_i(e_i)) - w_j(\sum p_i)$$

$$s.t.$$

$$e_i \in \mathrm{argmax} u(e_i) = w_j(\sum p_i) + a\sum p_i - \sum e_i \quad (2.11)$$

$$w_j(\sum p_i) + a\sum p_i - \sum e_i \geqslant w_0$$

由(2.11)式参与约束条件知，教师投入科研的努力程度与科研报酬 w_j 和教师从科研中得到的精神满足 a 正相关，与保留收益负相关。

根据 $p_i(e_i)$ 和 $w_j(\sum p_i)$ 单调性条件，利用凹函数的基本性质，当 $p = p_i(e_i)$ 和 $w = w_j(\sum p_i)$ 为凹函数，则凹函数的线性组合仍为凹函数，因此式(2.11)中参与约束和学校的最优激励目标函数均存在唯一均衡解。

(2)教学偏向型与科研偏向型教师的分离模型

一个分离均衡就是这样一种均衡，其中所提供的合约能完全鉴别委托人的类型。在均衡中，根据代理人类型，委托人可为其提供两份合约，$C^1 \equiv (w^1, p^1)$，$C^2 \equiv (w^2, p^2)$。为了使这些合约形成一个均衡，每一类代理人就必须情愿仅仅提供为他安排好的均衡合约，而不是伪装成另一种类型。借鉴 Spence(1973)提出的劳动力市场上教育信号模型的思想，分析教学偏向型与科研偏向型教师的科研绩效差别，通过报酬设计，有效区分两类教师。第一种类型，在此称为教学偏向型，对教学更加感兴趣，更擅长教学,或对货币激励不够敏感,也许是更加注重学术质量,拥有少的学术资源,或科研能力较弱等。总之,表现为同等激励下,其最优科研积分较低,或同等努力下其"科研产出"较少。第二类可能更善于搞科研,或拥有较多学术资源,如在申请课题、获奖等方面更容易,或更偏好论文数量,对物质激励敏感等。总之,表现为同等激励下,其最优科研积分较高,或同等努力下其科研产出较多。此时(2.6)式的委托—代理模型分别为(2.12)和(2.13)式:

教学偏向型科研管理的委托—代理模型:

$$\max_{(p_i, w_j)} g\left(\sum p_i(e_i)\right) - w_j\left(\sum p_i\right)$$

$$s.t.$$

$$e_{i1} \in argmax\, u(e_{i1}) = w_1\left(\sum p_{i1}\right) + a_1 \sum p_{i1} - \sum e_{i1} \quad (2.12)$$

$$w_1\left(\sum p_{i1}\right) + a\sum p_{i1} - \sum e_{i1} \geqslant w_{01}$$

科研偏向型科研管理的委托—代理模型:

$$\max_{(p_i, w_j)} g\left(\sum p_i(e_i)\right) - w_j\left(\sum p_i\right)$$

$$s.t.$$

$$e_{i2} \in argmax\, u(e_{i2}) = w_2\left(\sum p_{i2}\right) + a_2 \sum p_{i2} - \sum e_{i2} \quad (2.13)$$

$$w_2\left(\sum p_{i2}\right) + a_2 \sum p_{i2} - \sum e_{i2} \geqslant w_{02}$$

比较式(2.12)和(2.13),由于前述的种种原因,不妨假设 $a_1 < a_2$,$p_{i1}(e_{i1}) < p_{i2}(e_{i2})$,第二类教师科研生产能力大于第一类教师的科研生产能力。

根据45°线特征,该线的纵轴值还可以表示其努力程度(成本)。上下两条曲线分别表示第一类教师和第二类教师的科研生产函数,其与45°线的纵向距离为不同类型教师从事科研活动获得的净收益。纵轴为科研报酬(包含教师从科研中得到的精神满足),横轴为教师科研努力(成本)。两种类型教师科研付出的最大可能努力分别为 $e_1 max$ 和 $e_2 max$,最优努力程度分别为 e_1* 和 e_2*。由于两类科研"能力"的差别,不论付出的最大努力程度还是最优努力程度,第二类教师的收益均大于第一类的。

然后分析学校管理方作为委托人,如何提供两份合约,使二者相分离。由图 2-18 易知，学校管理方提供的契约方案（p，w），必须至少满足式（2.7），提供的激励方案不能低于其最优努力程度，同时为了满足高校教师科研的参与约束条件，提供的激励方案也不能高于其最大努力程度，所以提供的激励方案使教师的科研努力程度范围为 $ec^* \leqslant e \leqslant emax$。

对于第一类教师来说，$A(p_1(e_1max)，w_1)$ 点处，其收益为零，该类教师将推动科研动力。所以契约 $C(p_1(e_1max)，w \geqslant w_1)$ 时，第一类教师将选择放弃科研岗选择教学岗。那么，第一类教师什么情况下满足其参与约束条件呢，那就是 $C(p_2(e_2^* \updownarrow)，w_2)$，即要求成果为 $p_2(e_1max)$ 时，其物质报酬不能低于 w_2，实际上，由于该类教师在科研中可以获得有额外满足 $a_2 \sum p_{i2}$，这可以从物质报酬中减去。即作为管理方，提供 $C(p_2(e_1max)，w_2 - a_2 \sum p_{i2})$ 激励契约，就可以实现两类教师的分离均衡，并使第二类教师达到委托人需要达到的科研任务为 $p_2(e_1max)$ 的目标。如果管理者的目标更高，就需要继续增加科研报酬，提供更高报酬的契约。如果管理者没有科研硬约束，则最优的契约组合将为 E 点。当然，这对第二类教师科研要求降低，作为代理人的教师获得最大的科研收益。那现在的问题是，第一类教师会不会重新参与，产生不愿意看到的混同均衡结果呢？因为在 e_2^* 的努力程度下，第二类教师获得的科研成果是第一类教师完不成的。即

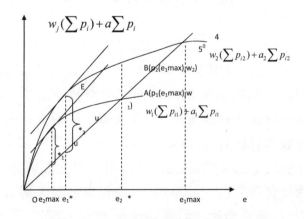

图 2-18   两种类型教师混同均衡与分离均衡

$$\sum p_{i2}(e_2^*) > \sum p_{i1}(e_1 max) \qquad (2.14)$$

(2.14)式的含义是校方提供的激励契约组合,第二类教师 e_2^* 努力可以达到,而对第一类教师而言,却已经超出了其最大可能努力。

行政主导的资源配置及相对单一的资金获取渠道是重科研轻教学的外部原因,教学与科研管理活动自身的特征是重科研轻教学的内在原因,教师承担教学科研双重任务的管理体制下,形成"混同均衡"也必然重科研轻教学。在既有体制约束下,通过学校内部改革也可以提高教学与科研总量,这说明教学科研岗的分离,符合学校管理利益,分离是必要的。由于信号的甄别成本非常低,只要设置教师与科研的岗位,允许教师进行自选择,是不存在隐藏行动的问题,分离是可行的。研究还证明通过不同的绩效、报酬契约安排,可以有效分离教学类型与科研类型的教师,给出了分离均衡的条件。

学校管理部门在制定科研绩效方案时,兼顾科研与教学的统一,不能因短期的教育评估和学位授权点的建设以及更名大学等而扭曲教学与科研的关系,挫伤教师科研与教学的积极性,有的学校把科研任务不断分解,不分教师具体情况,均规定较大的科研任务,为了完成各自的任务,大家自然把精力用在科研上,出现了重科研轻教学、教学科研两张皮的现象。这种拔苗助长式的科研压力,实际上最终会导致科研质量下降,科研水平下降,导致教师科研兴趣减少,甚至弄虚作假,道德滑坡。这种风气一旦形成,将既不利于高校科研发展,也不利于教师发展。所以,在一定程度上把教学科研岗相分离,让教学岗的教师专心教学,科研岗的教师也激励相容。在尊重科研规律的前提下,制定对科研岗教师激励相容的薪酬机制。更加注重学术质量,把培养教师科研能力放在首位,积极营造相对宽松的科研环境,创造良好的学术氛围,把硬性的"要我做科研"变成发自内心的"我要做科研",回归科研为探索规律、寻求真理的本性。其实教学与科研即使不同质,也可以化为可比较的量。如不同职称教师教学工作量核算时所乘系数可为折算因子,不同层次科研成果分值也可看做折算因子。

当然还存在教学岗内部的混同均衡问题,如果教学评价标准相对客观,教学岗也会有内部竞争,但在学校督导团评价与学生评价情况下,(前提要求督导老师的专业相关和学生追求的是学习质量:方法和知识,而不是成绩和乐趣。)并不代表教学型教师不愿意做科研,可能他们更愿意根据兴趣去做科研,不重视科研数量而更重视科研质量,在量化科研情况下获得的同样分值,这种教师从中得到的满足可能要小。其实,即使 $a_1 = a_2$,即不对两类教师科研偏好做不同的假设,也不影响文章的结论。

至于委托人目标,与文章相对无关,在此不做探讨。如果委托人有更高的科研业绩目标,可以提供更高要求的业绩、报酬契约组合。当然它仍然可以达到分离均衡的目的。这样,通过学校内部改革,教学科研岗的分离,发挥不同教师的比较优势,可以实现激励兼容。设置教师与科研岗位,允许教师进行自选择,分离是可行的。通过不同的绩效、报酬组合的契约安排,可以有效分离教学与科研型的教师。

2.11 信息不对称与股票市场

股市是信息不对称比较严重的市场。企业的价值反映的是未来收益的预期,不同的人对企业的信息掌握是不同的,而且未来本身难以预期。庄家可以凭借其资金优势,借助市场消息,甚至可以人为制造某只股票的上涨或下跌行情。

少数资金及机构联合社会资本,集中炒作某只股票,必然因资金效应而使被追逐者价格上涨,被抛弃者价格下跌。在散户占多数的市场,大资金推动或主导,发送信号,散户的羊群效应,为大资金的庄家抬轿。而庄家往往提前布局买进或卖出,利用"先动优势"获利。

散户的羊群效应表现在于,他们往往会从周围的投资者身上获得信息或者获得鼓励。例如，如果投资者听到周围有其他投资者在股市中投资获利的话，那么会有更多的散户投资者投身于股票市场。而散户投资者这种自我实现的预期，又可以推动股市在一段时间内的进一步上涨，从而吸引更多本来对市场没有兴趣或者没有把握的散户投资者加入牛市大潮。投资者在抱团和掩护中，相互壮胆，相互支撑，一不小心把市场推上一个又一个新高。广大散户在投资决策过程中，其实有一个类似的趋势，就是利用近期市场走势判断今后的市场走势。无论是 1999—2000 年的互联网泡沫，还是 2007—2008 年的全球金融危机，几乎在全球各国的金融市场都有一个普遍的现象：就是大量的投资者，尤其是中小散户，会在市场接近顶端的时候，义无反顾地参与到市场中去。中国市场最经典的例子就是在 2007 年 A 股达到六千点位的时候，曾经一度是中国散户开户、参与 A 股市场投机最积极和活跃的时候。结果呢，众所周知的就是广大的中小投资者都在市场即将出现大跌的时候，被套牢在了市场的顶部。和机构投资者相比，散户还有一个投资行为趋势，就是反应和决策过程往往比机构投资者慢。机构投资者可能会在第一时间对消息和行情做出判断和交易，而散户由于信息和投资目标的约束，往往会在市场消息出现，或者市场趋势改变之后的一周、一月甚至三五个月后，才开始对一则"旧闻"做出反应。这一拖延的投资行为，也直接导致了散户投资者往往会在牛市的开始战战兢兢不敢入市；在牛市的发展阶段，犹犹豫豫等待自己投资信心和决心的确定；直到牛市真正达到顶端的时候，大量的散户们在才终于克服自己的恐惧，说服自己全身心地投入市场即将大跌的股市中去。因此有人戏称，股市中的羊群效应，之所以称为羊群效应，是因为很多中小散户没有赶上牛市，人却最后都落入了资本市场的"虎口"。

有趣的是，国内外股票市场的研究表明，中小散户投资者的非理性行为在牛市中反映得尤其明显。一方面，牛市让本来风险意识就不强的投资者格外亢奋；另一方面，赚钱效应进一步强化了投资者对于自身投资水平的信心和交易的激进程度。在很多牛市的末期,散户投资者会通过相互安慰,相互支持的方式,让各自相信自己做的是一个再正确不过的决定。结果呢?恰恰是当所有的中小散户都认为市场是一个绝佳的投资机会而进入市场时,顶部最终出现,继而进入重大的调整和反转。因此,牛市中的羊群效应往往比熊市之中的影响更大,杀伤性也更强。

根据诺贝尔经济学奖获得者美国普林斯顿大学心理学教授卡尼曼教授的研究,人类行为中有一种根本性的代表性行为偏差(representativeness bias)。人类倾向于对近期的经历(市场表现)给予更多的关注,对于具体的现象(比如邻居大婶买了只股票上周涨了50%)给予更多关注,以及对于明显的事情(如股市连创新高)给予更多的关注,而往往忽视简单客观和无趣的事实(如市场平均每年的回报率和波动率)。卡尼曼教授进行的一个经典的案例,就是让参加实验的人在观察到一枚硬币连续扔出多次之后,再预测下一次扔硬币的结果。当实验参与者观察到硬币连续投出了几次正面或者反面之后,那么预测下一次会出现正面或者反面的参与者也会明显地增加。心理学家还观察到,赌场中有很多赌客在看到别人在某一台老虎机上赚钱后,就会兴奋地选择同一台老虎机,继续进行赌博——因为他们相信,这台能够帮助别人赚钱的老虎机,肯定也能帮助自己赚钱!这种心理学实验在美国很多赌场中得到验证。

作为公司的大股东,会利用资金和信息优势,侵犯小股东利益。如何防范内幕交易?更深层次的制度应如何设计?以陈榕生案为例,证监会查处陈榕生等大股东的内幕交易案,发现他所交易的股票为创兴置业,在2007年该股票价格从4.17元到上升到5.9元,交易获利1915万元①,对陈榕生判处缓刑,没收违法所得并处同样数额的罚款(1915万元)。陈榕生内幕交易的净收益是1915万元,如果不予判刑(通常是没收违法所得后并处以一定数额的罚款)。如果内幕交易被查处的概率是30%(实际上可能

---

① 鲁桂华.股市楼市与财富再分配[M].中央编译出版社,2011:138.

更低），而且这种内幕交易的游戏重复进行，则陈榕生的预期收益是多少呢？

内幕交易的收益＝内幕交易不被发现的概率×内幕交易的净收益＋内幕交易被发现的概率×内幕交易的净损失＝70％×1915＋30％×（－1915）＝766（万元）。如果被查处的概率恰好是50％，玩这种重复的游戏净收益将等于净损失，净收益为零，这样，就没有人再玩这种游戏了。所以，要有效地震慑内幕交易这种违法行为，一是要在无法提高被发现可能性的前提下，加大处罚力度；二是在处罚力度不变时，提高被发现可能性。

A 股市场存在封闭性，即使在开通了"沪港通"之后，A 股与国际资本市场的流动性交换依然不足；此外，上市资源的稀缺性和退市机制不健全，没有优胜劣汰的机制，这导致大多数情况下，资金相对于可购买股票资产的相对过剩。对于 3000 多点的沪深上市公司，有几万亿的可支配收入和机构资金做支撑，这就导致我国股票的平均市盈率偏高，价格存在泡沫。特别是个人投资者（散户）主导市场，价值判断的多元带来了投资的多元，几乎每一个股票都会受到特定人群的关注。对于明星企业更是大型机构和投资者重点锁定的对象。这种现象的另一个副作用就是热门股成了机构资金配置的首选。利空消息发酵，机构散户化让抛压趋同，就导致热点上市公司的股票往往低回报和高风险并存。

长期以来数万亿居民存款，躺在银行吃利息，使银行存大于贷，不堪重负。股市走好，人心所向，基金收益显赫，使银行资金搬家，也使流动性泛滥找到最佳出口，资金良性循环可发挥资金的最大效益。民众的投资意识和金融意识开始觉醒。在当前投资渠道还很狭窄，银行利率实际为负，房地产投资又受限购限贷等政策制约的情况下，投资于股市是人们的理性选择。这就需要，一方面培养人们的投资意识、金融意识、投机意识、风险意识和信用意识，这些一直是中国资本市场着力推进的一个目标。另一方面，维护证券市场的规范交易。如何保护中小投资者利益，如何抑制机构内幕等操纵股票侵害正常交易行为，是证券市场健康持续发展的保障。

可以借鉴美国等成熟资本市场的监管经验。在美国,只要你投资赔了钱,而上市公司的信息披露方面有瑕疵,就会有律师帮你去打官司,并且他们将在胜诉后的赔偿款中收取与案件标的成比例的诉讼代理费。让广大股东提供线索,证券监管部门及时发现大单与股价变化的关系。如果异常大单(买或卖)在前,股价变化(涨或跌)在后,就可查找操纵股价的行为。用举证倒置的责任追究制度,对内幕交易或股票操纵者以强大威慑;法律制度也要配合与跟进,如引进集体诉讼与赔偿制度;让被查处的概率加大的同时,赔偿也增加,也可有效调动中小投资者检举揭发违规交易行为的积极性。这样,中国的股票市场离有效市场的目标就会越来越近,资本市场的配置效率将会随之改善。这样,通过资本市场甄别优质企业,实现企业的优胜劣汰,中国经济的长期发展也会因此而受益。

第3章 信息与激励

　　信息经济学中的激励与管理学中的激励有一定相关性,但二者还是有较大差异的。信息经济学的激励建立在经济学理论基础上,以经济人为假设前提;管理学中的激励更多是从管理的角度来看如何激励员工,有更多的人性假设:包括"经济人"假设、"社会人"假设、"自我实现人"假设、"复杂人"假设等。根据对人性的不同假设,管理中激励方式手段也不同。在"经济人"假设下,强调管制、采用重赏重罚、集权控制;"社会人"假设下,强调协调,采用教育培训参与,给人以机会;后二者假设,强调通达权变,因地制宜。结合人的需要进行激励,人的需要可分为自然性和社会性需要,物质和精神需要。通常来说,人的需要由低到高可分为五个层次,即生理需要、安全需要、社会交往和归属需要、尊重需要、自我实现需要。管理激励理论一般以人的需要为基础,认为人的一切有目的的行为都是出于对某种需要的追求,当人的某种需要得不到满足时,将形成寻求满足需要的动机,在适当的条件下,动机就会导致某种行为,这正是产生激励的起点。所以,管理者就应该从人的需要出发,通过对员工个性的把握,在分析人们需要的基础上采取相应的激励。

　　早在西方激励理论提出两千多年前,中国古代的政治家、军事家、思想家就总结治国统兵作战实践经验,提出了一系列的激励方法。如"用人不疑,疑人不用"(既然使用别人,就不要再去不信任他)。若用人再疑人,可能起到反向激励的效果。这是管理者、统治者关心、爱护下属,满足下属生存和发展需要特别是心理情感的需要,与之成为知己和至交,从而使下属不遗余力地为自己出力。"士为知己者死"就是中国古代士大夫忠君的最高精神境界。

"赏不可不平,罚不可不均"。不论管理者、还是统治者都要赏罚严明,通过奖赏和惩罚这两种正、负强化激励手段,达到鼓励先进,鞭策后进,提高绩效的目的。爱护下属不是溺爱,必须有必要的褒扬和处罚,恩威并施。只有做到恩威并施,运用正负两种激励手段,才能合理地使用人才,无敌于天下。"任贤律己","身先士卒"是说管理者、统治者要知人善任,严于律己,身先士卒,以自己榜样的作用和力量感染激励下属;"上下同欲者胜"。即管理者、统治者,引导上下心往一处想,劲往一处使,为实现特定目标的努力对管理者和员工都是有利的。在激励方式上,中国人也发挥了自己的聪明才智,寻找出了许多激励手段,如《三国演义》中就列举了以情激励、以信激励、功名激励、以礼激励、以义激励、以赏激励、以羞激励、以容激励等多种激励方式,曹操、诸葛亮有很多知人善任的故事和例子。

经济学所讲的激励是委托人如何使代理人在选择与不选择委托人目标时,从自身利益最大化出发,自愿的或不得不选择与委托目标相一致的行动。通俗地讲,激励的核心就是"我怎样使某人为我做某事"。设置有效的激励机制必须满足两个条件。

(1)参与约束:就是给代理人的激励要大于等于他不接受合约的效用。只有这样,他才会参与进来。

(2)激励相容约束:是说合约或者激励的设计,要让代理人的最优选择尽量与委托人的目标一致,且让代理人努力比不努力时要好。

激励相容和参与约束既是激励制度设计的基本要求,也是制度被有效执行的必要条件。委托人—代理人对激励目标的一致性,或代理人对委托人目标的认同,是激励有效的先决条件。

3.1　委托—代理问题

自 20 世纪 80 年代始,"逆向选择"以外的其他非对称信息问题,"道德风险""不可验证性"(unverifiability)等逐渐被人们认知。针对"道德风险"这种事后机会主义行为,人们需要设计相应的激励机制来规避或限制其发生。于是,委托代理框架下的机制设计研究开始成为信息经济学的核心问题,这一部分内容又被称为"委托—代理理论"(principal-agent theory)、"激励理论"(the theory of incentives)或者被广义的称为"机制设计理论"(mechanism design theory),该理论主要研究"如何设计一个契约来驱动代理人为委托人的利益行动"。莫里斯提出委托—代理分析框架,后来经霍姆斯特姆(Bengt Holmstrom)等人进一步发展,因此在委托—代理这类信息经济学文献中,又称为莫里斯—霍姆斯特姆模型方法。所谓委托—代理问题,指的是委托人委托代理人为达到委托人目标行事的问题,委托人指的是信息非对称状态下没有信息优势的一方,而拥有信息优势的一方称为代理人。比如,企业的所有权与经营管理权分离,企业属于股东所有,但企业的经营管理则由股东委托代理人来实施,作为股东的委托人和作为管理者的代理人存在着相对独立的利益关系,这就产生委托人—代理人摩擦。在企业经营和收益上,代理人拥有信息优势,委托人则处于劣势,处于信息非对称状态。代理人可以利用信息优势实施隐藏行动,由之肇发道德风险,而委托人则不得不承担这一风险。要解决委托人的这一风险承担问题,必须提出一种激励机制的制度安排。

3.1.1　激励相容与利益分享

从激励相容的角度看传统意义上的四种市场失灵:垄断、外部性、公共物品、信息不对称,它们其实都面临着市场主体激励不相容问题。就是因为激励的不相容,才产生了市场配置资源的扭曲。垄断是不论是买方垄断还是卖方垄断,由于其在市场权力方面的独占性,可以通过提高销售价格或压低购买价格,以对方的损失为代价,激励是不相容的;外部性,正外部性和负外部性,是当事人的生产或交易行为对另一方带来的外部收益或损失,使双方因外部内无法内部化产生利益的不相容、不一致:正外部性是接受外溢方得到收益,而没有给对方以补偿,从而减弱了地方供给的积极性,而从社会最优来看,意味着社会可能的福利没有得到,是一种机会成本意义上的福利损失;负外部性,是一方的行为对另一方带来了损失,而不计入其自身成本,施加负外部性一方与接受负的外溢方也是利益不相容的,施加负外部性一方理应对受损害方弥补而没有给予弥补,从而导致其生产过多,同样意味着社会可能的福利没有得到,也是一种福利损失。公共物品提供问题实际上是正外部性广泛外溢带来的问题。根据正外部性外溢的范围可对公共物品进行分类:如果外溢到全世界,叫全球性公共物品;外溢到整个国家,叫全国性公共物品;只外溢到地区,叫区域性公共物品。公共物品问题既然本质上是外部性问题,也存在激励问题。公共物品有两个特征——非竞争性、非排他性。非排他意味着,受益方不愿意付费,显然提供公共物品方无法收回成本并从中赢利,因而缺乏供给公共物品的积极性(自愿供给和慈善是加入了利他因素、供给者其他收益才成为可能)。从非竞争性(增加额外消费者并不增加成本)来看,不收费倒是最优的。纯公共物品私人不会提供,即使提供也不是最优的。所以,同时满足非排他与非竞争性的物品即纯公共物品,应该由政府来提供,以税收来供给。

　　秦二世皇帝的元年,七月,有九百个贫苦农民被征去服役戍守。这种劳力的徭役很苦,一旦去做工,上了路,就不知道还能不能够活着回来。他们被从淮河流域强征到渔阳(今北京东一带)去戍守。走到大泽乡(今安徽宿县),天下大雨,道路阻塞,要走也走不得了。无论如何,在规定期限内也赶不到渔阳。秦法苛严,误期都要杀头。队伍中的陈胜与吴广,又是屯长(头目)。陈胜与吴广商量,再赶路也得误期,逃亡也是死路一条。这时吴广说:"今亡亦死,举大计亦死,等死,死国可乎?"逃亡是死,起义也是死,反正都是死,那么就死得有意义些吧,举大计吧,兴许还能计得活路,推翻秦二世,这样或许会有更好的结果。陈胜的意见被吴广采纳,并商定借着被秦二世害死的太子扶苏和深得群众拥戴的原楚国大将项燕的名头,号召天下,攻打秦二世。这就是有名的大泽乡起义。当约束条件发生了变化(天下雨,无法按时赶到),面对秦二世的强激励(不能按时赶到就杀头! 没有天气变化的免责条款)就起反作用了,古代的官逼民反讲的也是这个道理。当上级强压百姓任务,即使再努力也完不成时,激励强度过大,就起反作用,产生相反的结果了。①

秦二世胡亥被赵高左右,除去了为秦尽忠功绩昭著的蒙恬、蒙毅兄弟,赐死了扶苏,最后连丞相李斯也被腰斩,夷三族。正如长史欣所说:"赵高用事于中,将军有功亦诛,无功亦诛"。这个赵高"指鹿为马"、颠倒黑白,顺之者昌、逆之者亡,哪还有真正为秦朝卖命的人呢?

秦朝灭亡后,结束秦朝统治的刘邦对人没有礼貌,傲慢、随便骂人侮辱人,有时他也能接受批评,稍稍改善态度,但并没有从根本改善。不过,另一方面,刘邦又很随和,对普通的下人也能够接近,"自监门、戍卒,见之如旧"。司马迁在《史记·高祖本纪》的开关概括写他的为人是"仁而爱人,喜施,意豁如也。常有大度"。就是刘邦任意骂人的态度也可以说是不拘小节,个性率真。而项羽也有两重性格,他可以发怒喝一声使人马退避,随时杀人不眨眼,但他也有"仁而爱人"的时候。韩信说:"项王见人,恭敬慈爱,言语呕呕,人有疾病,涕泣分食饮"。在生活上,有时候待人也非常亲切。本来应该项羽更易得人心才合逻辑,其实不然,刘邦有

---

① 唐译. 图解道德经[M]. 山西出版社,2011:184－187.

更重要的原则："与天下同利也"，而项羽则"得地而不予人利，此所以失天下也"。刘邦一向是"使人攻城略地，所降者因以予之"，这就使人们愿意与他合作。大抵刘邦深知要得天下，必须领先广大的同盟军，所以一开始他就采用"与天下同利"的原则。刘邦用抚降的政策解决了宛城之后，军事进展加快了。那时赵高已经杀了二世，叫人来与他"约分王关中"。刘邦不理会他，继续"说秦将，啖以利"，给秦军将领以利益，最终秦军崩溃了。

项羽则相反，他觉得自己太了不起了（"力拔山兮气盖世"），一直以为靠自己的强力就可以把天下打下来，所以一方面"妒贤嫉能，有功者害之，贤者疑之"，一方面"战胜而不予人功，得地而不予人利"。刘邦以分封土地作为报酬，争取了不少盟友，结果把项羽打败了。他也的确按照原先的许诺让有大功者为王，此外还有许多大功臣，稍迟也被封了列侯。

在宛城之战中，刘邦本来想绕过宛城继续西进，张良劝止说："沛公虽欲急入关，秦兵尚众，距险。今不下宛，宛从后击，强秦在前，此危道也。"刘邦接受了这个建议，连夜引兵还，把宛城围了三匝，守城的南阳守坚守，见危急，打算自杀，他的舍人陈恢叫他且不急，他出城见沛公。见了沛公刘邦，陈恢告诉他说，宛是一个大郡之都，很重要，守城的官员"自以为降必死"，你为什么不让他们投降呢？他们降后，你叫他们继续守城，你则带了他们的士兵继续西行，这是上策，而且，有了这个事例，前面"诸城未下者，闻声争开门而待"。刘邦说，好，就这样办。"乃以宛官运亨通为殷侯，封陈恢千户"。于是宛城解决了，而刘邦继续引兵西行，果然"无不下者"。陈恢的建议，使刘邦达到"不战而屈人之兵，善之善者"的最佳结果。其中道理，予人以利，也是激励相容的道理。而项羽起事以来，一直用杀人来解决问题，一次次地失去人心，最终招致失败。

毛泽东在《中国革命的战略问题》一文中谈到中国共产党的领导和土地革命时指出，中国革命战争虽然是处在中国和资本主义世界的反动时期，然而是能够胜利的。因为它有共产党的领导和农民的援助。根据地虽小却有很大的政治上的威力,屹然和庞大的国民党政权相对立,军事上给国民党的进攻以很大的困难,因为有农民的援助。红军虽小却有强大的战斗力,因为在共产党领导下的红军人员是从土地革命中产生,为着自己的利益而战斗的,指挥员和战斗员之间在根本利益上也是一致的。而国民党恰相反,他们是反对土地革命的,因此没有农民的援助。其军队虽多,却不能使兵士群众和许多小生产者出身的下级干部自觉地为国民党拼命,官兵之间在政治上是有分歧的,这就减少了他们队伍的战斗力。毛泽东在《论持久战》中讲到,中日战争为什么最终胜利在中国,简而言之:得道多助,失道寡助。

现在还没有一个世界政府,联合国的公约、协议之类,只是一种道义的宣示,而没有任何强制约束作用。而各国的行为都是自身利益至上,没有利益,只付成本,没有一个国家会干这种专门利人的事情。既然不能强制,就需要一种分享利益的激励机制,使其愿意采取行动。这也就是奥尔森在《集体行动的逻辑》中所说的选择性激励。"猎狐 2014"的真正突破是有了利益分享安排,做到了激励相容。因为,外逃贪官在外国的土地上,中国警方无法到外国的土地上直接逮捕。所以贪官不怕中国警察,而怕其所在国警察。据网上报道,中外双方商定,根据外方提供帮助的大小,与外方分割外逃贪官转移到国外的财富。以美国为例,"重大协助"的分享比例是 50％～80％,"较大协助"是 40％～50％,"提供便利"是 40％以下。因此,此次追捕外逃贪官得到了外方的积极协助。[①] 有了利益分享安排和利益激励机制,真正调动了外方合作行动的积极性。外方帮助缉拿,积极引渡,贪官自然无所逃遁。而外方自愿采取行动,就是对外逃贪官公开宣示,这些反贪公约和引渡协议对外逃贪官来说,是可执行的,是一种可置信的威胁。

---

① http://www.ftchinese.com/story/001061666? page＝rest,2015－5－4.

3.1.2 建立合作与分享剩余

在一个非人格化的市场中,导致低交易成本的条件并不是自发出现的,在成本高昂的情况下,人们不合作往往是理性的。但在现实的交往中,人们通常会发现,当博弈重复进行时,有关博弈者以往表现的信息完备时,且当参与者人数足够少时,便形成人格化的交易环境,这种以人格化的交易为特征的小社会等条件得到满足时,与别人合作是有利可图的,因为人们可以在信任的基础上获得更多的长期收益,彼此减少防范而降低的交易成本也可以成为双方的合作剩余。信任投入像固定成本,长期合作使交易次数提高,降低了每次交易的平均“固定成本”,所以一旦产生信任,合作双方愿意长期维持下去。而当博弈不是重复进行,或者博弈次数有限,其他博弈者的信息不足时,或参与者人数众多,以现代经济这种非人格化为特征的市场交易情况下,合作就难以长久维持。这就需要为实现合作建立一个制度。交易在时间和空间上越复杂,实现合作的制度就要越复杂,其成本也越高。通过建立第三方实施(法律的强制)或降低另一方信息成本的制度(如信誉等级制度),可能会促进交易的实现。

制度的本质是协调,通过制度降低双方交易成本,增加合作剩余,增强双方维持制度的意愿,使制度在长期得以延续。在一个信息完全的世界,不需要制度。双方不会因信息不对称而受损。没有必要设计制度以防范对方的机会主义行为。而在信息不完全时,合作可能因信息不对称产生的机会主义而中断,合作失败的可能需要制度为人们监察背离行为提供了弥补机制。这也解释了,为什么在人口很少流动的落后地区,往往民风淳朴、诚实守信的原因。在这种社会,非诚信者的信息很快会被当地人传开,信息不对称大大减少,而且这本身会使非诚信者受到不被合作的惩罚,这种惩罚变成不守信者的自我约束。中国古代社会的行会制度①,就有约束内部成员的功能。因为行会成员的失信会降低行会的整体信誉,使成员均蒙受损失,这样每个成员都有激励去惩罚不守规矩者。这就是组织内部的激励相容,可以产生有效的监督。凯维勒对19世纪的美国观察发现,在一些小镇,那种有利于促成一个健康的民主和经济的信任基础,本质上并不是社区的存在,而是组织的发展。自利组织导致某些制度安排出现,这些制度安排使可能的商业合作出现,而正是在这些商业合作中,人们学会了彼此信任。只有在那时人们才更普遍地认识到在自愿范围内组织的价值和信任的价值。②

一个和尚挑水喝,两个和尚抬水喝,三个和尚没水喝。这是一则寓言,其寓意是:办一件事,如果没制度做保证,责任不落实,人多反而办不成事。三个和尚为什么没水喝呢?因为三个和尚属同一种心态,都不想出力,想依赖别人,在取水的问题上互相推诿。结果谁也不去取水,以致大家都没水喝,出现囚徒困境。其实,三个和尚也可有水喝,只要稍加组织,如订立轮流取水的制度,责任落实到人,违者惩罚。只要有了明晰的规则,公平的规则能让每个人自愿遵守。每个人都去取水,每个人都有激励去惩罚不取水的人,这样就有水喝了。行政命令也是一种制度,比如一个资格老的和尚,或是武功高的和尚拥有命令另两个和尚的权力,由这位和尚依靠行政命令,决定由谁去担水或让他们抬水。虽然他自己不取水,但在他的强制性管理下,也解决了没水喝的问题,相比没有组织的三个和尚,这也是一种有效率的制度改进。从统计数字上来看,美国47%的企业在实行各种各样的分享计划,有的企业实行不止一种的分享计划,期中包括期权、股票增值

---

① 从自己的内部产生了自我管理约束机构和制度——行会和行规。与市井的公共秩序中约定俗成的规矩不同,行规是同业内部和同业之间经相互切磋协商后形成的契约,具有同业中的权威强制性。行会的功能之一,是限制本行业内部的不合理竞争,如工价、物价方面有同行公价的确定,对经营规模、地点与手段的合理性的认同,对囤积居奇、欺行霸市、中途兜拦生意的制裁,规定招收学徒、使用帮工的数量等。

② 科斯,诺思.制度、契约与组织:从新制度经济学角度的透视[M].经济科学出版社,2003:161.

权、员工持股计划,包括利润分享和收益分享等。实行分享制以后,搭便车问题也容易受到克服,因为工人们相互之间最清楚谁在搭便车,他们内部的互相监督,就不用专门用管理者施加外部监督了。

假定一个社区有 1000 人,社区成员知道,如果提供某种社区公共物品(如锻炼器材),将给每位成员带来 10 元的收益,从而社区成员的总收益为 10000 元。[①] 已知该套器材的总成本为 5000元。每位社区成员面临两种选择:(1)承担固定设施联合提供成本的一部分;(2)不承担任何成本,成为搭便车者。这取决于其中成员的预期,因为平均分担成本,每个成员都可获得净收益 5 元,有合作剩余。但每个人也想获得更高的收益,比如 10 元,如果他选择让别人提供,自己免费享用的话。当然这取决于他的预期,因为如果大家都选择搭便车,也就谈不上该公共物品的提供,从而收益为 0 元。由于公共物品受益的不可分性,假如预期其他成员一毛不拔,他即便贡献也将一无所获。鉴于处在大规模群体中,单个人会认为他的行为对其他成员没有影响,即不论他是否承担相应份额的成本,其他社区成员的总体行为不会有所不同。这种情况下,无论他采取哪种行为,做何估计,他自己必定选择搭便车,这是他的最优策略,即博弈论里讲的占优策略。由于所有社区成员都会这样理性行事,结果就是囚徒困境的结果,社区锻炼器材无法由成员完全自愿的分担,从而无法供给出来。

表 3-1　不同环境下个人贡献与不贡献的收益

	"其他成员"贡献	"其他成员"不贡献	期望效用
个人贡献	5 元(0.5)	−5 元(0.5)	0 元
个人不贡献	10 元(0.5)	0 元(0.5)	5 元

---

① [美]詹妇斯·M.布坎南.公共物品的需求与供给[M].上海人民出版社,2009:82—85.

表 3-1 中数值表示不同组合下所得到的收益和效用,括号里数值表示对应发生的概率。假定各种情况发生的概率相同,均为 0.5。实际上,由该表可以看出,其他成员贡献的概率不影响他的结果,即个人选择不贡献总是最优的,如概率分布(0.4,0.6)时,个人贡献的期望值为－1 元,个人不贡献的期望值为 4 元;如概率分布(0.6,0.4)时,个人贡献的期望值为 1 元,不贡献的期望值为 6 元。

这是社区成员比较多时的大规模群体情形。如果社区成员较少,比如只有 10 人情况又如何呢?这时每位社区成员的预期总收益是 1000 元,按比例分担成本为 500 元。个人仍然可选择贡献与不贡献(选择搭便车),与在大规模群体中不同的是,小规模群体中,个人之间更容易相互影响,产生人格化的互动关系,个人知道自己的行动将会影响他人的行为,他行事时就会考虑"外部影响",要计算自己行为产生的间接影响,从而影响自己收益结果。如果他拒绝承担成本,可以估计到其他成员不合作的可能性会变大,有可能自己的机会主义行为让自己承担潜在的损失(丧失因分担成本产生的收益)。表 3-2 为小规模群体下的情况。需要注意的是,这里由于个人行为选择会影响他人的行为,表现在"其他成员贡献/不贡献"发生的概率的变化上,这正是个人选择承担成本比选择不承担成本能够获得更高期望效用的原因所在。当然是否真的一定个人贡献比不贡献要好,还取决于概率系数。实际上也就是个人行为对其他人行为的影响,从而整体上影响公共物品能否供给的概率。个人也可能会认为,如果他分担成本的话,将降低而不是增加其他社区成员承担其分内责任的可能性,这时的情况与表 3-2 中的概率数字变化相反,即表 3-3 中的情形。这时个人不贡献反而是最优的结果。个人所做的行为就像一个地地道道的搭便车者,别人的舆论或压力统统对他不起作用,当然其他成员也不去效仿他的行为,或者根本忽略他的存在和影响。

表 3-2   不同概率下个人贡献与不贡献的收益
（其他成员受个体行为影响的情况）

	"其他成员" 贡献	"其他成员" 不贡献	期望效用
个人贡献	500 元(0.8)	−500 元(0.2)	300 元
个人不贡献	1000 元(0.2)	0 元(0.8)	200 元

还有一种情况，如果在公共物品供给过程中，引入有效惩罚机制，会减少或避免表 3-3 中搭便车行为发生，会产生表 3-2 中理想的结果。而是否能建立有效的惩罚，还要看有没有集体对个人的制裁权力。由于小集团行动更有力量，更可能是小集团更有制裁约束搭便车者的能力，通过与个别搭便车者的不合作和选择"针锋相对"的策略，让不合作者承担长期损失作为可信的惩罚来实现。

表 3-3   不同概率下个人贡献与不贡献的收益
（其他成员不受个体行为影响的情况）

	"其他成员"贡献	"其他成员"不贡献	期望效用
个人贡献	500 元(0.8)	−500 元(0.2)	300 元
个人不贡献	1000 元(0.9)	0 元(0.1)	900 元

虽然可以理解小规模群与大规模群体背景下，个人行为受人格化互动关系的影响，产生不同的行为差异，但大规模群体与小规模群体的界限是模糊的，并不是截然可分的，无法找到确切的改变个人行为的规模。即便处于同一规模，每个人的行为也不一样。足以改变集体成员行为模式的临界规模，受到个人在与其他成员的协商中所体会到的人格化关系的影响。当面对极端压力时，小规模群体中人的行为可能会扩展到全部人口。如当一个民族面临亡国灭种的外来威胁时，全民族被迫团结起来一致对外，形成强有力的行动集团，这是不难理解的。其他情况下，当内聚力不复存在，并且集体成员目标不够明确不够一致时，即使在人

数比较少的小集团内,个人也可能会表现出较大的异质性,行为难以达成一致,可能会表现出大规模群体中的行为。从制度角度说,风俗、传统、社会规范的变化,是影响临界规模的因素。

除了搭便车困境,还存在来自公共物品与服务交易的共同收益,即使个人没有任何动机参与通常的这些共同收益也将激励个人达到协议或改变行为规则。美国经济学家蒂布特认为,在一个大城市中,大量地方政府的存在——在美国这种情形是常见的,可以解决搭便车问题。对地方公共产品而言,决定出有效率水平的机制可以不是通过投票,而是通过在社区间的流动——"用脚投票"来解决。蒂布特是这样看待这一过程的:城市管理者提供一组公共服务菜单,潜在居民在相互竞争的社区之间选择他们居住的社区,这一过程显示居民对地方公共产品的需求。但会遇到一个问题,就是社区入侵者——一种搭便车的机会主义行为。地方政府通过征收财产税和提供不同水平的公共服务。居民会比较税收支出大小与享受的地方公共服务多少。财产税和公共服务的差别会反映在当地的住房价格上:如学校好的、医疗配套体系、较低的税率,住房价值更高(的确,人们买房的同时,也在选择社区服务)。地方投资的服务对住房价值的影响为地方官员们提供了信息和激励,让他们以更少的成本提供有效率的支出和税收水平,以满足居民的选择。对居民来说,人们偏向流动到吸引人的社区,但同时为了避免支付财产税而建立小面积的住房,以获得比他们支付的财产税要多的地方公共产品来搭便车。正如詹姆斯·布坎南和查尔斯·戈茨(Buchanan &Goetz,1972)所指出的,人口迁移有两面性:选择自己喜欢的社区,但是通过支付少于服务供给成本的税收,稍后迁入者成为搭便车者。对付这种机会主义的办法是分区法。布鲁斯·汉密尔顿(Bruce Hamilton,1975)是第一个认为地方土地使用法规,能够被用来将这种搭便车者排除在外的人。其办法是,做出对那些打算进入某个社区的人们所必须购买的最低财产数的规定。分区法对最小占地面积、临街的宽度、建筑质量等方面做出具体规定,能够通过分区法来防止看重公共产品价值的家庭,建造低于平均水平的住房以减少税收支出,能够灵活应用土地使用税和临时收费来补充财产税。由于住房购买者不能避开最低住房价值的规定,他们对住房和公共产品的偏好就被同时显示出来。只要存在足够的社区供居民选择,每个家庭一定能够找到与自己偏好相符的公共服务水平和最低住房水平。这样,既避免了居民的搭便车行为,也使居民可做出自己满意的选择。通过分区限制入侵者对公共利益的侵蚀,相当于保护了俱乐部公共物品的产权。[①]

3.1.3 委托—代理与激励设计

委托人与代理人对待风险的态度有三种类型。

第一,委托人是风险中性者,代理人是风险规避者。最优方案是代理人取得固定收益,委托人承担风险。

第二,委托人是风险规避者,代理人是风险中性者。最优方案是委托人取得固定收益,代理人承担风险。

第三,双方都是风险规避者,双方均承担一定的风险,而且风险厌恶程度较小的一方承担较大风险。

一般是第一种情况较为普遍。但是,这要求代理人不存在道德风险。

企业的管理者在管理企业方面有相当大的自由决定权,有时会以牺牲股东利益来获取私利。特别是,他们可能不追求价值最大化战略。如他们可能希望使企业的成长率最大化;他们之所以这样做,或是因为他们认为,企业规模越大,成长率越快,他们的工资越多;或只是因为他们喜爱企业扩张带来的激动以及随之而来的个人声誉。根据这种观点,市场规则不足以保证经理追求利润或企业价值最大化。追求管理者利益而不是最大限度实现利润的企业被称为管理者的企业。

---

① 曹荣湘,吴欣望.蒂布特模型[M].社会科学文献出版社,2004:85、86.

假设企业的所有者雇佣一个管理者来经营一个项目,如果该项目成功了它将产生价值 V,成功的概率依赖于管理者的工作努力(质量)。假定工作为高努力(高质量),项目成功的概率为 p,工作低努力(低质量),成功的概率为 q,显然 $p>q$。吸引管理者的基本工资为 w。为实现高质量他必须更加努力,他也会得到额外的奖励。为简化起见,假定企业所有者与管理者,即委托人与代理人均为风险中性者,他们的目标均为最大化各自货币收益的数学期望。管理者目标为工资报酬减去努力成本相对应的货币。为了方便,努力成本用货币 e 来表示。

首先,假定所有者可以观察到管理者的工作质量,并且能直接补偿管理者的努力。若管理者选择努力的高质量工作,所有者的期望利润为:

$$pV-(w+e) \tag{3.1}$$

低质量工作将只能给所有者带来 $qV-w$ 的利润。一般地,高质量工作比低质量工作带来更大利润,即 $pV-(w+e)>qV-w$。并假定高质量工作给所有者带来的利润为正,即

$$pV>(w+e) \tag{3.2}$$

现在假设所有者无法观察到管理者努力的质量(并假设努力程度只有努力与不努力两种)。如果所有者给管理者补偿性奖励 e,以获得管理者提供高质量工作这一不可验证的保证,管理者可能发生机会主义行为,欺骗所有者,以低质量代替高质量。所有者并不能以单个项目的成败来推断管理者努力的质量,也无法惩罚管理者的违约行为,而只能通过项目结果的质量好坏来作为安排管理者的报酬。也就是不能排除两种情况的发生:管理者虽然提供高质量的工作,但项目还是失败了,其努力无法得到弥补;另一种情况是管理者虽然没有努力,但项目却偶然地成功了,反而得到了奖励。

假设,当项目成功时,他支付给管理者 x,失败时支付 y(不问是非清白,以成败论英雄)。给定这个方案,管理者将选择高质量的努力,只要他这样做的收益大于不努力的收益,即

$$px + (1-p)y - e > qx + (1-q)y \qquad (3.3)$$

这是激励相容约束。如果两边相等,意味着管理者付出努力与不努力无差异。但假定管理者是个"好人",这种情况下,他总会选择努力,至少自己也不变差。因而不等式是弱的而不是严格的。可以简化为

$$(p-q)(x-y) \geqslant e \qquad (3.4)$$

还要满足参与约束条件,即

$$px + (1-p)y \geqslant w + e$$

或

$$y + p(x-y) \geqslant w + e \qquad (3.5)$$

所有者的期望利润为

$$\pi = pV - [px + (1-p)y] = pV - y - p(x-y) \qquad (3.6)$$

若要使该利润最大,显然应使 y 和 $(x-y)$ 尽可能小。可以看出,只有以等式形式成立,且有,

$$x - y = e/(p-q)$$

(该式由(3.4)式得到)

$$y = w + e - ep/(p-q) \qquad (3.7)$$

或

$$y = w - \frac{eq}{(p-q)}, \quad x = w + \frac{e(1-q)}{(p-q)} \qquad (3.8)$$

(3.8)式的含义是,如果完成项目,会有 x 的报酬,包括基本的工资加奖励,相当于 $\frac{e(1-q)}{(p-q)}$;如果完不成项目,要承担一个惩罚,是在基本工资基础上扣除一个罚金,相当于 $\frac{eq}{(p-q)}$。

把(3.8)式代入(3.6)式得期望利润为

$$\pi = pV - y - p(x-y) = pV - w - e \qquad (3.9)$$

(3.9)式与可以直接观察到管理者的努力水平时的期望利润相同。因此,从所有者角度看,不能观察努力水平时,这样的制度安排,也达到了与可以观察时一样的效果。

注意到,在不能观察努力水平而只根据项目成功与否,给管

理不同的报酬。项目失败了,最优补偿应该包含要求管理者支付给所有者一个罚金。也就是失败时,虽然让管理者的收益低于成功时的收益,但也不能让管理者承担太大的损失,现实中,这样的罚金是很难实施的。如果排除罚金,至少要保证 $y \geqslant 0$。让解尽可能接近边界,取 $y = 0$。那么由(3.4)、(3.5) 式分别可得

$$x \geqslant e/(p-q), x \geqslant (w+e)/p \tag{3.10}$$

但当 y 在无约束解中为非负时,$w+e \geqslant \dfrac{ep}{(p-q)}$,则 $x \geqslant \dfrac{(w+e)}{p}$ 为紧的约束。因此,$x = \dfrac{(w+e)}{p}$,所有者的期望利润为

$$\pi = pV - \frac{(w+e)}{p} \tag{3.11}$$

(3.11)式的值小于 $pV - (w+e)$。这样,基于产出结果的激励机制所要求的支付安排,意味着所有者的期望利润变小。

这个问题在现实的激励中大量存在。如对教师科研的激励,只依据个人事后的科研成果进行不同的津贴的支付安排;保险公司无法观察到投保人是否真实为降低风险而付出努力,只能根据上一次保险出险的情况调整事后再次保险的费率。但如果不是一次性的单个项目的激励,而是连续签订合约,类似这种所有者与管理者的关系一直进行下去,管理者在一段时间中的平均成功业绩就能提供有关他的努力情况的统计信息,从而使那些能够带来更高期望利润的更好的合约得以实施。这个例子中,存在的一个约束:管理者不能被处罚,但这也意味着作为代理人管理者没有承担项目失败的相应风险损失。在这个意义上,它不同于风险分担的激励合约。

历史上的曹操是个爱才且知人善任的领导人,他能不计前嫌,抓住并赢得下属的心。官渡之战是个以少胜多的战例。其中有个关键的细节,对此战争起了十分关键的作用。许攸是袁绍部下的一名非常重要的谋士,他给曹操出了很多计谋。但他贪财,经济作风有问题,袁绍早不查晚不查,偏偏在官渡之战爆发后这个节骨眼上,突然心血来潮立案调查。一查不得了,不光是许攸

本人有问题,连他老婆孩子也是从犯,也有问题,所以袁绍就把许攸的老婆孩子都抓起来了。许攸感觉在袁绍这儿待不住了,连夜投奔曹操去了。而曹操一听说许攸来了,立刻翻身下床,兴奋得连鞋都来不及穿,光着脚跑出来迎接。许攸把袁绍囤粮的乌巢偷袭了,火烧了袁绍的粮仓,打败了袁军。

从田丰之死也可以看出曹操与袁绍对待谋士的态度与他们成败的关系。田丰是袁绍手下一名非常重要的谋士,论智力水平还在许攸之上。但是在官渡之战没有把田丰带到军中来,而是在开战之前把他关进大牢里面去了。原来,在开战之初,田丰曾经劝说过袁绍,咱们这一仗现在不能打,条件不成熟。如果现在贸然发动战争,很可能会被曹操打败,所以应从长计议,不能硬拼。袁绍一听火冒三丈:这仗还没打呢,你就跟我泼冷水,说丧气话。袁绍大怒,下令把田丰关进大牢,说你这种不吉利的家伙,不能带到军中,等回来再处置。官渡之战果然如田丰所料,被曹操打得惨败而归,看守监狱的狱卒向田丰道喜,说袁大人在前线打仗果然失败了,就在于当初没有听你的劝告,他肯定会放你出来,向你道歉,还会提拔与重用你。田丰苦笑着说:"你不了解袁绍,他如果打了胜仗,说不定一高兴还会把我给放了,但今天他打了败仗,脸上肯定挂不住,肯定没脸见我,要把我杀了,我命休矣!"事实正如田丰所料,袁绍回来后第一件事,就是派人到牢房把田丰杀死了。再来看曹操对部下是如何宽容的。官渡之战后,清理战利品时,从袁绍的大营里发现了一大包书信。是谁写的呢?就是曹操的手下。原来在打官渡之前,胜负难料,曹操过于弱小,而袁绍过于强大,力量对比十分明显,曹操的很多手下都感觉非常悲观、绝望,觉得这仗胜算的可能太小,不如事先给自己打个退路,纷纷向袁绍写投降信,就是要你军中给我留个位置,等这边一败,我好过去。这是里通敌军,肯定是要定大罪的。这时候有司法官拿着这一大包书信来向曹操请示,对这些信,逐个打开,查看落款,核对笔迹,看看到底都有哪些人里通袁绍,好把这些内奸抓起来绳之以法。这时候曹操说:"官渡之战的时候,确实是袁军太强我军太弱,连我自己也觉得悲观,我都觉得不可能打赢,我都恨不得去投降袁绍算了,何况其他人呢? 不必苛责。"于是当众把这些书信一把火烧掉了,表示既往不咎。这两件事儿一对比就可以发现:曹操的部下里通敌方的大罪,曹操都可以宽宏大度地原谅,而袁绍仅仅为了自己的面子,杀死了有功无过的田丰。所以官渡之战后,曹操乘胜追击,消灭了袁绍。一胜一败,绝非偶然。

楚汉相争时,楚王的著名将领季布战败无处可逃,就藏匿在濮阳的一位姓周的人家里。周先生也不敢私自收留他,就将季布的头发剃掉,用铁环束在他的颈上,给他穿上毛布衣服,装在丧车里,连同他的仆人数十人,送到鲁国卖给朱家。朱家当时是有名的豪侠,交游十分广泛,也非常有势力。他当然知道这个人是季布,也知道不可能长期藏匿下去,于是,就在洛阳拜见汝阴侯(夏侯婴)滕公,对他说:"臣下各为自己的主上效命。季布为项羽重用,为项羽卖力,那是他的职责。而且,项羽的臣子也没有办法——都杀了。现在,皇上刚刚取得天下,单为个人私怨,要搜捕处罚他一人。为什么要表现得让天下人觉得皇上胸襟狭窄呢? 况且以季布的才干,被汉朝这样严厉地搜捕,如此下去,他不向北逃亡胡地,就会向南逃亡越地。一个国家最忌讳的就是贤能英勇的人跑去帮助敌人,因为这样,君王可能落得像楚平王被伍子胥鞭尸一般的下场。你何不找个闲暇的时候对皇上说明呢?"滕公答应了。等到闲暇的时候,就照朱家的意思向高祖刘邦进言。刘邦听了他的这一番话,觉得十分有道理,于是就赦免了季布,并且召见了他,任命他为郎中。刘邦的宽怀大度赢得了民心,使他的敌人不再以死相拼,刘邦因而顺利地解决了建国初期政治上的很多困难。

这些案例表明,让代理人为委托人做事,得到的收益至少不能比其他选择的收益少,然后让代理人的目标与委托人的尽可能一致,这都是非常重要的。否则,参与约束都难,更不用说激励相容了。

3.2　激励与风险分担

一个最优激励契约需要满足以下条件:第一,要求委托人与代理人共同分担风险;第二,能够利用一切可以利用的信息,也就是说,在经济行为者隐藏行动和隐藏信息时,要利用贝叶斯统计推断来构造一个概率分布,并以此为基础设计契约;第三,在设计机制时,其报酬结构要因信息的性质不同而有所不同,委托人和代理人对未能解决的不确定性因素和避免风险的程度要十分敏感。①

3.2.1　合约激励

1. 自我实施合约

股份公司中所有权与控制权的分离,可能使经理人员无视股东利益,利用自己的信息优势,掩饰公司经营的真实状况为自己谋利益;股份公司经营状况不好既有可能是由于外部经营环境的恶劣,也有可能是由于所聘请的经理人的偷懒,股东通常无法识别股份公司经营状况的好坏是由于前者还是后者,还是一部分由于前者,一部分由于后者。因此,股东与经理人围绕经理人的努力程度存在信息不对称。信息非对称带来的经济后果是经理人会存在道德风险倾向:鉴于股东对经理人努力不可证实,甚至不可观察,在给定的(平均)薪酬水平下,经理人会选择偷懒,以减少自己的负效用。经理人甚至利用实际控制权通过关联交易等方式谋取私人收益,损害股东利益。如何对不可证实,甚至不可观

---

① [美]科斯,哈特,斯蒂格利茨等著;李风圣等译.契约经济学[M].经济科学出版社,1999:17.

察的经理人努力程度进行激励呢？按照梅耶森、霍姆斯特姆等的理论，虽然经理人努力不可证实，甚至不可观察，但如果能够将经理人的薪酬与可证实的企业绩效挂起钩来，只有在企业绩效好时，经理人才有望拿到高薪酬；而为了出现良好绩效，经理人需要努力工作而不是偷懒。我们看到，通过将经理人薪酬设计与可证实的企业绩效直接挂起钩来，激励合约设计理论一定程度解决了经理人努力程度的信息非对称这一难题。从此，企业绩效成为评价经理人薪酬合理性的基准。现代股份公司经理人薪酬设计，面临的两难基本问题是，一方面除非向经理人支付高的薪酬，否则不会调动经理人努力工作的热情；另一方面，向经理人支付高的薪酬，将增加股份公司的成本，使股东的可能回报降低。如何通过合理的经理人薪酬设计使得经理人愿意努力工作的激励和使股东价值最大化的激励变得相容由此成为信息不对称条件下解决经理人薪酬合约设计的关键。

霍姆斯特姆发展了激励合约设计理论。一个科学的经理人薪酬合约设计除了要与企业绩效挂钩，还需要满足两个基本约束条件。其一是参与约束（或个体理性约束），即经理人从接受公司聘用可以获得的薪酬应该不少于其他任职机会带给他的薪酬。这一条件考量的是经理人接受该公司聘用的机会成本；其二是激励相容约束条件，即通过向经理人支付激励薪酬方式协调二者的利益冲突过程中，不仅对股东而言最优，而且对经理人而言也是最优的。股东向经理人支付了高的激励薪酬，但受到激励的经理人的努力工作最终为股东创造了更大的价值。股东在获得的投资回报与支付经理人薪酬的平衡后实现了股东价值最大化。经理人则通过获得高的激励薪酬与努力付出的负效用的平衡，同时实现了经理人效用的最大化。通过经理人薪酬合约的设计达到双赢：股东借助经理人的专业知识创造财富，经理人通过股东提供的事业平台实现自我价值。尽管对经理人的努力是不可证实的，但股东可以设计与企业业绩挂钩的激励合约，使经理人有激励选择高的努力程度。因为，只有通过努力，经理人才可能提高企业绩效,最终使自己获得更高的薪酬,高的企业绩效将给股东带来更大的价值。这样,通过基于霍姆斯特姆等发展的激励相容思想的激励合约设计,长期困扰人类的经理人薪酬合约制定问题迎刃而解了。

保险公司向投保人提供不同的合同选择,投保人根据自己的特征选择合同;厂商用非线性价格区别具有不同需求强度的消费者。合约解决是指当事人依照日常习惯、合作诚意和信誉保证来执行,如果是激励相容的合约安排,当事人一般没有违约的动机。但当遇到不确定性时,或违背合约明显对一方有利时,机会主义行为就有可能发生。特别是违约一方从中获得的收益明显大于违约成本时,就会出现违约的行为和结果。这就需要法院来判决和强制实施。人们通常会做出防范的条款安排,以预防可能的违约情况发生。但人们既有避免违约所带来损失的需要,也有节约交易成本的考虑,需要在二者中做出平衡。所以通常情况是,与陌生人初次打交道,会事前把防范对方可能的各种行为考虑到,尽可能写进合约里。如果双方自觉履约,当然是最经济的,法律途径的解决更多是起到威慑的作用。实际上,即使通过法律途径,高昂的诉讼成本(律师代理费、专业咨询费、取证等各种直接间接费),在诉讼过程中因法官本人的有限理性和知识局限、法律条文的漏洞等原因,甚至出现因各种原因而偏袒一方的执行不公,也使这一履约途径的效率大大受限。

比如,很多公司都需要运输服务合同,条款上会注明,如果按照规定时间送达,需要支付多少钱,如果推迟会扣除多少钱。这是为了给运输公司按时送货的激励。签约方式以试图解决各种情况下遇到的问题。所以合同要尽可能详尽的做出规定。但偶然因素是无法完全预想和预防的。如果把各种可能的因素都写在合同上,其成本会极为高昂,效率也会因交易成本而大大降低,而这种交易成本会减少成交的机会。对合同完成方来说,为了按照合同规定的所有条款及时完成任务,有时会付出很高的成本。比如送货商遇到堵车,而不能及时送达。假如买主能够接受哪怕一天的延期,会大大降低供应商的成本。为了向供应商提供一种只有在确实具有经济价值时才违反合同的激励,大多数合同都允许例外时的延期,同时也会对有意延期者一定的惩罚。这就是一种既不给供货商太大压力,也不让供货商机会主义行为产生的制度安排。但一旦供货商违背了合同,买方需要甄别供货商延迟的理由是困难的。如果给买方造成了损失,需要诉诸法院来解决,法律体系会依照合同,由违约一方支付另一方的经济损失。当然前提是法律的实施一定要公正、有效率,诉讼成本要低才行。但是,无论契约多么完备,多么复杂,总会有含混和意想不到的地方,况且列出所有可能的情形也会因耗时过多而不可能去这样做,且甚至会遇到法律的灰色地带,法律也难以做出公正的裁决。契约是不完全的,而且执行要花费成本,(如果法律效率低下,这个成本更高。典型的,中国有一句古话叫,屈死不告状。)所以合约只能部分地解决守信的问题。

还比如在网上购买了易碎物品,运输过程中,怎么保证快递员在运送过程中能特别留意和保护? 比如在网上购买的节能灯泡。快递员会要求对运输要求高的物品,额外增加运输费,或者快递公司为该物品购买运输险以防万一;快递公司也可以自己想办法,比如在包装的显著位置特别提醒,用坚固的包装材料,填充泡沫,防止碰撞等技术的解决办法。为了保证各个运送阶段都安全,可以利用网络手段,查询和追责。总之,快递公司有充足的激励来解决困难。

供货商有时可能认为,并不值得遵守合同。当合同发生供货商无法控制且对其不利的结果时,可能会提供他违背合同的激励,这时违约发生的概率提高了。当某份合同遭到违背时,另一方通常要向法院起诉,法律体系要保证违背合同的一方向另一方赔偿由此带来的损失。事前通过规定双方的权利与义务,并尽可能对等,还要考虑非人为因素带来的合同难以执行因素,以充分调动双方履约的积极性,合同违约的可能性就大大下降。而且只要双方平等协商,不见得要通过法律来解决纠纷,因为协商成本可能更低,更有效率。因为双方都会明白各自的利益诉求,而法院在解决这样问题时,可能因信息不充分,并不见得有效率,再加上法院程序的规定,可能会耗掉本来可能存在的合作剩余。往往出现虽然官司胜了,并没有从利益上胜出的情况。况且,即使法院判决胜诉,胜诉方要得到利益补偿还要另一方面的积极配合。契约是不完全的,人类的理性无法解决面临的不确定性问题,事态发展人是无法完全预料的,所以与其完善合同,不如建立平等互信,分享合作剩余互利共赢,本身就会激励双方积极地履约。

　　保险公司在制定费率表时,要解决一个重要问题:如何让投保人保险后依然努力将损失的概率和损失降到最低限度,如保险公司希望被保险人总是小心保护自己的汽车、文明驾驶。显然,如果保险公司提供全额保险,这样的目的就难以达到。因为投保人投全额保险后,是否出险对其损失没有影响,所以没有动力采取防护措施。他会想,即使汽车丢失,保险公司如数赔偿;投保后的病人也会习惯享受医疗服务,甚至可以贿赂医生给他多开昂贵药物。投保人的道德风险会使保险公司或政府承担不必要的损失。反过来,如果风险全由个人承担,对于不购买保险者,他们最有积极性来防范风险。如果没有汽车保险,车主会自己安装防盗锁;如果没有投健康保险,个人会注意保重身体,在生病时不会过度增加医疗开支。但没有保险业务,保险公司就没有业务和利润,保险公司也不能因噎废食;另外,没有保险业务,厌恶风险的大众也就无法通过保险来规避风险,因此,潜在的投保人也不愿意看到这样的情况出现。这样就有一对矛盾:保险太少,意味着人们自己承担过多风险,保险太多,又会诱使保险人"制造"出更大的风险。折中的办法就是部分保险,①即让投保人也承担一部分风险损失,让投保人也有激励避免风险的发生。

　　保险公司还可以通过合理的合同设计,运用分离均衡的思想,将两类投保人区分开来,根据两类投保人的偏好不同,保险公

---

　　① 黄亚钧,姜纬.微观经济学教程[M].复旦大学出版社,2004:303.

司为高风险投保人设计保险费率和保险金额都比较高的合同,为低风险投保人设计保险费率和保险金额都较低的合同。让投保者根据自己的风险类型自由选择,保险公司由此甄别投保人的风险类型,以这种方式发现投保人风险类型的个人信息,还可以向其提供附加的保险产品,以获取更大的收益。用不同的合同,有效分离不同投保人,对保险双方显然都有利。如果人们减少风险的努力可以被观察,那么,保险公司就可以通过观察到的信息,根据人们不同的努力程度来规定费率。如,保险公司可根据大楼的防火、灭火设施的完善程度来提供不同的火灾险费率。人寿保险可以通过区分客户的年龄、健康状况、是否抽烟、工作性质等来制定不同的保费率;汽车保险公司可以根据以往出险信息来调整保费率等等。对于不可观察到的信息,保险公司会提供不全额保险,即让客户承担部分风险,或除去非赔偿的部分,让客户有激励去积极行动,防范风险的发生。

2.分成合约与风险分担

张五常对台湾租佃制度的研究发现,这样的契约不会给佃户足够的动机去高效地耕作。考虑到地主在知悉收获情况和佃户工作努力程度方面处于信息劣势地位,耕种收益分享与风险共担契约实际上是令双方满意的解决方法。佃农耕种问题——一种古老的但依旧普遍的合同方式。耕种合同承诺收获应在地主和佃农两者中按确定的份额(通常各半)进行分配。因为地主通常比佃户富有,对于双方来说,让地主承担完全风险似乎有利。1970 年发展起来的信息经济学证明,斯蒂格利茨和张五常的研究发现,当测度农民努力程度的交易费用很高,且生产有不确定性时,会有风险分担和提高激励的两难冲突。当低产量出现时,从分担风险出发,地主不应该对佃户有很大惩罚,但从提供激励考虑,产量不高时地主就应惩罚佃户。而当佃农的工作努力很难测度,生产中的风险很高时,分成地租就是这个两难冲突的最有效折中。因此,在一个自由契约制度中自发产生的分成地租制度是一种有效率的土地制度,也是一种风险分担的契约安排。

最优激励合同理论是莫里斯对信息不对称条件下隐藏行动产生的道德风险问题的求解。他的研究发现,为了使代理人有足够的激励去自动选择有利于委托人的行动(如勤奋工作、采取预防风险发生的行动等),就需要在合同的设计中让代理人也承担一部分结果不确定性的风险,并从这种风险承担中获得相应的补偿。莫里斯在1974年的论文中曾举这样一个例子来说明:设想一个由多个农民组成的经济,每个农民的产量既取决于自己付出的努力,也受制于诸如天气等外在因素。这样,如果每个农民只消费自己生产的粮食,就必须面临饿死这样极大的风险。为了降低风险,可以考虑将全部的粮食放在一起分配,每个农民可以得到彼此平等的一份。这样,每个农民所遭受的外在风险就降低了。但是,这样做的后果可能会诱发道德风险,即导致人们没有干事的积极性。因为当自己的消费与自己生产没有多大关系时,谁会有积极性努力工作呢?为了让每个农民有劳动的积极性,就必须让他承担一定的外在的风险。

莫里斯是这样分析的:委托人和代理人之间的合同本质上就是一种规则或者说是一种函数关系 f,对于每一种结果 x,这一函数关系说明要支付给代理人的补偿费 y,即 $y=f(x)$。这里委托人的选择对象就是补偿规则或函数 f,委托人的目标是在激励相容约束和参与约束条件下选择能给自己带来最大预期效用的补偿规则。参与约束意思是,由于签订合同或契约是一种自愿的行为,委托人必须保证代理人愿意接受这一合同,也就是委托人选择的函数 f,必须使代理人因接受合同而获得的效用至少等于他拒绝这一合同而得到的效用。激励相容约束意思是,一旦签订了合同,在这一合同之下,代理人所选择的行动对他自己来说必定是最优的,代理人的行为和努力程度也会符合委托人利益最大化或有利于委托人目标的实现。这一合同必须使代理人在他所选定的行动上达到边际收益等于边际成本,这叫代理人最优约束(agent optimal constraints)。

这样委托人所面临的问题就转化成一个理论问题:满足两个约束条件并能给委托人带来最大期望效用的合同(或函数关系),由此得出最优激励合同。在信息非对称条件下容易观察到当事人活动的结果,却难以观察到活动本身,因而对当事人支付的报酬就必须以能够观察的结果为依据,由此而产生激励与保险的关系问题,激励与保险是有矛盾的。如果一个人害怕风险,那么最优的风险分担是让他不承担风险而拿一份固定报酬。但这样委托人就没有激励去付出努力。要解决这个问题,让他有积极性努力工作,必须让他承担一定的风险,并从这种风险承担中获得一定的风险补偿。

劳动报酬合同需要考虑下面因素:风险分担。固定租金消除了道德风险,但规避风险的代理人没有得到任何保险;相反,计时工资给予代理人全额保险,但道德风险不可避免。雇主通过监督工人劳动来减少偷懒行为,但这样也给雇主增加了成本。此时分成制成为一种最佳的选择。利润分成就是风险的分担,由于代理人的收益与产量相关,偷懒动机因激励相容的制度设计而大为减少,委托人可省去监督成本,并且在分成制中,规定代理人的固定收入部分,将代理人承受的风险控制在一定限度内。比如郑州市2014 年 7 月一家公司的招聘广告:销售代表待遇:底薪 1700＋提成＋奖金＋补助,预期收入在 3000～5000 元之间;区域经理待遇:底薪 1700＋提成＋奖金＋外出补助,预期收入在 4000～6000元之间;后勤人员待遇:底薪 1500 ＋奖金＋补助,预期收入在2000 元以上;郑州市某科技有限公司招聘网络销售、推广人员的待遇:试用期 1 个月,2000＋提成＋奖金,转正满三个月通过考核后升为主管,其待遇为 2800＋提成＋奖金。工资的固定部分是无风险的,保障基本生活需要,提成是比例分成,奖金是额外的激励,补助是额外劳动的报酬。这样的薪酬设计:无风险加有风险的激励报酬,能够减少雇主的监督成本,但其缺点是代理人不会执照委托人最优的目标努力,代理人的努力程度低于委托人的要求。

我国农村承包制改革前,农民集体劳动,用工分计算报酬,实际上是计时工资制,这样一种激励机制,不可避免会出现出工不出力的偷懒行为。而承包到户,实际上变成了租金制或(固定)分成制的激励制度。农民承包上交国家或集体的产量就是一种租金,承包金额之外的产量归农民,也就是农民拥有剩余索取权,将农民努力与剩余的成果直接相关,解决了激励不相容问题。但这种承包制,也会面临新的问题,即如果出现减产或由自然灾害带来的大面积损失,将风险完全暴露。由于农业脆弱性,农户脆弱性,一定程度上也会影响农业的稳定。这种情况下,可以配套国家或保险公司向农民提供一定补偿和保险的办法,帮助分担风险。

3.2.2　计件工资与计时工资

以内生外部性文献而言,米格龙等人将其发挥用来研究为什么企业内用计时工资,而不用100%的绩效工资。他用张五常的测度费用和不精确测度造成外部性之间的两难冲突的观点做模型,如果完全以绩效定工资,绩效难测度的事就无人做。例如只按学生考试成绩作为确定教师工资的依据,则教师只教对考试有影响的书本知识,不启发学生的创造性思维和培养想象力,这样会使学生变成只能应试的考试机器。

制度安排中有激励强度与各种激励方式的平衡,有效折中一般会以牺牲一定激励强度以达到各种激励的平衡。也就是说,最强的激励不一定是最优的。计时工资必须与合约中的排他条款相结合。排他条款一般是限制雇员兼职(一般西方大学限制教授在其他机构兼职,比如一周只能兼职一天及只能假期兼职)。如无排他条款,以计时工资为主(干好干坏都一样),绩效工资为辅,雇员会将大量精力用于兼职。这种模型可以解释,为什么政府官员是很难拿绩效工资的,因为政府服务的绩效极难测度。所以西方政府官员工资一般不与绩效百分之百挂钩,同时严格禁止官员兼职,做到这一点当然以官员全职工资和福利比其他的职务待遇至少不会差太多为条件。

如果能够确切知道工人的劳动生产率,按照生产每件产品平均耗费的时间折合成件工资率,可以以完成的件数来计工资。这样生产率低、完成数量少的,给低工资报酬,生产率高、完成数量多的,给高工资报酬。工人会努力提高自己的生产效率,根据自己的需要(收入效应:考虑工作带来的报酬、闲暇:替代效应带来的直接效用)来安排工作的时间,完成相应的工作量。存在一个问题是,使其放弃质量单纯追求数量[①]。在产品质量容易控制,单一工作能由个人独立完成或情况下,是比较适合的激励方式。对公司老板来说,工人与老板是激励相容的。省去了监督员工努力的成本,只需要对产品质量把关就行了。

如果工人努力只是产出的一个影响因素,这种情况下,工人努力就会面临产量波动的风险。有可能工人非常努力却产出不好,如传统农业生产时其产出不仅受农民劳动投入的影响,还受天气、种子等因素的影响;销售员推销产品与产品本身的知名度、市场环境、产品竞争激励程度及说不清楚的"运气"成分相关。如果仅以销售业绩计酬,销售员会面临各种风险,收入不稳定、没保障。推销员不大可能有激励开发潜在的顾客,担心前期开发的潜在客户努力,可能成为别的推销员的现实客户而白费,而只是维护成熟的现有客户。

一般来说,工人缺乏承担风险的能力,多是风险厌恶者。工人努力并非与产出成正比的情况下,风险往往由双方分担更合理。这样就难以用计件工资来衡量投入的多少和应得多少报酬。因此,工资的设计中往往还包括基本工资,与劳动成果相关的附加工资。厂商通过给付工人一定量的基础工资,保障工人基本生活。基础工资降低了工人因不确定性带来的风险,但若基础工资设计过高,会降低工人努力的积极性。因此,需要在降低风险和

[①]　地方政府为了完成中央保障房建设的任务,仅仅完成建成的套数,不管配套设施建设,导致入住率低;教师可能迎合学生降低教学难度。

增加激励之间进行权衡。

许多招聘广告中，往往对不同工种的员工进行不同的薪酬制度设计。雇主既会提供一定量的有保证的最低工资和福利，以能在面临运气不佳时，也保证员工生活过得去留在公司，又会根据工人业绩表现给予相应奖励以激励他努力工作。雇主不采用完全计件工资还有一个原因，就是有些劳动成果的质量是难以衡量的，如教师教课是否投入、讲授内容的深入与否、完成教学大纲内容与否、是否认真备课讲课、对学生是否认真负责，是否既传授知识又培养能力，既教书又育人等，是难以监督和衡量的；对工人生产的产品，即使再完善的质量标准，也不可能考虑全面。如果工资仅以计件为依据，工人将会只关心规定的指标，而不关心其余的质量标准。工人可能会使次品率上升、不恰当地使用机器，没有维护设备的积极性。对于流水线或某种产品的生产很难分解到具体的工序，需要团队协作完成，计件工资的办法就没法对单个工人实行具体的实施。还有，在计件工资制下，高技能的熟练工人，不愿意向年轻人传授他们的经验和诀窍，因为这样会影响自己工作的效率（锦标赛时，也同样会出现这种现象）。

基于个人绩效的计时或计件工资合约安排也有其弊端。由于实行个人绩效，会破坏团队协作，员工各自为政，整体反而没效率。霍桑实验发现，工人会有意控制产量，虽然是计件付酬，但是他们知道雇主是靠不住的，如果他们把产量、生产率提高了，资方会把计件的门槛往上调，会产生"棘轮效应"，所以不管资方怎么调高计件工资单价，产量都保持一个水平。"我就这么大本事，就只能干这么多"。

3.2.3　股票期权激励

对经理层的激励如果以产量作为激励依据，经理可能会以产出最大化为目标，而不顾及销售效果和企业利润，也不会有动力去为公司的长远利益谋划，不会为产品品牌价值增值着想，这与企业价值最大化目标相背离。对公司经理和内部员工的激励,可以采用股票期权激励的办法。如员工持股计划,为骨干员工带上"金手铐"。面对持续的减薪潮和其他金融机构的疯狂挖人,员工持股计划恐是银行留住核心员工最大的杀手锏了。而 2014 年出台的《上市公司实施员工持股计划试点指导意见》,更是说明建立股权激励机制已是大势所趋。

股票期权激励分事前的"报酬激励"和事后的"所有权激励"两种。报酬激励是在购买股票之前发挥作用的,如果公司经营业绩好,公司股票价格就能不断上涨,经营者和员工就可以通过行使股票期权计划所赋予的权利(即以预先某个价格购买一定数量股票的权利)而获得可观的利益;反之,如果公司经营业绩变差,股票价格下降,这时经营者和员工就可以放弃行使购买的期权权利,从而不会遭受损失。总之,股票期权向企业的经营者和员工提供了一个没有任何风险的获得机会。假设 5 年前的今天公司推动股票期权计划,每个员工可以未来某一日以每股 5 元的价格买进 10000 股,现在企业股价为每股 10 元,如果员工行权以 5 年前的价格 5 元买进,再按照现在的市场价格 10 元卖出,可以获取差价每股 5 元收益,共获得 50000 元的期权价值。当然如果员工预期企业未来业绩还会更好,可以选择在未来行权,让期权价值进一步升值。但这种机会只有在企业业绩改善的情况下,他们才可以获得真实的收益,如果未来企业业绩变差,比如每股价格变为 3 元,只能放弃行权,股票期权就没有价值了。所以股票期权的报酬激励,是给予企业经理和员工一种获得的可能性。要使可能性变为现实,需要企业经理和员工一起努力。这样,把企业的未来业绩与企业的经营者和员工的利益联系起来,让大家都有努力提高企业未来业绩的期望。

股票期权的所有权激励是在经营者或员工购买了股票之后发挥作用的。一旦他们购买了股票,就处于和普通股民一样的地位了,他们也变成了企业的所有者。作为企业的所有者,他们也希望企业的内在价值增加,股票升值,从中获得收益。股票期权的所有权激励,把企业的内部人与外部人利益协调起来,让企业的短期绩效与企业的长期价值协调起来。对高层管理人员采用股权激励的方法,目的是把对最高管理者的收入与企业自身发展联系起来,也把这些管理者的利益与股东的利益联系在一起。之所以采用股票期权的方法,是因为股票的市场价格能够反映企业经营状况。但这一激励的效果,依赖于诸多条件:市场有大量的投资者(而不是短期的投机者),能够依据企业现在业绩与未来发展趋势进行投资选择,企业市场价值充分被反映在价格上。但实际上,股票市场并不是完全有效的,除了野蛮人能够操纵某些股票价格外,在一定程度上企业最高管理者也能操纵企业的财务报告,进而在短期操纵企业股价(为了把股权套现),至少在一定时期可以做到。对于企业最高管理者约束,是让他们像最初设想的那样,为改进企业的经营业绩而努力,防止经营者通过拉升股价的冲动,可以规定行使股票期权只能在管理者将要退休之时。

有些行业或部门劳动的质量难以度量,如在服务行业,提供服务的人数容易度量,但要衡量提供的有关服务是否合适,顾客是否得到尊重等却很难得到可靠的统计数据。在这种情况下,在所有混合了易于度量和难以度量任务的职业中,会产生如下问题:如果收入与业绩中易于度量的方面都紧密挂起钩来,当难以度量方面花费的代价太大或对其度量难以做到精确或有噪音干扰时,对收入水平的确定就会造成风险,也就意味着此时的大量风险会无效率地落到雇员身上。这就需要其他的激励措施,对容易做的直接进行激励,对因外部因素影响其绩效和难以衡量与监督的,可求助于职业自豪感来解决。[①] 如何弥补难以监督劳动下代理人的努力风险呢?可以以信誉、锦标赛、内在激励等办法配合解决。

---

① 克雷普斯著;赵英军译.管理者微观经济学[M].中国人民大学出版社,2006:375.

3.3　信誉机制

　　建立信誉机制是市场解决信息不完全和不对称问题的另外一个办法。在市场不规范时,如果没有其他约束机制,市场上会充斥大量的假冒伪劣商品,甚至不断地产生逆向淘汰。当消费者无法区分好坏产品时,好企业的好产品也无法把自己区分时,可能为了增加利润,生产一些低成本的劣质产品,来以次充好。这就出现逆向选择时的情况,低质量产品必然导致低价格,低价格时,企业也不愿意提供高质量产品。好在市场本身也存在诸多的约束因素,现实的市场能够发明出来一些对付逆向选择的办法。其中信誉就是一种区分高质量产品的办法。信誉是消费者对企业产品的主观评价,是企业在消费者心目中的形象。良好的信誉是企业靠真实可靠的产品质量和服务,长期树立起来的受消费者认可并自愿宣传的好的口碑。消费者根据自己的亲身消费体验,对某企业生产和销售的产品做出评价,以此作为决定未来是否再次购买的依据。

　　在契约自动实施中,声誉起着很大的作用。签约双方,不仅要考虑当前的交易,还要关注未来的重复交易;不仅考虑缔约方的利益,还要考虑未来可能对自己产生影响的交易对手的态度;不仅考虑当前的交易方,还要考虑扩展交易。当买卖双方或其他形式的合作双方,关系相对固定时,双方都会重视信誉带来的未来价值,信誉机制比较容易建立。在一个重复的交易关系中,一个人的行为是可以影响他人未来的选择的,别人可以从他的行动中判断他履约的能力,了解他的信誉情况,并由此决定合作与否。企业如果选择欺骗,他可能会永远失去这个客户,甚至因此失去更多的消费者。反之,如果是一次性、流动性地买卖,交易结束后,预期不再合作,销售者就没有动力去建立信誉。但对于连锁企业,你去其中一个网点消费,比如去一家小餐馆吃饭,你不知道他家的味道质量怎么样,企业会向你提供信誉保证的信息,由于每家分店的信誉由全部连锁企业维护和保证,你就可放心许多。企业通过这种"标准化"的产品和服务,使市场在一些一次性买卖的场合也可以建立起信誉机制。现在网络的发达,信息传递速度很快,加上未来的交易者也在不断关注企业及商品的信息。信誉差的企业会因客户的差评影响未来的订单。正所谓"好事不出门,坏事传千里"。一个注重未来的企业,一定深知和重视信誉的价值。这无形中就是对企业的一个约束,成为其违约成本的一部分。

信誉是一种保证,对企业来说,信誉本身也是企业的价值,也是企业的竞争力。所谓的品牌效应,就是企业信誉如产品质量、售后服务等长期积累的结果,人们之所以更容易相信品牌的商品,愿意为此多付更高的价格,就是因为人们相信品牌的信誉。如果品牌企业信誉不佳,其公司将会因此而失去客户,遭受损失。而对于没有品牌的企业,自然也没有品牌的价值,如果信誉不佳,可以换一个商标或更换一个企业名称,没有太大的损失。企业凭借自己的信誉,可以获得超额的利润回报,因为信誉本身就是产品差别。拥有信誉的企业因为有自己的忠诚客户,在消费者眼中信誉的不同,实际上也就是一种产品差别。忠诚客户愿意为自己独特的信誉品质支付更高的价格,企业面临的需求曲线弹性变小,企业才可以定超过其边际成本的价格。信誉就像垄断竞争市场结构中企业的产品差别,在信誉发挥作用的市场中,竞争不会导致价格的明显下降。因为价格"过低",厂商就没有维持其信誉的激励。消费者是清楚这一点的,他们会预期低价出售的商品(除非换季或其他消费者可以甄别的原因)是低质量的。这就是为什么降低价格未必会给厂商带来更多顾客的原因。即使那些(一开始就)有着良好信誉的公司,也不太可能把削价作为一种成功的长期战略。①

---

① [美]约瑟夫·斯蒂格利茨,卡尔·沃尔什.经济学(第四版)(上)[M].中国人民大学出版社,2013:347.

　　知名品牌和信誉也会成为其他企业进入的障碍,限制其他企业的竞争。让消费者在已经拥有良好信誉的产品和一个新产品之间进行选择,在相同价格下,消费者更愿意购买用过的或有信誉的产品,而不会选择没有"质量保证"的新产品,因为信誉好的商品意味着质量高,信誉差的商品意味着质量低,差的信誉意味着购买要冒一定的"风险"。对新进入者来说,只能靠价格优势来赢得消费者,或者附加非常优越的保修(或保障)条件。在某些情况下,新进入者为了打入市场,不惜免费赠送产品让顾客体验,付出比在位的有信誉的企业更高的成本,也不一定能取得竞争优势。当然,如果在位的企业是信誉不佳的垄断者,一旦放开竞争,其市场将会为新进入者分割。

　　信誉不仅是一种可信的保证,还是企业的一种无形资产。厂商的信誉受到损害,必定会影响他的产品销售、利润和长远发展。所以知名的企业更关心他的品牌价值,更愿意讲信誉。信誉的投入是一种沉淀成本:如果厂商换了品牌,企业价值中信誉的投资就不复存在了。厂商有激励不断通过维护和提高企业信誉,获取因品牌价值带来的源源不断的利益。信誉的建立不是一朝一夕的,但信誉可能会毁于一旦。比如"三鹿"奶粉企业因产品严重做假,一夜间失去了全部市场。信誉机制起到了分离市场的作用,把混乱的市场变得清晰起来。高质高价,才会获得更多的利润,激励目标高远的企业注重信誉和品牌的价值,注重维护自己的信誉。

3.4　锦标赛

3.4.1　基于相对绩效的激励

　　锦标赛,也叫标尺竞争(yardstick competition),是根据相对绩效排序,而不是绝对业绩进行激励的一种方法。拉泽尔(Lazear)罗森(Rosen)的锦标赛理论,美国经济学家施莱弗(Andre Sheifer)阐明了标尺竞争的制度,即通过一个代理人的实际绩效与类似条件下其他代理人的平均绩效(标尺)之间的比较,来确定该代理人的努力程度。[①]

员工的业绩除受个人努力影响外,还会受外部环境因素的影响;一个经理的经营业绩受自己努力的影响,还受整个行业景气状况的影响。同行业不同企业经理的经营业绩除了受到自己的努力水平和特有禀赋的外生因素影响外,也受到该行业某些共同因素的影响。其他企业的产出也可能包含有关该企业努力水平的有价值的信息。一个经理或工人的业绩变差,可能是由于自身不努力的原因,也可能是由于外部环境因素的影响。但如果其他同行业类似企业的利润也很低,那么就更可能是由于共同的外部原因引起的;相反,如果其他企业利润普遍较高,则该企业的利润低,更可能是由于经理自己不努力的原因。同样的道理,工人的业绩可以参照同工种其他员工的横向业绩做比较。此时,通过把其他企业的利润指标引入对该企业经理的评价,这种激励,可以剔除外部不确定性因素的影响,使经理的工资与其个人的努力有更加直接的相关关系,可以调动其努力工作的积极性。因此,处于类似经营环境的企业经理的工资,不仅依赖于本企业的利润,更需要参照可比企业的利润。[②] 锦标赛就是依据这样的思想,进行的一种激励设计。由于委托人往往难以确切了解代理人真实的业绩变化,需要从排名中了解代理人的业绩变化,而且锦标赛激励还可以促进员工内部的竞争,所以锦标赛是比较常见的,运用较广泛的激励方法。

经济学家分析了存在多个风险厌恶的代理人的模型。模型假定,每个代理人的业绩不仅取决于他自己的努力,还受总体经

---

① A. Shleifer. 1985. "A Theory of Yardstick Competition."[J]. The Rand Journal of Economics, Vol. 16, No. 3, pp. 319—327.

② 董保民. 信息经济学讲义[M]. 中国人民大学出版社, 2005:176.

济状况影响。这种情况下,委托人有两种形式的激励工资报酬安排:一是提供给每个人一个独立的合同;二是委托人比较所有代理人业绩,并给业绩最好的最突出的员工以额外的奖励,这叫横向竞争(horizontal competition)。那么这样做是不是就能起到很好的激励效果呢?研究发现,它取决于总体随机因素的方差和个体随机因素方差的大小。如果个体随机因素方差小于总体随机因素的方差,横向竞争的激励效果较好;反之,如果个体随机因素方差大于总体随机因素的方差,单个激励合同的效果相对要好些。

　　试想,如果个体随机因素方差小于总体随机因素的方差,代理人会严重受外部因素影响,面临较大风险。于是,代理人就会要求较高的风险补偿。这时,横向竞争的做法会大大降低该种情况下面临的问题。这时候,虽然员工业绩差异因外部因素影响变大,但委托人可以根据代理人的业绩排名,来判断其相对业绩的好坏。由于绝对业绩极差的情况(比如农业在干旱天气下、蝗灾情况下的极低产量),更可能是外部因素引起的,所以不用员工"承担"这个差异。但面临同样外部因素情况下,个体业绩总还有影响,可以体现在排序上。特别是,长期的观察能够体现出个体差异对业绩带来的影响。这种横向竞争的好处是,一方面可以过滤掉因外部因素(如经济波动、天气变化)带来的不确定性,另一方面也会体现出雇主对个体努力对业绩影响的认可。比如,班级成绩的评比,每次考试因试卷难度不同,成绩会有波动,这体现在平均成绩和成绩的方差上,但仍然可以根据学生的成绩排名,来区分学习程度不同的学生,因为难度对所有同学是平等的,学习水平仍然是影响成绩差异的因素。钱伟长有一次给学生考试,结果发现学生整体成绩偏低,不及格率很高,他发现试题出的偏难了。他想了一个办法,用原始成绩的开方再乘以 10 来重新定学生成绩。这样,49 分就可以变成 70 分,36 分就可以及格了。

　　作为家长不能根据自己孩子成绩的变化,来简单地判断学生是进步了还是退步。还要通过在班级排名变化的信息,做出成绩变化的判断,比较可靠。横向竞争合同给代理人带来的风险较小,从而不需要额外的风险补偿,也降低了代理费用。相反,如果个体随机因素方差大于总体随机因素的方差,横向竞争合同就不适宜。此时,个体作用的因素,产生的结果不确定,如果根据排名来决定优劣,个体面临的风险变大(就像撞大运),由此带来的风险都让代理人承担,需要委托人给予补偿,这样代理成本就会增加。

设想一个由多个农民组成的经济,每个农民的产量既取决于自己的努力,也取决于外生的因素(如天气),即所谓"谋事在人,成事在天"。这样,如果每个农民只消费自己生产的粮食,都会面临极大的风险(灾荒时甚至饿死)。为了降低风险,可以考虑将全部的粮食放在一起分配,每个农民都得到平等的一份,这样,每个农民所遭受的风险就降低了(假定每个农民面临的风险不是完全相关的,像四川的天气与广东的天气不一样,四川有灾情,可能广东没有,这样两省农民的风险会降低)。但是,这样做的后果可能是,为降低"成事在天"的风险,而导致人们没有谋事的积极性,因为当自己的消费与自己的生产没有多大关系时,谁会去努力工作呢? 因而,为了让每个农民有谋事的积极性,就必须让他承担相当的"成事在天"的风险。怎么让他承担"成事在天"的风险,需要联系业绩(绝对业绩和相对业绩)的报酬安排,就是风险分担,而收益分享相当于对应承担风险的补偿。这种基于相对绩效的激励机制在企业和组织中广泛使用。比如,流动红旗、篮球比赛、末位淘汰、成绩排名等都是非常常见的锦标赛激励。[①] 当被激励者分散决策,业绩与个体(小组)努力紧密相关且容易分别衡量时,采取该种激励办法,利用员工的内部竞争,调动员工个体(小组)的积极性,发挥最大潜能。基于相对绩效的报酬设计,可以在不

---

① 锦标赛的核心特征在于参赛者(或观看比赛的观众)更关心竞赛结果中的位次,而不是绝对成绩。对于委托人来说,运用这种激励机制可以让代理人之间展开充分的竞争。某种程度上这样做会揭示其隐藏行动,减少道德风险。委托人还可以在不增加总支出情况下,通过拉开各名次间的报酬差距,来实现代理人的内部竞争。

增加对激励者总体支出情况下,通过内部奖金的再分配,达到激励每一个员工的目标。

当指标有限,而需要大家去争取,或规定一定的淘汰率,而且每个人机会均等时,内部竞争就会很激烈。当别无它选时,这种竞争会能使人的短期最大潜力挖掘出来,甚至努力过度,产生不利于企业长期利益的结果(精英阶层的过劳死)。当激励强度过大时,员工甚至不惜作假、损人利己、破坏团结、行为目标短期化,也可能产生策略行为、内部串通轮流当第一、合谋均减少竞争等,也可能会产生企业或组织内部的腐败,这些行为的出现,不利于企业或组织长远目标、长期发展的结果,这是雇主不愿意看到的。所以,使用这样的激励也要注意一些前提:这种竞争的目的要遵循事物发展的内在规律,有一定的竞争秩序,不能被竞争者合谋应对等。如果这种激励违背事物发展的内在规律,会过度透支竞争者的潜力,如体育的竞技比赛,运动员在激烈的竞争中,只有做极限训练、极限发挥,才有可能获得最终的胜利,这就会使运动员的身体因超强度训练而受到长期伤害。如果一开始激励的目的是为了达到锻炼身体的目的,这种激励可能会适得其反。所以不能以在奥运会上获得奖牌的数目作为简单地判断是否是体育强国的标准(如果服用兴奋剂,就更无意义了)。新中国成立初期,我国政府为了增强国民体质,开展全国性的爱国卫生运动,宣传全民参与,以提高国民素质而不是竞技为目的,也收到了很好的效果。现在我国在竞技体育项目上已经成为"体育强国",但国民的体质并没有同步提高,值得思考。近年来屡见不鲜的中小学生、大学生体质体能下降,一些疾病的年轻化趋势就反映了这个问题。

最好的歌手可能并不比第二名好很多,由于激励设计上把第一名与第二名的报酬有意拉大,既为了获得更多的报酬,也可能是为了唱得比第二名更好的愿望激励着。但第一名只有一个,大家为了争夺第一名进行激烈的竞争,甚至付出的成本超过其收益,从竞争第一名的选手总的付出来看,一定会超过只能由一个人获得的奖励(第一名与第二名的报酬差距)。以销售员的销售业绩为例,许多因素影响到销售额水平。这些因素有产品质量、总体经济状况、竞争对手推销的努力程度等。如果推销员没有销售出去多少产品,可能是因为产品质量有问题或是经济衰退原因,也可能是销售对手在削价。但是,如果是这些因素造成了业绩不佳的话,在同一企业工作的其他销售员的业绩也不会太好。所以,某一推销员工作努力最有力的证据是同一企业里其他的推销员的业绩不佳,而他却一枝独秀,或者他不努力的证据是,其他人的业绩很好,而他的却一塌糊涂。通过对同一时间段内和其他人业绩的比较,一个拥有多名推销人员的企业可以更好地评价员工的业绩,企业可以采用这种比较性评价的方法。企业可以付给推销员底薪,但只奖励一定时期最好的推销员,或只对前10%或前几名的员工进行奖励。只把奖励与纯粹的排名挂钩的激励方法,就是采用的锦标赛激励(tournament incentive schemes)。锦标赛激励消除了共同的外部影响因素,能够显示个人努力所起的作用。

相对于把报酬与个人业绩挂钩的方法,企业对员工的锦标赛激励,结合绝对和相对业绩的付酬方式。这样个人可降低面临的带有共性的"系统性"风险,减少努力的不确定因素。但锦标赛也会产生一些负面的问题,由于该种激励方式主要看业绩排序,相当于员工之间进行内部排名的竞争。可能会出现两种极端的情况:一是大家合谋共同对付企业管理者,大家都降低努力程度,或者选择轮流"坐庄",共同获得偷懒的收益;体坛丑闻报道出来的表演赛,球员的策略行为,使锦标赛激励被消解。二是导致企业内员工间的恶性竞争。如推销员可能会花一些精力损害对手的工作业绩,或排斥合作与分享。控制这两种极端的情况出现的标准做法是对进行比较的集合中的雇员实行隔离,以及在每一竞赛集体中加入较多成员。第一种方法以隔绝交流,防止合谋;第二种方法使达成一致的合谋变得更难。另一种控制这些问题的做法是,企业选择与外部其他企业的雇员业绩进行比较。企业 A 与企业 B、C 的推销员进行合谋的可能性很小,因为这样的合谋,除了参与合谋的人变多之外,他们进行谈判、商讨的条件限制会更多。当然以其他企业的雇员业绩进行比较这种方法,要求两类企业及员工具有可比性。如果对销售同一种产品的两名雇员的销售结果进行比较的话,能比较的控制变量为企业产品的质量,对手的定价和企业生产产品在公众中的声誉。而当把企业 A 的销售额与企业 B、C 取得的成绩进行比较时,有更多因素(质量、声誉、价格)参与到影响销售额水平中来,难以进行变量的控制,从而使不同企业间员工努力带来的业绩进行比较的风险又增加了。

锦标赛还有一些其他不利作用,如员工发现前几名业绩优秀的员工带有天然的优势或异常的突出,团队中其他成员只能望其项背,这样的锦标赛既不能很好地激励这些优异的员工,也会挫伤落后员工的努力积极性。通常来说,锦标赛激励的有效性受到激励强度和可能性两方面的影响,而薪酬差距的积极作用也是以员工可以通过付出更多努力而获得更高薪酬为前提的。如果晋升到更高层级的可能性很小,即使不同层级之间的薪酬差距很大,可能还是难以起到任何激励作用。所以,若要让锦标赛激励效果比较理想的话,需要让同质员工(员工自身素质相差不大),在同一起跑线上竞争,就像同一重量级的举重比赛,或同一年龄组、同性别的径赛。让奖励或收入差别,尽可能体现为其努力程度(包括方法)差异带来的业绩差别。

3.4.2　职位晋升激励

职位晋升激励是指在公司内部模拟劳动力市场,设置工作阶梯,员工的报酬与他目前承担的岗位紧密相关。即使在目前阶梯上业绩很突出,其报酬也不会比上一级阶梯职位的报酬高。他要想得到更高报酬,就得升入更高一级职位。当然在更高一级职位上,报酬与责任也是对应的。每个员工一开始都是从最低一级干起,业绩不优秀的无法升入更高一级职位,不胜任、偷懒的甚至被要求离开，或降到下一级岗位。由于员工的报酬与他承担的岗位责任相关，他想提高报酬，就要努力达到更高一级职位的要求，而升入上一级阶梯的职位数量小于目前的职位数量，本职位阶梯的员工就有内部竞争，员工在原有岗位上工作的努力不能增加报酬，使企业获得员工努力的额外好处——准租金，给员工增加"星"的办法来积累升级的资本。员工很在意自己获得的星数，公司根据同级员工的星数排序，来决定谁有资格晋升到更高一级职位。如果只考核业绩这一个方面的能力，可能容易挫伤有其他才能员工的积极性。现实中员工的特征是多维的，如性格、气质、沟通能力、分析能力、表达能力、协调能力、谈判能力等，公司内部的工作类型很复杂很精细，相应也需要多种类型的员工，公司可以通过设置更多的职位类型与之相适应。

公司内部设置更多的职位类型更多的内部等级。让同类型的员工展开内部竞争，可以让更多的人发挥其优势、激励其努力，把更高级职位的高报酬、津贴作为晋升高级职位的激励。职位阶梯实际上是淘汰锦标赛，赢得升级的员工，不但直接获得更高的报酬（薪水和其他好处），还获得晋升下一个更高职位的机会。残酷的现实是，他进入的职位越高，剩余可以晋升的机会越少，岗位是金字塔形的。其他情况不变，这会降低对他的激励，因为随着进入的职位越来越高，他获得额外报酬的机会就越来越少了。这就意味着，为了让其有足够激励，晋升下一级职业的直接的货币报酬差距也必须更高。一旦他晋级到 CEO，就不会再有更高一级晋升的机会，也没有额外的奖励，因此竞争最后一级岗位的报酬差别也最大。有研究证实了这一点。该研究考察了五级岗位，从部门经理到 CEO，来自美国不同行业的 300 多个大型公司的样本显示，部门经理月报酬（工资加奖金）的平均数是 21000 美元（1967 年的美元价格），下一级是 37000 美元，第三级是 43000 美元，第四级是 60000 美元，最高级 CEO 是 130000 美元。各级差距分别是 16000 美元，6000 美元，17000 美元，70000 美元。各级报酬差距先缩小，再扩大，第二级与第三级报酬差距最小，而最高级与它的下一级报酬差距明显最大。[①]

职位晋升是一种很重要的激励机制，它不仅意味着收入的增加，更意味着是社会地位的提高。在"官本位"思想深入人心的中国文化里，社会地位的高低往往是评价一个人成功与否的重要标志，所以，较之薪酬激励，晋升激励更能够将员工的积极性调动起来，这就意味着企业在设计激励合约时，有必要对职位晋升给予足够的重视。但职位晋升不可避免地也带有锦标赛的缺点，由于职位是有限的，在锦标赛的竞争压力下，实力相当者往往把对方看做是竞争的"敌人"，他们之间更不易合作，这会影响双方技艺的交流与共同的进步；一般地，锦标赛下的竞争会导致重量不重质，竞争的同质化不利于创新和提高；重视近期利益而不重视远期利益，把精力倾注在短、频、快的项目上等弊端。为了避开成员内部竞争产生的不利影响（减少合作、互相拆台、不加交流等），可以配合以团队激励，让激励与团队绩效挂钩，团队激励既有锦标赛的优点，又可以避免团队成员之间的不合作。

3.5　效率工资

如果努力与产出是简单的正向关系，则以业绩作为考核标准是激励相容的；如果工作努力程度容易监督，则利用负向激励——惩罚是有效的。但持续的监督成本往往太高，以至于难以执行下去。为了节省监督成本，会采用事后的抽查方式，如审计、巡视制度；为了避免被监督者或被抽查者的应对，往往采取定时或不定时，规律或不规律的抽查，甚至用杀回马枪的方式来增加威慑力和不可预测性。还有一种措施就是不监督。虽然不监督，假定对方一直是守信的，一旦发现对方不守信，就采取严厉的惩

---

① Richard A. Lambert, David F. Larcker, and Keith Weigelt. 1989. "Tournaments and the Structure of Organizational Incentives, draft". The Wharton School, University of Pennsylvania.

罚措施,如解除合同关系,这种针锋相对的严厉措施,会对不守约者起到威慑的作用。如博弈论里,为了维持长期合作,提前告知对方,如果发现对方一次不合作,会采取一直不合作下去的策略。用在工资理论中叫效率工资理论。这种严厉的惩罚措施,让工人失去一份在市场上再难以找到的同样高工资或好福利的工作。如果因为工人偷懒被解雇,工人就再也无法赚得目前的高工资,那么高于市场平均工资部分的现值会足以让工人珍惜它和目前的工作机会。[①]

假定市场平均工资为 w_e ,企业开出的工资为 w_h 且 $w_h > w_e$,假若,工人还有剩余工作年限 n 年,则 $\sum_{j=k}^{n+k} \frac{(w_h - w_e)}{(1+i)^j}$ 为工人一旦被发现偷懒或违约被解雇时的损失。效率工资高出市场平均工资越多,剩余工作年限越长,"惩罚"就会越重。对于那些无论监督与否都努力工作的工人给予很高的工资回报,是向他们提供持续努力工作的激励。这种内在的强激励,使他们"不需扬鞭自奋蹄"。节约了厂商的监督支出。当然还有其他给出高工资的

---

① 恩斯特·费尔和西蒙·加士德曾经做过实验,他们使用一个很普通的游戏,来检验实验对象的合作行为和相互之间的信任。实验对象有机会将一些钱放进"储钱罐",这样钱就会增加,然后,再同集体中的其他人分罐中的钱。如果每个人都合作,则对整体集体来说,收益最大。但是,人又有自利的机会主义倾向,如果其他人都把钱放入罐中(钱增加了再被分掉),而自己只考虑自己利益(不放钱),我就会得到对我而言最好的结果。

关于这类游戏,有一个标准观点:实验对象开始玩这类游戏时会有某种程度的合作,但是,如果重复地玩这个游戏,他们会逐渐认识到某些玩家会选择作弊。多次重复后,越来越多的人选择作弊,这一结果很容易预测和理解。但是,费尔和加士德想了个主意,他们对游戏规则稍做改动,以确定如果玩家能够惩罚那些不合作者,将会发生什么结果。他们猜测,实验对象会采取惩罚行动,即便这样做不得不付出代价。而他们发现的结果也确实如此:实验对象愿意惩罚那些自私的人,即使个人需要为实施惩罚承担一定的成本。有趣的是,他们还发现,惩罚的可能性会极大地减少不合作行为,即便多次重复玩这个游戏,许多玩家仍然会将钱放入储钱罐中。一种解释认为,实验对象为什么愿意实施惩罚措施,是因为他们关心公平问题。当其他实验对象自私时,他们会愤怒。(乔治·阿克洛夫,罗伯特·希勒.黄世强;徐卫宁,金岚译.动物精神[M].中信出版社,2012:23-24.)

解释,如减少员工的跳槽,增加员工对企业的认同感、归属感、增强员工的凝聚力、向心力。一方面,容易形成团队文化,增强员工间的协作;另一方面,还可以提高员工的生产效率,减少因员工流动造成的培训支出。对员工来说,可以避免因工作流动带来的人力资本专用性损失。现代经济学把这种愿意支付高工资以提高净生产率的理论叫做效率工资理论。效率工资理论还可以解释其他工资差别。为了让工人自愿地保护生产设备,如有些仪器设备非常昂贵,可以给付工人高工资激励,以减少对设备的损毁(工人按错一个按钮可能就会造成机器仪器的报废),提高维护生产设备的积极性,实现更好的人机配合,也能够提高生产效率。这些"信任工资"或许可以解释,为什么在资本密集的行业,具有类似技能的工人,其工资要高于劳动密集型的企业;也能够解释,为什么被委托照管大量现金的财务人员工资会更高。不是由于他们值得信任才支付高工资,而更可能是为了让他们珍惜高工资使自己更加值得信任,失去高工资的威胁,降低了他们的机会主义行为,提高了他们守信诚实积极性。

效率工作制度,满足激励相容,员工选择不偷懒是最优策略,这样对企业主也有利,节省了监督成本和因为员工频繁跳槽产生的额外培训费用。相反,行政命令情况下,无法监督员工真实的付出,往往容易导致员工偷懒行为。

3.6　团队激励

日本一桥大学一位经济学家做的一项针对日本的实证研究,对销售人员的计件激励方式,在日本却没有起到改善员工绩效的作用。一个原因可能在于,西方的激励理论没有考虑到日本企业普遍存在的内部雇用和强调团队合作的倾向集体主义的企业文化。用锦标赛排名的办法来激励员工,非得在员工之间分个排名的高下,可能在奖励第一名的同学,挫伤第二名的积极性。特别需要团队合作互助才能完成某种任务的情况下,员工间精确的绩效分配虽然可以调动个人努力积极性,但对员工内部的配合和合作反而是不利的。有许多工作不是员工单独完成的,需要员工间的合作。团队激励经常被采用,比如辨认赛、智力竞赛,一些集体的体育项目:排球、篮球、足球等,还有销售、小组为单位的生产、科研。有两方面原因:

一是对生产过程的度量除了团队性产出结果外,没有更好的办法可以衡量。如在一条流水线上工作的成员,任何个人的工作都是具体的、细化的,没人能够影响整体产出水平,由于努力程度大小、工作快慢最容易被发现,内部不需要监督。

二是如果按单个员工的产量来确定收入,雇员可能会只关心自己的产出,而不关心其他人如何做。在雇员之间相互帮助,有助于提高总产出水平的情况下,对提供帮助者给予奖励。把收入与团队产出水平联系起来有助于团队内总的协作。

假设小组中单个代理人的行为是无法被观察,无法被分解的,从而无法进行下一层次的激励,只能对所在小组统一计成绩。这就需要克服成员中的搭便车问题(本书专门有讨论)。委托人需要设计合同,以小组为单位,促使每个代理人努力工作。全组共荣辱,组内无待遇差别,组间根据绝对或相对业绩,差别待遇。根据奥尔森的集体行动逻辑,一般地,如果小组成员少,容易互相监督和效仿,搭便车问题容易克服,如果小组成员众多,很可能带来吃"大锅饭"的问题。此外,还与团队文化有关。如果团队意识强,成员素质高,大家更看重自己的声誉,更注重长期的收益,机会主义就不严重,合作意识就强。就拿经济学讲消费理论时,以家庭为最小的消费单位,农村联产承包时,也是以家庭为最小的生产单位一样,因为家庭内部成员利益高度一致,以亲情为纽带,不计较内部得失,而关心家庭利益。委托人一般根据成员类型分组,也可以让其自由结合(如果专业技术要求不高)。以自愿结合形成的小组,更可能有相似的偏好(物以类聚,人以群分),更能做出一致的行动。如果成员有个别人表现不佳,再重新组合时,这种人就不被接纳,对他也是一种惩罚。

　　笔者逛商场,上午在一家柜台上相中一双鞋,经过充分的谈判,与对方达成了交易价格,但没有马上成交。下午顺利地以上午谈成的价格成交(虽然售货员换班了)。问售货员:"交易过程中的服务主要是上午的售货员做的,如果记销售业绩,反而会记到你的名下,这样怎么激励上午的员工努力做好销售服务?"对方回答我,他们是记在上下午值班的四名员工名下,即以一个销售小组为统一计酬的最小单位。她们是作为一个销售团队,成员内部是平均分配,这样销售过程中就是协作(合作)而不是竞争的关系。团队内成员获得的奖金数额与工作组的业绩相关。

　　如果团队成员配合默契,对团队目标高度认可,则靠引入员工间竞争的激励机制,竞争机制的效果就被弱化。比如一个实验团队,大家为探索科学真理而凝聚在一起,对物质利益不会那么敏感(在意)。与员工之间没有协作关系的情况相比,经验丰富的成员会主动带经验不足的新成员,效率低的员工会向效率高的员工学习,彼此可以无保留地分享经验,以提高整体团队效率。当然,团队激励也有其局限性。团队激励的主要负面影响是如何避免"搭便车"现象,特别是团队规模过大时,因为每个人的努力对最终结果带来收益的影响较小,而自己承担全部努力的成本,这样的话,个人利益与团队利益就不兼容。员工间随着人数的增加,互相之间搭便车的可能性也会变大。这时需要把任务具体到更小的团队,同时进行适当的内部分工。如果员工之间关系陌生,工作独立进行而不受影响,这种情况下,以团队激励效果就可能不如计时或计件工资的报酬安排效果好了。

3.7 目标任务激励

3.7.1 目标任务的分解与激励相容问题

还有一种情况,由于代理人努力的结果是不确定的,为了拿到最终的分成而不被罚,当距离规定的绩效要求很近时,宁可制造伪销售业绩,也会完成销售业绩目标。比如销售者为了完成某种商品的销售,或者银行员工为了达到吸收存款目标,他们可能会自掏腰包来实现(把未销售完的商品自己买下来,用自己的钱存到银行里去,当然这取决于这样做收益与成本的比较)。这种预设最低目标的激励,相当于管理者把总任务分摊到员工头上。只有达到预设目标,代理人才能得到相应奖励。这样的报酬设计就不是线性激励安排,而是离散的分段激励安排。由于员工努力面临的结果仍然是不确定的,风险也随之增加。这种情况下,代理人就会把完成规定的目标当成工作的目标,超过规定的任务,再努力的积极性就大大减弱。

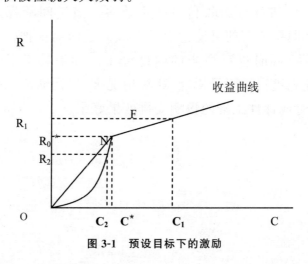

图 3-1 预设目标下的激励

如图 3-1 所示，ONF 为代理人的收益曲线，预设的最低目标为 C^*，当完成此目标时，可以拿到 R_0^* 的收益，如果完不成，则收益为零。超过此目标时，按照 NF 的斜率获取额外的回报。也就是说，如果代理人有把握完成 C^* 目标，又假如该目标是他努力有可能达到的，他超过此目标时，由于边际成本快速上升，再增加努力带来的收益反而较低，他会选择最优 N 点的业绩报酬组合。离该 C^* 的目标越近，渴望达到它的欲望越强烈。而如果通过努力发现仍无法完成该目标，其失望也会愈强烈；若发现努力后仍然离该目标较远，比如接近 0，会干脆不再努力，这时也接近零回报，损失（沉没成本）反而比前者小。

这样的激励目标设计就不是有效率的。可以分三种情况讨论，假设有三类员工，完成任务情况分别是：（1）离该目标较远；（2）接近目标；（3）超过目标。对第一类员工，最优选择是放弃目标；第二类员工，最希望也会试图去达到目标。如把剩余没有完成的销售任务自己买下来；当然，如果找不到办法，只能接受现实，相当于承受努力的沉没成本的惩罚。这类人的状况显然还不如第一类人，这样的激励制度安排，让他承受的是挑战失败受挫的压力。其实这类人更应该激励，让其潜力得以发挥。但这样的激励制度安排的结果，使他受到的打击最大。对于第三类人，当知道自己确定性地达到目标时，就会选择不再继续努力。如果他觉得完成任务很轻松，或他的能力突出，他会在其边际收益等于边际成本处停止继续努力。这样，也可以以超出该目标的大小，作为判断其能力类型的依据：超过目标 C^* 越多，其能力越强。

对第二类员工，如果给以照顾，可以把他与第一类分离出来；若严格执行契约，这部分人就与第一类形成混同均衡。一个变通的办法，如图 3-1 中曲线所示，结合他努力的边际成本，获取报酬的比例小于完成任务的比例（ON 为完成任务的比例，它下面的曲线为获取报酬的比例）。当达到 C_2 时，获取 R_2 的收益，这样前两类人，都有激励去为达到目标而努力。虽然一开始的激励是弱的，但是不会有沉没成本的惩罚，这样的制度设计就是帕累托改进的。虽然前两类人没有完成规定的任务,但如果增加第三类人努力的边际收益,可以通过第三类人的业绩来弥补前两类员工没有完成的任务,实现总的目标。对第三类的边际刺激需要多高,可以根据需要他达到的目标和他的能力来决定。

这样的制度安排,对前两类人来说,是负向的激励,给他们更多的受惩罚的体验。最容易退出的就是第一类人。对第三类人虽是正向激励,但因为边际激励收益偏低,其最优的努力也远没有发挥出来,除非他对做这件事情本身感兴趣,或能力超强,而这种情况显然是较少见的。

3.7.2 无弹性非线性目标激励

人们一般不能接受业绩上升报酬反而下降的反常报酬安排,更愿意接受规则简明而又合乎情理的报酬安排。激励相容也就是设法让代理人努力,完成委托人目标,同时代理人的收益也提高。如果激励规则设计不当,会出现历史上徐庶那样,"身在曹营心在汉","终生不为曹操献一谋"的结果,甚至会使委托人的损失更大。因为代理人也可以"努力"降低委托人的收益,反而更容易,正所谓"成事不足,败事有余"。所以,如果委托人的高收益对应代理人的低报酬高风险这种"不公平"的报酬设计,就起不到应有的激励效果,甚至代理人把努力用于降低委托人收益的事情上。

在图 3-1 中,若学校规定差一点儿完不成科研任务,全部业绩归零,而不是根据完成业绩的比例来支付报酬,这样的激励制度设计就是缺乏弹性的,也是不合理的。该激励制度设计,惩罚的将不是偷懒的人,更可能是努力去完成仍然完不成任务的人。因为此时的业绩归零,使他比偷懒的人多损失了付出的成本,让他承担了失败的风险。当然,规则制定者为了防范员工一开始就选择偷懒的行为,会有意把工资的固定部分设低,不确定的绩效工资调高。这样的激励与较强的惩罚配合,使代理人面临大的压力,他可能往往为了保"量"而不重"质"。如教学中,当对教师进行科研严格考核时,教师可能会选择在教学上减少投入,在科研上增加投入,多出科研成果,哪怕降低质量,不择手段,更不会关心其成果的社会意义、科研本身的价值。我国近年来,发表在国际上的论文数量仅次于美国,排世界第二,国际引用率排名却很靠后,说明了重量不重质的问题,这与我国科研激励措施的引导不无关系。如果这种制度用于销售激励上,将出现销售员工在销售上重量不重质;重视眼前销售业绩,不考虑客户的使用体验和反馈;不愿意与客户建立长期信任关系,重视促销和建立信誉。因为对销售代理人的业绩评价,往往是按销售量作为依据,他们可能面临高压型的合同。在压力面前,代理人会选择近期销售目标,不关心顾客是否从他的产品中获得更大的满足,不以客户体验为营销的措施,会使客户丧失对销售者的信任,对企业和产品的信任度降低,反而不利于下一步的营销和企业的长远发展。

3.8   分成制激励

分成制安排是在信息不对称下激励的次优选择①。委托人考察代理人努力程度,通常以能够获得的代理人业绩为依据。代理人努力与其业绩一般有内在的相关关系:其他条件不变时,代理人努力,业绩会提高,代理人不努力,业绩会下降。但影响代理人业绩的因素有很多,比如总体的经济状况好坏、天气原因等外部不确定性因素。其他条件不变时,总体经济状况好,高收益出现的概率就高;总体经济状况差,高收益出现的概率就低。所以在进行激励报酬设计时,要考虑主观与客观因素,既鼓励努力,又防止"鞭打快牛"产生的棘轮效应挫伤员工努力的积极性,也要考虑

---

① 其实"次优"也是此约束条件下的最优。就像中国高考制度,虽然备受诟病,但在没有找到更合理的选拔制度之前,它就仍然是最优的。

客观因素导致虽然员工已经做出最大努力仍然业绩不佳的结果。所以,才会有惩罚或赔偿的例外,如法律及合约上的不可抗力例外规定,保险合同中的免赔规定等。

一般可以设计这样的报酬规则:

$$w_G^H > w_G^L; w_B^H > w_B^L; w_G^H > w_B^H; w_G^L > w_B^L$$

w 为工资报酬,H、L 分别表示显示的业绩高、低,G、B 分别为经济总体状况的好坏。其含义是:经济总体状况是委托人与代理人的共同信息,在经济总体状况好时,给予业绩好的报酬大于业绩差的报酬;在经济总体状况差时,同样也保证给予业绩好的报酬大于业绩差的报酬;为保证委托人状况在业绩好时,不能比业绩差时更差,要求经济总体状况好时的高业绩报酬大于总体经济状况差时的高业绩报酬;经济总体状况好时的低业绩报酬大于总体经济状况差时的低业绩报酬。读起来有些绕口,总体意思是,前两个不等式表示赏罚分明,后两个不等式表示风险共担。

要使代理人尽自己的最大努力工作,就必须让报酬与产出相联系。与产出相联系的报酬也让厌恶风险的代理人承担了过多的风险,从风险的角度看,这样的风险安排在委托人和代理人之间的分配是低效的;而如果让风险相对偏好(或不那么厌恶)的委托人承担产量波动的风险,代理人拿固定报酬,他就没有动力努力工作。这样,在委托人无法发现代理人的偷懒行为时,监督成本就会很高,这样的报酬安排也有问题。为了避免两种极端报酬安排方案的弊端,劳动市场上就出现了一个折中的方案——分成制(Share-cropping)。即风险在委托人与代理人之间分担,收益也在委托人与代理人之间分享。其实不仅在劳动力市场,其他行业也广泛使用分成合约安排。如律师打官司,按照案件标的额的一定比例收取代理费。为了解决受害者人数众多时,人们诉讼中的搭便车行为,采取集体诉讼制度,让代理律师能够分享胜诉时按集体案件标的额的分成。集体诉讼是指,多数成员彼此间具有共同利益,因人数过多导致无法进行全体诉讼(当然,这样做也是不经济的),需要有其中一人或数人为全体利益起诉或应诉。集体诉讼的威力在于,只要有一个人发起诉讼,其他所有相同利益受损者会一呼百应,最终导致的赔偿数量会非常惊人。20 世纪 90 年代赔偿金额高到数千亿美元的美国烟草业诉讼案就是典型的集体诉讼。在证券市场,集体诉讼也是有效的维权方式。集体诉讼制度,对律师产生足够的激励,让他们有动力去打集体官司。

　　下面举一个收益分享、风险分担的例子。假设一小食品生产商,每年加工机器出故障时损失为 200 元,如果妥善维护,机器故障率为 10%;若不维护,故障率为 45%,每年会损失 $200 \times 45\% = 90$ 元。维护成本为每年 30 元。如果没有保险,生产商定会积极维护机器,损失为 $200 \times 10\% + 30 = 50$ 元(风险降低时的期望损失加维护费用)。若不投保,厂商自然会选择维护,以降低损失。如果可以投保,理论上,他愿意接受的最大保费是 90 元,即全额保险,但此时,他一定不会维护机器,否则是不合算的。厂商发现只要保费在 20 元到 50 元之间,入保险都是合算的。但一旦入了保险,厂商为降低维护支出就不愿意再积极维护机器。这时很可能机器故障率又回到没有维护时的情况,为 45%。这时保险公司发现,赔付费上升到 90 元,否则,保险公司会亏损。如果把保费提高到 90 元,厂商就退出保险,因为最多的损失就是 50 元(厂商积极维护机器)。

　　为了对付市场萎缩,保险公司可以设计新的赔付方案,如当故障发生时,只赔偿损失的一部分,假如一半。投保人承担 100 元损失,保险公司承担剩下的另 100 元损失。保费为大于 10 元的某个数,如 15 元。这时厂商发现积极维护机器的成本为 $100 \times 10\% + 30 + 15 = 55$ 元,不配合维护机器的损失为 $100 \times 45\% + 15 = 60$ 元,前者小于后者。显然,对厂商来说,投保并积极维护机器是最优的策略。保险公司这样的保险设计,也平均少支出赔付额 $90 - 10 = 80$ 元,保险公司可以获得 $15 - 10 = 5$ 元的利润。部分保险,使保险人与被保险人激励相容,达到了对双方都有利的结果。

　　在销售中,商家给推销员会设计分享方案,以激励推销员努力工作。以推销员的报酬设计为例,如果销售量为 S,报酬为 F+bS(e),F 为报酬中固定部分,b 为推销员的分成比率(0<b<1)。显然 b 越大,推销员努力的积极性越高。但这样雇主分担的比例少,就会降低固定工资部分 F。但这时由于推销员的报酬主要由业绩决定,他面临的收入风险也就越大。由于销售业绩的好坏不仅取决于他的推销努力,还与其他"自然"因素有关,如市场需求,产品质量、信誉、厂商广告支出等。对于害怕风险或销售能力低的员工,会厌恶这种报酬设计。如果企业愿意招勇于冒险者,而不愿意招成绩平平,追求安稳者,这样的报酬设计就可以达到他的目的。

于是,企业可以进行两种报酬设计:一种是上面的低固定部分,高分成率;一是高固定部分,低分成率。前种薪酬设计筛选出来的是雄心勃勃、精力充沛的员工,后者筛选的是精力不足、相对保守,愿意按部就班的员工。这样达到的结果,就是分离均衡。第二类员工不会冒充精力充沛者,第一类员工也不会冒充按部就班者。

用模型描述这种分成制的常见激励方式。报酬设计分固定部分与产值一定比例部分。后者可以看成与绩效相关的。

$W = F + bf(e)$,F 为报酬中固定部分,b 为推销员的分成比率(0<b<1)。在完全信息条件下,分成制不是一种有效的分配方式。从代理人角度,希望自己的净收益最大化,即

$$Max F + bf(e) - C(e)$$

由于 F 是固定部分,上式同最大化 $Max bf(e) - C(e)$ (3.12)

委托人利润最大化要求极大化

$$Max f(e) - F - bf(e)$$

参与约束要求 $F + bf(e) - C(e) \geqslant \overline{U}$,代入上式得:

$$Max f(e) - C(e) - \overline{U}$$

由于 $\overline{U}$ 是固定部分,上式等价于:

$$Max f(e) - C(e) \qquad\qquad (3.13)$$

比较(3.12)式(代理人的目标函数)与(3.13)式(委托人的目

标函数)，由于 $b \neq 1$ ，代理人与委托人的目标显然是不一致的。

委托人最优的目标要求：

$$f'(e^*) = C'(e^*) \tag{3.14}$$

而代理人的目标最大化的条件要求：

$$bf'(e^*) = C'(e^*) \tag{3.15}$$

上面二式(3.14)、(3.15)，只有在 $b = 1$ 时成立。由于 b<1，显然 $e^* \neq e'$ 。由于 $f(e)$ 是努力程度 e 的增函数，所以有 $e' < e^*$ 。代理人的努力水平小于委托人希望的努力水平。由于 b 参数的存在，代理人做出的最优努力水平偏离委托人希望的努力水平。因此，当产量完全由投入的努力程度来决定时，分成制不是最有效率的制度安排。

然而在信息不对称时，分成制是对产出波动风险分摊的折中。代理人拿取的固定收入部分，这相当于委托人向代理人提供的某种收入保障，由于这部分收入只占全部报酬的一部分，委托人提供的是非全额保险。风险规避者从风险中立的保险公司购买一定量的保险，会使双方都受益。于是，在激励机制设计时，应由风险中立(或爱好者)向风险规避的代理人提供保险——部分的固定收入。如果代理人也是风险中立者(或爱好者)时，激励机制中就不需要固定报酬部分。然而，就像全额保险会诱发道德风险一样(全额报酬会产生干好干坏一个样的机会主义行为)，它会鼓励偷懒和卸责，达不到激励代理人的目的。因此，报酬设计中必须有一部分与产值相关，让其随着产量的波动而波动。当然，前提是在努力与产量之间有较为明显的正相关关系。让代理人为了取得高收入，就必须付出努力。虽然产量高低不完全由努力程度来决定，但至少努力取得高产量的可能性要比不努力取得高产量的可能性要大。

如图 3-2 所示，分成制下，代理人会自愿努力工作。由于委托人与代理人的目标不完全相容，他创造的每一元产值要在自己和委托人之间分配，代理人的努力水平小于委托人希望的努力水平。

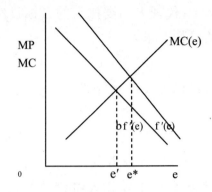

图 3-2　分成制下代理人的努力水平低于完全信息时的情况

现实中激励机制方案有多种选择,具体做选择时要考虑的因素:一是"噪音"大小——劳动努力之外的因素对产量的影响程度,以及监督劳动的成本;二是产量的波动程度,以及委托人与代理人对待风险的态度。

下面考察代理人的最优决策。

追求的目标函数为

$$\max_{w,e} u(w,e)$$

代理人的报酬函数,即约束条件为

$$w(e) = F + bf(e)$$

给定类型 i 和保留效用 $\bar{u}$,无差异曲线方程 $\bar{u} = w - c_i e$,c_i 为类型 i 努力的边际成本,给定不变。

$$\bar{u} = w - c_i e$$

该模型既可以解释工人最优的努力程度,也可以解释不同能力者受教育年限的选择。图 3-3 中,代理人选择低努力程度时,获得报酬为 θ_L(也可以看成是报酬中的固定部分),高努力程度时报酬为 θ_H。如果委托人无法区分两类人的努力程度,只能给同样的工资,代理人将无差异曲线尽量往左上方移动(因为同样努力下,工资越高效用越高;同样工资下努力越小效用越高),直到它与工资曲线相切,至切点 A,决定最优努力程度为 e',以及从委托人那里得到的报酬 $w(e')$。对每种类型 i,无差异曲线对应的边际成本不同,$c_L < c_H$,即类型 L 的无差异曲线比类型 H 的要陡峭。

高能力者有积极性去分离自己,实际上 A 点并不是 H 类型的最优点,它只是平均意义上的最优。

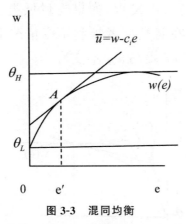

图 3-3 混同均衡

在雇主招聘雇员时,雇主不知道求职者的真实类型,只能根据雇员的受教育信息(学历高低或毕业的高校类型)来判断,这里依然用受教育年限表示在横轴,纵轴仍然表示不同类型支付的薪酬。

H 类型的雇员可以选择接受更多教育来区分自己,达到 e',证明自己是高能力的;低能力者最优选择是 θ_L 处,不受教育,接受低报酬。均衡处表明,通过求职者对自己教育水平的选择,公司可分辨出求职者的类型。实际上,e_0 处的教育水平,对低能力者来说与不受教育是无差异的,所以要求更高的教育程度,低能力者是不会去选择的。e_0 可以作为区分两类雇员的临界教育水平:低于该教育水平的,雇员可以被认为是低能力者,高于此教育水平的,雇主可以被认为是高能力者。当然如果雇主要求的受教育程度高于 e',高能力者宁愿伪装成低能力者,也不会去努力。目前高校为了激励教师发高质量科研成果,不但规定奖励期刊的起点,还要求一年或两年一个考核期内必须完成几篇的高质量文章,使得认真做科研的高能力者也疲于奔命,也可能会选择伪装成低能力者,选择低一级的科研合同。相当于科研管理者要求达到 e' 的任务,高能力者也需要努力去达到该目标,如果规定比 e' 更高的任务标准,高能力者也会选择退出。科研是长线,要坐得住冷板凳,如果是真正奔着学术目标的非功利者,可能在这样的合约安排中受到的打击最大。

在图 3-4 中,还可以发现,如果支付低类型雇员报酬 w_L ,支付高类型者 w'_H ,在高类型者福利不变情况下,增加低类型者报酬,是帕累托改进(u_L 提高 u_H 不变)。

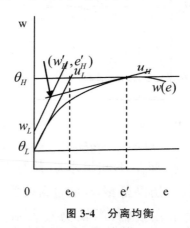

图 3-4　分离均衡

这个模型还可以扩展,解释其他一些现象。假如 $w(e) = F + bf(e)$ 是销售者的报酬设计,比如:

$$w(e) = F + bR(e) = w_0 + \alpha R$$

其中, w_0 为基本工资,R 是销售业绩(如销售收益), $0 < \alpha < 1$,是提成比例。销售业绩随着努力程度提高而提高,当然与销售者的能力有关。若公司为了刺激销售业绩,要求都冲击只有高能力者才能够达到的业绩要求,而不是根据两种销售者的能力类型加以区分。规定所有销售人员必须完成某个任务标准,如果达不到就会取消全部津贴,这势必会挫伤销售能力稍差类型者努力的积极性(由于他再努力也难以达到高能力者的销售业绩)。通常知道,最佳的激励目标是,让代理人跳一跳能摘到桃子,而不是让他跳一跳也摘不到桃子,若那样,他干脆选择不努力,只拿固定工资好了。

第4章　信息与激励在现实中的应用

4.1　信息与激励在现实生活中的应用

4.1.1　运用信息优势防骗

有两个盗贼观察一位老太太很久了,有一天晚上就潜入老太太家,将老太太绑了。结果,20分钟后警察就来了,将盗贼拷走了。走之前,盗贼就问,为什么,也没有报警的啊,警察回复说:为了老太太的安全,老太太每5分钟就要按一次铃,要是没按铃的话,就说明老太太有事了。盗贼出狱后不服又偷偷进了老太太的家里,这次盗贼每5分钟让老太太去按一次铃,结果20分钟后,警察又来了,带走了盗贼,盗贼很是不解就问为什么,警察说老太太嫌每5分钟按一次铃太麻烦,就改成了有事才按。这个笑话讲的就是如何利用信息优势防骗和保护自己的。

近来不少准大学生和在校大学生被骗,骗子利用学生涉世不深、容易相信人的特点行骗,给受害者带来极大伤害,造成极坏的影响。由于家庭经济条件很差,一些大学生被骗受骗后感觉非常内疚和自责,甚至对人生和社会深感怀疑。骗子并非用了多高明的手段,也并非有多高的智商。骗子的优势在于他们掌握更多的信息。寻找刚刚步入社会或尚未步入社会者,由于生活经验不足容易信任别人的特点,或者利用人们的疏忽心理;甚至运用威吓的手段制造紧张氛围,让受害者失去冷静思考的时间,一步步将其引入提前设下的陷阱。

实际上,骗子的逻辑并非天衣无缝,只要遇事冷静、多一些思考、多一些质疑,多问一些为什么,多想一些办法,识破骗局并不难(这也往往是上当受骗后,自己恍然大悟后懊悔自责的原因)。网传一些大学生巧妙识破骗局的例子。贵州某轻工职业学院学生小梅接到电信诈骗电话后,发现对方电话是 171 开头的,就提高了警惕。对方把自己的身份信息、学校名称、家庭住址准确无误地说了出来,又谎称是贵阳教育局的工作人员,告知该生此前申请的国家奖学金已经批下来了,让其与"财务部主任"联系(也是 171 开头的电话)。当小梅拨通"财务部"电话时,对方直接就说"你是不是某某某?有一笔 3000 元的奖学金要发给你"。(其实,细心的人这时候就可以发现对方接通电话怎么就知道你是谁呢?)由于那天恰好是发助学金的最后一天,这样,稍不留神就容易相信这件事。小梅按照"财务部主任"的要求将一张没有钱的农行卡号发过去,"卡里有没有 30 元的手续费?"对方问。小梅随口说:"有的,有的。"对方说:"好,给你 5 分钟时间,现在就赶到附近一家银行,通过自动取款机查一查奖学金打没打到卡上。"

小梅笑着说,自己在寝室里坐了 5 分钟后,故意拨通了之前称声称贵阳市教育局工作人员的电话,称自己已到银行了。"吊诡的是,她一开口就问我:你把卡插进去了没?我就纳闷了,让我到银行查询的是'王主任',她居然知道这个事情,这不就露馅了吗。"看来骗子的手段还真经不起推敲。

在停顿了几秒后,她可能没听到 ATM 机的操作的声响,便一再强调,今天是发放助学金的最后一天,让我立刻到银行办理,不要影响她们的工作。为搞清事情真相,小梅继续配合对方,她按要求来到宿舍附近一家农行网点,"只要坚守防线,护紧钱包就行了。"她提醒自己。

小梅灵机一动,又换成给"财务部王主任"打电话。此时,网点里的 ATM 机发出"滴滴"声,对方问:"你卡里有多少钱啊?"小梅随口答有 1800 元。"按查询或其他。"对方在电话那头指挥到。小梅按了"取卡"键。这时,骗子的狐狸尾巴露了出来。"你是不是又把卡退出来了?"对方催促小梅马上把银行卡再插回去,并再次厉声重复了一遍小梅的名字、住址、就读学校等信息。

"卡号已经发给你了,你直接打钱过来不就完了吗? 再说了,我也没有接到学校的通知。"小梅说。对方沉默了两秒,有些不耐烦地说:"国家发放的钱由教育局来发放,归教育局管。""哪里的教育局?"小梅反问。"贵阳的教育局啊,还有哪里的教育局。"对方的声音里已经透着犹疑。"那你把贵阳教育局的具体位置给我说一下!"小梅迅速回击。

"你再不按我说的操作,就取消你的奖学金名额资格。"对方有些忍不住了。

"我知道你就是个骗子,和徐玉玉电信诈骗一模一样,连情节都是那么雷同。"面对骗子如此嚣张的态度,她有些忍无可忍,决定揭穿对方的谎言。小梅说完,对方随即挂断了电话。之后她又重拨那两个 171 号段电话,再无人接听。

骗子之所以能行骗成功,往往是依仗其信息优势,让受害者难以对其提供的信息怀疑,从而放松警惕。如果对方索要自己的卡号密码、验证码获取信息,就要理性地想一想,或试探一下真伪,通过利用和制造假信息,由信息劣势变为信息优势,由被动转为主动。这里,小梅先用空的农行卡(使损失最小化),然后她注意到了一个细节"你把卡插进去了没?"他想让到银行查询的是'王主任',但第一个联系的骗子居然知道这个事情! 没有理由不怀疑他们两个是事先已经串谋好了的。接着小梅反问:"那你把贵阳教育局的具体位置给我说一下!"骗子全国到处撒网,哪里顾得上准备各地的教育局位置信息。当对方连自己"工作单位"的位置都不知道,就可以铁定是欺骗行为了。小梅虽然没有学过信息经济学,但她运用信息经济学的甄别原理,运用自己知道的和制造的信息去甄别对方,做出理性推断。

骗子骗人的花招并不高明,大同小异的故事总是不断发生。

面对骗子,守好自己的信息,你为骗子设置圈套,让他选择。如,有人加你微信时,问自己的姓名、年龄、单位、家庭等信息让对方回答,问:我是在国企还是民企工作?（其实你是公务员）对方任选一个回答,他就暴露了。也可以让对方介绍自己,核对对方信息。如果对方谎称是多年的老同学,你可以问当年一起上课的老师、同学等信息;到菜市场买菜,你不知道他们的电子秤是不是准确,你可以把你的钥匙放到上面称一称(你自己知道它的质量)。在花百元大钞时,为防止别人调包,你可以事先记好(或告诉对方)钞票的末位编号。总之,防骗之关键:打败骗子的信息优势,尽可能变信息劣势为优势! 你能成为甄别的有心人和高手,就可判断对方的真伪。

从制度上来防范骗,因为骗子往往利用现有制度的漏洞。以助学贷款为例,教育部门为什么要跟学生打电话联系贷款的事情? 既然是助学贷款,就应该到学校后提出申请,申请通过后直接将贷款转入学生在学校开立的银行账户;另外,钱既然转入了骗子的账户,且都是实名开户的,就可以依据在银行留下的真实信息顺藤摸瓜找到骗子;如果骗子不是实名开户的,那就是银行的责任,银行应该承担被害人的部分损失,让银行有积极性去防堵漏洞。从国家层面上,应该尽快制定隐私保护法,对泄露私人信息者严厉惩罚,特别是公职人员违反职业道德的不再聘用。市场经济首先是契约经济,而契约精神要求社会成员守信,对失信者需要追责。

4.1.2 利用信息不对称原理进行政策设计

作为常规市场失灵中最为普遍的一种,信息不对称对资源配置的影响最全面,最广泛。我国的社会诚信体系、社会法治有待完善,社会规则尚未形成全民自觉,交易成本仍然较高。运用信息与激励原理可以帮助政府检验和制订好的政策,进行激励相容的制度设计;通过降低信息不对称程度,有效甄别和约束人们的机会主义行为。

　　每当有学者提出"保障房不应建独立卫生间",大家的第一反应可能是:"这不是为难穷人吗? 既然给穷人提供了保障房为什么不建独立卫生间? 这样做也太不人性了!"但如果从信息经济学角度来,就能理解这样规定的良苦用心。因为只要有权力或关系能够左右保障房的分配,只要穷人远比高收入者更不在意有没有独立的卫生间,那么这样的政策设计就可以让高收入者与穷人在对保障房的需求上进行分离。富人不愿意住这样的房子,不会想尽办法争取到保障房,而对穷人来说,没有独立卫生间的房子也总比没有住房要好。所以不设独立卫生间的目的,并不是不愿给穷人提供方便,恰好是为了让穷人更容易得到保障房。为了防止不是真正需要者得到保障房后再转手从中获利,政府一般要规定保障房不准在市场上转租、出售。

　　在进行房地产调控时,为了打击投机者,国家出台政策规定征收营业税的政策:住宅购入不满五年的:评估价的 5.55%;非普通住宅购入五年以上的:评估价减去原购入价后的 5.55%;普通住宅购入五年以上的免交。这样的政策能抑制人们炒作住房吗?分几种情况讨论:

　　(1)如果房价持续上涨,对投机者来说,完全可以等到五年后再出售避开此税。实际上,只要预期房价持续上涨,他会选择长期持有。在房价上涨时,不但可以获取价值的增值,还可以获取出租的收益。在没有更高收益的项目时,他怎么会愿意在短期出售呢?

　　(2)如果房价上升预期不确定,投机者也不会轻易炒作住房。所以,通过提高交易成本的办法抑制住房投机,不会像证券市场增加手续费比例抑制股票炒作的效果那样明显。因为证券投机者的投机是短期行为,而住房投机者更多是在做长期的投资。用抑制短期行为的办法来对付长期行为者,显然不是好办法。但对于害怕房价继续上升,欲置换更大面积住房但资金有限的购房者来说,不得不出售现有未满五年的住房,使他们反而成为打击对象。实际上,征收这种营业税还会减少市场上五年内的二手房供给,反而起到助推房价上涨的作用。

(3)在住房价格持续上涨的情况下,房产市场往往是卖方市场,营业税易转嫁给买方。经济学常识告诉我们,不论在资本品市场还是一般的商品市场,作为兼有商品与资本品属性的住房,仍然是供求决定其价格。如果房价持续上升,为什么不考虑释放更多的土地来增加房屋供给? 粮食价格低,反映的是土地的农业用途回报率低。为什么不让土地依据报酬率自由"流动",为什么非要保留土地置换政策? 即使土地置换政策的初衷是为了不减少农业用地,而人口向城市的自由流动,本身就会使农村住宅用地需求减少。由于农村住宅用地利用的集约程度(独院)大大低于城市土地利用的集约程度(地上几十层),也就是说城市住房的容积率大大高于农村住房的容积率。城市化本身在提高土地利用的集约程度,就是在增加可耕地。有效控制房价,需要增加房屋的供给。同时,为防止房屋供给过量,形成"库存"问题(其实市场调节,供大于求,价格下降就可以解决),防止房价泡沫破裂时产生的烂尾楼问题。政府需要公布城市住房存量以及本、外地居民拥有城市住房、拥有住房者的套数分布、现在住房存量可容纳人口总量等信息,以供开发商和购房者决策,还可以显示城市土地的利用效率。相信更多信息的透明公开,会有利于减少恐慌性购房,使市民有更合理的买卖依据,对于房地产长期的稳定和持续是有益的。实际上,真正抵制房地产投机的不是营业税,而是持有的空置税、作为财产的房产税、遗产税①(如果对拥有超过平均面积的住房均征税,不妨先征后返,以防有偷逃税情况的出现,对不足平均住房面积者进行补贴,是既公平又有效的办法)。

4.1.3 生活中的激励相容与合作剩余

计划经济无法解决资源配置问题,因为计划者不是利用供求

---

① 郑书耀.控制房产需求预期是控制房价的有效手段[J].商业研究,2012(7):206-209.

信息进行决策的，另外，计划经济还会因公有制和政府主导经济下的"大锅饭""软预算约束"等原因造成激励扭曲，具体表现在个人、企业和政府没有增加效率的积极性。市场经济之所以优于计划经济，不仅因为计划缺乏千千万万的众多信息，还因为计划不能保证政府决策与私人的利益一致（尽管政府也可能是仁慈型的，但官员仍然是自利的，如果缺乏有效的监管和激励，官员目标也会和私人利益冲突），也就是难以实现合作剩余，这样的制度就会缺乏经济效率，难以实现帕累托意义上的改进。计划即便有大数据、人工智能发展的保证，可以提高计算能力，但只要人的决策仍然起决定性作用，人的激励问题就不能被忽视。市场在两方面都表现为超越计划的优势：市场参与者众多，由千千万万的买卖方共同决策，企业有从搜寻市场与技术信息中降低成本并获得利润剩余的优势和激励，消费者能从搜寻信息中获得物美价廉的产品和服务，并以获得消费者剩余作为回报。

　　市场机制中的竞争为什么有益？只要存在超额利润，厂商就会在利润的诱惑下进入某个市场参与瓜分利润的竞争，这样随着厂商的数量和原有厂商产量的增加，供给增加，通过供求机制，降低产品价格，竞争显示企业真实的成本和效率。而垄断行业的高利润，恰恰由于竞争的不充分，无法真正知道企业的真实成本，也难以进行管制。越是垄断性强的行业，企业越有激励和能力阻止竞争，通过控制销售量来获得垄断利润，也越没有激励提高效率降低成本。

　　通过市场竞争，显示价格信号，以价格引导资源配置。互相为竞争对手的商家，有激励去揭示自己产品的优点，贬低对方产品的缺点。消费者根据搜集到的信息，结合消费体验，做出购买与否的决策。卖方双方的私人决策使得以市场为载体，均获得合作的剩余：消费者得到消费者剩余，生产者得到生产者剩余。市场作为一种基本制度就是人类社会的一项伟大发明，人类不断地去扩展和完善市场制度。凡是促进交易的扩大、分工的细化的制度及技术发明，制度方面如产权制度、开放的贸易、货币手段的改进（从贝壳、毛皮、金属、纸币、电子货币等）、各种保护生产者与消费者利益的法律制度、关税及贸易总协定即后来的 WTO 等、技术方面如地理大发现、航海技术（指南针）、交通技术等都有利于交易的拓展和合作剩余的扩大。

春秋战国时期，鲁国制定了一条法律。凡鲁国人在外国沦为奴隶，如果有人肯出钱把他们买回来，可以到鲁国国库领取"国家补偿金"。这个法律出台后，大大推动了鲁国人对本国人沦为外国奴隶者的救赎行动，产生了极好的社会效果。孔子门下一个最有钱的弟子子贡，在周游列国途中，遇到一个鲁国奴隶，于是花钱把他赎出来。子贡自己承担所有费用，不向国家报销。孔子批评他：你的行为损害了国家的法律，因为你不要国家补偿，有了你这个"榜样"，别人这样做了，也不好意思领取国家补偿金了，不好意思领取国家补偿金，赎回奴隶的积极性也就没有了。这个法律的作用也削弱了。这个故事，值得我们玩味。孔子的确是圣人，他的看法的确超乎常人：要使人们做好事持续下去，就不能鼓励人们无偿地做好事。国外对捡到东西的人，规定把被捡物品价值的一定比例作为回报，这样激励人们返还给失主，在物质上精神上给人以激励。但要求拾金不昧的话，对人的道德要求要比前者高得多，当遇到道德境界不太高的，拾到的价值高东西时，就会出现机会主义行为而把它据为己有。①

我们知道，失败是成功之母。成功往往是在多次失败后取得的。要想获利成功，就要在不断的失败中汲取经验教训，所以对

---

① 国外规定奖励拾金不昧者，或界定拾到东西归还失主时，有获得一定比例补偿的权利。这不是道德高不高尚的问题，规定失主拿一定比例作为酬谢，本身也是对拾金不昧者的一种肯定与奖励。就制度设计本身而言，它有助于物归原主，因为拾物者对捡到的物品的评价一般要低于失主的评价（货币除外），如身份证、合同等对失主有用的资料对别人的价值不大。物归原主，即使给返还物品者以经济补偿，仍然是符合帕累托改进的。所以，为了减少拾到丢失物品者道德风险的发生，这种制度的采用，会有利于社会福利的提高。在社会道德水平普遍不是很高情况下，把道德标准和要求拔得过高，对普通大众来说，反而不是最优的激励。当然，鼓励好的社会风尚，也是政府的责任，政府或基金会针对见义勇为、拾金不昧的行为给予物质和精神鼓励，对弘扬社会道德风尚也是必需的。

待别人和自己的失败,要看到积极的一面。马云演讲时多次提到的:从别人成功处难以学到对自己有用的东西,而从自己和别人的失败中反而能学到很多。事实也是这样。在与别人合作中,或你的下属为你工作中,如果对方已经做出了努力,而没有取得成功,要积极地引导他:到底失误在什么地方? 或者更委婉地说:"你能不能再尝试一下别的方法? 不要马上就批评别人,甚至不分青红皂白地就去责怪。当别人的努力换来的只是一顿批评时,这可能就是反向的激励。对代理者来说,不努力或者伪装努力就是最理性的了。所以不要命令别人该怎样去做,要启发他去多想想办法,多进行尝试,有错误就从错误中学习,这样的方法可能反而能让别人积极处理问题。在战场上,对于因失误产生的失败,不是立即惩处,而给当事者将功补过的机会,让其"戴罪立功",既是一种积极地惩罚,也是一种相容的激励。对方在感恩状态,没有理由不积极努力,弥补过失。尊重对方,当人们的自尊心得到认可的时候,内心会希望与你合作,而不是反抗你。中国知识分子在怀才不遇、备受冷落时,往往会因知遇之恩,而尽全力供其驱驰,甚至终生为之效力。因刘备有三顾茅庐,方有诸葛亮的鞠躬尽瘁。反之,即使别人确有错误,而你声色俱厉的指责,那产生抵触,甚至愤怒,让对方走向自己的对立面,也是可能的。如果这样的粗鲁行为和不当言语来自一个有权威的上级,那下级是难以服从的。曾经有一个例子能很好地说明这个问题。桑塔尔是威名市的一位职校老师,他班上的一个学生因为没有按照规章制度停车,给学校的一个入口带来了麻烦。学校的一位老师怒气冲冲地来到班上狂吼道:"是谁把车停在过道上?"车主举起手应答。那位老师又转向他大吼:"你赶快把它开走,否则我就用铁链子把它捆起来拖走!"那学生的确犯错了,但可能出于无意,虽然妨碍了交通,但是因为他已经受了气,并没有心甘情愿地配合,结果其他人也把车停在了那里。事情如果换个方式,假如他心平气和地说:"请问堵住门口的那位车主是谁,您能否把它移开,那别的车就好通过了,麻烦您帮个忙,谢谢啦!"那这位同学肯定会想到自己的错误,马上也会配合把车移开,心里也许会有歉疚,他下次再停车肯定会留意了。

在企业里少一些命令(科斯认为,企业是对市场的替代,企业内部是一种靠行政命令运行的组织。企业的大小与市场发达程度、交易成本有关。如果某个产品组件由企业内部生产还不如外包给其他企业,企业会变小,市场会变大。但这时企业需要对合同进行监督,产生监督成本;而如果在企业内部生产,需要内部的生产过程监督,会产生相应的监督成本),多一些沟通,往往会激发员工的积极性和责任感,也会激发员工的创造力。如果员工都是在战战兢兢、如履薄冰的状态下,生怕被领导批评。那员工也不敢冒险,只会循规蹈矩,做完分内的事儿就万事大吉了。所以当发现员工做错了的时候,上级更要注意讲话的方式,反思自己或调查事情到底是出在哪里?在延安时期,毛泽东曾经被骂过两次。但他没有意气用事。反而赢得了民心。

把祈使句改成疑问句,可能会达到意想不到的效果。因为这包含了对员工的尊重。企业需要调动人的积极性。组织者是要靠每一个员工执行任务的。麦克是约翰内斯堡一家小工厂的老板,一次他有机会获得一张大订单。但如果签了,货期不一定能跟上,除非工人们加班加点地工作。他没有因此而催促员工,也没有强迫命令,而是把大家召集到一起,先谈了这个大订单对整个公司的意义,然后用诚恳的语气问大家:"我们是不是能想出办法来完成这张大订单,有没有好的办法来处理时间和工作量的分配问题,大家想想办法,如果实在不行我们就不接这个订单。"

工人知道接受订单对自己也是有益处的,大家集思广益的结果是,"我们一定办得到。"最后在所有人的努力下,他们接下了单子,保证了如期的供货,这是强制的效果难以达到的。

任何冲突意见,不论双方有多严重的分歧,总是可以找到一些共同点来讨论的。在说服艺术中,你和对方辩难,开头应该讲一些你和对方都同意的事,然后再提出对方所乐于得到解答的一些合适的问题才是有益的。你提出问题之后,再去和对方共同地探讨答案,就在这探讨之中,再把你观察得十分清楚的事实提出来,对方便会不自觉地被引导去接受你的结论或观点。① 你在签订合同时,为了使自己利益得到保障,在写条款时,应增加自己的权利,减少自己应该承担的义务,但这也加大了对方毁约的可能。在订立合同条款时,如果经过双方充分的协商,订立对双方权利与义务对等的合同,双方才会有动力去遵守,反而增加了合作的可能,也增加了获利的空间。威尔逊总统说:"凡是交涉的问题,如果你紧握了两个拳头而来,我会把拳头握得比你更紧一些;如果你很和善地走来说:'让我们坐下来商议一下吧,要是我们的意见不同,我们可以研究一下不同的原因是什么,主要的矛盾在哪里?'这样,我们商谈开来,大家的意见不会相差太远。"与其涨红了脸去与人家辩论,为什么不用平等的态度、商讨的语气来解决呢?

人与人之间,由于观点不同、信仰各异、性格有别等原因,存在分歧,是完全正常的。遇到这样的情况,必须通过一方或双方的让步,在原则、方向基本一致的前提下,不纠缠于枝节,达到互谅互惠求同存异目的的。究竟该如何做到求同存异呢?

一是要找出双方的共同点。即使很小的共同点,也可以使双方的距离越来越近,共同点越来越多,双方的感情就会越来越亲密,这样也就更容易说服对方。

二要设法使双方的心理"共同"呈现出来,设法营造这样的氛围。为了维护国家的稳定,即使追求和平的国家,也要对抗敌对国家的战略威胁,只有达到战略平衡,才可以有效预防或制止战争。就像军事上一句经典的老话:消灭战争的最好办法就是战争。只有在双方通过对抗都不能获得好处时,或两方势均力敌时,坐下来谈判、合作成为唯一出路,也是对双方最有利的结果。而在一方明显处于劣势时,另一方不愿意通过合作而获得利益,而更可能会通过损害对方而获得利益。

---

① [美]戴尔·卡耐基著;达夫编译. 人性的弱点[M]. 中国华侨出版社,2011:127.

三要提出对方容易接受的大前提,而不要拘泥于小节,正所谓大行不顾细谨。过多地纠缠于细节琐事,可能失去大的合作剩余。要提出合作的大前提,这是双方应该关注的焦点。在大前提上双方达到一致了,小节上也就较为容易达到一致或妥协。如,你可以说:"我们的生意到底还能不能做下去?"对方如果说"可以做",也"可以不做",这就是大前提。如果选择了做下去,至于怎么做一些细节问题,那就是不关键的问题了。如果大前提达成了,双方的合作就成功了大半。当然,有人十分注重细节,或者找不到或分不清什么是最重要的,谈判另一方要注意对方发出的信号,你则要引导对方,讲明白什么是最重要的,什么是不太重要的,将谈判的重点转移到双方取得共识的大前提上来。学会分享,获得合作剩余,而不是把可能的机会白白失去。

4.2 国有企业的激励问题

4.2.1 区域经济差异与企业产权特征

在一个国家范围内的区域中,各区域基本的产权制度安排上是一致的,但在具体的产权类型安排上是可以根据区域情况的不同而各不一样的。这时,产权主要通过产权结构来影响区域经济的发展。在这里所说的产权结构是指不同类型产权之间以及同一类型产权内部的相互关系。由于各区域具体情况的不同和区域发展思路的不一样,各区域的产权结构是不可能整齐划一的。而在区域产权结构中,有的产权类型的经济效率和经济活力高,能更好地促进区域经济的发展,有的产权类型的经济效率和经济活力低,不利于促进区域经济的发展或者阻碍区域经济的发展。这样,那些具有以经济效率高的产权类型为主的产权结构的区域的经济发展速度就比较快,而那些具有以经济效率低的产权类型为主的产权结构的区域的经济发展速度就比较慢。于是,便形成或加剧了国家范围内的区域经济发展的不平衡。如新中国成立前我国沿海地区与内地的经济发展的不平衡。改革开放以来,我国的产权结构发生了巨大的变化,由以前单一公有制的产权结构演变到现在的以公有制为主体、多种经济成分共同发展的产权结构。与此同时,我国各区域的产权结构也发生了相应的变化,但由于各区域具体情况的不同,故而各区域的产权结构现状也就大不一样。

在改革开放前,由于实行高度集中的计划经济体制和追求全国范围的"大而公",当时全国各区域都是较为整齐划一的单一公有制的产权结构,各区域的经济效率和经济发展速度差别不大,因而在当时区域经济发展的不平衡问题并不突出。改革开放后,从计划经济到有计划的商品经济,再到社会主义市场经济,非公有制的产权类型从无到有,从弱小到壮大,而因各区域的情况不同,使得各区域的产权结构也由此出现了较大的差距。

改革开放后区域产权结构的差异加剧了在改革开放前业已存在的区域经济发展不平衡。我国现存的产权类型中,由于外部竞争环境和各自产权安排的形式、内涵的不同,使得不同产权类型的经济效率、经济活力和经济发展速度不一样。具体来说,就是由于外部竞争环境和内部产权具体安排等种种原因,使得传统体制下的国有经济这种产权类型在经济效率、经济活力和经济发展速度上明显不如集体经济、个体经济和其他经济等非国有经济产权类型。如在 20 世纪 80 年代,国有工业、集体工业、个体工业和其他工业的年均发展速度分别为 7.7%、18.7%、204%和 42.8%,四者的速率比为 1∶2.4∶26.5∶5.6。进入 20 世纪 90 年代,特别是 1992 年以来,这种差距就更为明显。这样,必然会导致以传统国有经济为主的区域的经济发展速度明显落后于以非国有经济为主的区域的经济发展速度,从而加剧了我国区域经济发展的不平衡。改革开放以来,我国区域经济发展速度最快的是以非国有经济为主的区域,它们 1981—1995 年 GDP 的年均发速度是11.19%,1992—1995 年 GDP 的年均发展速度是 16.41%;国有经济和非国有经济相当区域的发展速度居次,1981—1995 年 GDP 的年均发展速度是 9.64%,1992—1995 年 GDP 的年均发展速度是 14.40%;以国有经济为主的区域发展速度最慢,1981—1995 年 GDP 的年均发展速度是 8.85%,仅为以非国有经济为主区域发展速度的 79.10%,1992—1995 年 GDP 的年均发展速度是 10.09%,仅为非国有经济为主区域发展速度的 61.49%。这是宏观产权结构的区域差异对区域经济发展的影响。另一方面,微观上的产权结构的区域差异也会对区域经济发展产生影响,即不同区域间由于在同一产权类型内部的实现形式上的差异也会影响区域经济的发展。作为一种产权类型,他可以有多种实现形式,如国有经济这种产权类型就有传统国有制、租赁制、承包制和股份制等多种实现形式。而不同种类的产权实现形式,由于在具体的产权安排上有所不同,因而在经济效率、经济活力和经济发展速度上肯定是不一样的。这样,即使是具有类似宏观产权结构的区域,也可能会因微观产权结构的差异而造成区域经济发展速度的快慢不一。

微观区域经济发展的不平衡,主要体现在东部沿海地区与中西部内陆地区的发展差距上,即以非国有经济为主的区域与以国有经济为主的区域的发展差距上。以国有经济为主的区域之所以在经济发展速度上落后于非国有经济为主的区域,一个很重要的原因是:以国有经济为主的区域的主要产权类型——传统的国有经济在经济效率、经济活力和经济发展速度上,明显不如以非国有经济为主的区域的主要产权类型——非国有经济。因此,如果能通过某种形式的改革,使国有经济在经济效率、经济活力和经济发展速度上超过非国有经济,体现在我国两种类型区域之间的区域经济发展差距,因要素追逐均等回报的自由流动会逐步缩小。

现实中的国有经济之所以效率低、活力低、发展速度慢,是因为在计划经济体制下建立起来的传统国有经济这种产权实现形式,适应不了市场经济体制的要求。由此带来了种种"搭便车"的行为,阻碍了生产经营的积极性和自觉性,还造成了国有资产的大量流失。因此,要想使国有经济具有高效率、高活力和快速度,必须对现有的传统国有经济这种产权实现形式进行改革,建立与市场经济相适应的国有经济的产权实现形式。

4.2.2　国有企业的剩余索取权和剩余控制权问题

剩余索取权是指对企业进行团队生产产生的合作剩余要求权,是对企业总收入中扣除固定契约性报酬后剩余收入的要求权。剩余控制权在契约中明确规定,并认为拥有剩余控制权的一方,有权决定资产除最终契约限定的特殊用途以外的所有用途。剩余控制权与剩余索取权是具有高度互补性的权力,因此应该配置给同一缔约方,否则就会产生激励扭曲。有控制权而无索取权,经济人就会缺乏实现最优产出的激励;相反,有索取权而无控制权,经济人就会只顾实现私人利益最大化,而不关心资源的损耗。[①] 在市场经济体制下,国有企业的激励约束问题及其表现为以下几方面。

(1)国有企业经理层受到的约束不是来自市场,而是来自上级政府主管部门。对国有企业的厂长、经理们来说,在现阶段"经营领导"(即维系好自己与上级部门的关系)比"经营企业"更重要。虽然国有企业号称全民所有,但国有股东却是没有明确人格化主体的"虚位"股东,有人戏称是"无主"企业。只能由政府代表全民管理国有企业。没有剩余索取权,经营者就不像民营企业主那样有动力去经营和管理企业。国有企业董事长或总经理,往往曾经是政府官员,二者可以相互调换。政府官员的激励和企业家不一样:企业家试错,失败了损失是自己的,成功了收益也是自己的,这叫硬约束。但政府官员做事成功了没有与此对应的货币收

---

① 卢现祥.新制度经济学(第二版)[M].武汉大学出版社,2011:90、91.

益,失败了反倒要面临承担一定责任的风险。所以政府官员考虑更多的是怎么回避个人责任。常听到上级官员给下级部署任务,完不成任务会怎样地处罚,把责任推到下级,实际上是某种程度的不负责任,这也是政府官员回避风险的一种表现;另一个回避责任的办法就是听取专家的意见,这样任何政策出问题后,都可以说是事先征求过专家的意见,当然官员自己就决策失误的责任就变小或被推开了。不敢承担责任的表现还在于,积极地响应上级的号召,忠实地执行上级的政策。上级让做什么就做什么,上级说发展新能源,上光伏产业,就上光伏产业;上级让发展旅游业,就发展旅游业。这种不考虑市场需求,也不考虑自身比较优势的政策,效果也就难以保证了。加上地方政府的 GDP 锦标赛制度,上项目带动地方经济增长,地方政府关心产值胜过关心效益。我国的光伏产业产能过剩,与地方政府盲目上项目和地方政府之间为经济增长而过度竞争有关。

政策驱动型产能过剩确实存在,王小鲁先生在《要严格限制对企业的政策扶持》一文中表示,各地都使用相似的财税、利率、地价、电价等优惠政策,刺激各自的"重点"产业发展,不可避免地导致了各地在这些产业上的重复投资。政府对某些产业、某些技术、某类企业实行特殊优惠和鼓励的政策,包括免税、补贴、低利率、无偿供地等,使企业的实际成本被低估,成本收益指标不真实,往往鼓励和保护了享受优惠的低效率企业。实际上,这对高效率但未享受优惠的企业是一种惩罚,结果导致资源配置扭曲,使经济效益降低环境恶化。[①]

政府扶持或上马的地方产业做砸了,也不会轻易退出,可能还会继续给予政策或资金方面的救助。政府官员一般不愿意承认自己的错误,那样会暴露自己的无知。由于政府也带有软预算约束的特性,用持续的补贴这种方法希望拯救原有低效率的项目,但却使效益损失更大,相当于用新的更大的扭曲掩盖原有的

---

① http://blog.sina.com.cn/s/blog_49818dcb0102vved.html,2015−6−26.

扭曲。市场竞争中的企业家是没有机会持续地犯这种错误的。首先,他决策失误的损失需要自己承担,如果继续掩盖错误,亏损会更多,一直这样的话,迟早会被市场淘汰退出。他没有能力和机会持续掩盖自己的决策失误。有竞争对手的存在,他成功了就打垮你了,其他企业家的成功会验证失败的企业和企业家。

(2)缺乏资本经营的概念,在资金问题上和银行的关系不但无助于中国完善市场经济体制,还破坏了市场经济的游戏规则。这种银行和企业机制,导致银行的严重亏损。欠债还钱本是市场经济的基本法则,但在政企不分的情况下,国有企业根本不遵守这一规则,日积月累,不但使整个国民经济的发展为此付出高昂代价,还让金融系统深受牵连。受高债率困扰的企业,其发生困难的根子往往不是债务本身,而是投入的产出率太低;不是被银行抽走的利润太多,而是自身产生的利润太少。

改革开放以来中国经济快速增长,在经济比重、吸纳就业、税收贡献方面,民营经济从总体上超过了国有企业。中国的投资占GDP比重居世界之首,但投资效率并不高,投资效率低下的主要原因,则是由于国有经济比重过高。国有经济最根本的问题在于产权虚置,或者叫所有者缺位。因为国有企业所有权归国家,政府对国有企业就存在"父爱主义",由此导致预算软约束问题。国有企业的改革,需要模仿现代企业制度,采用高管薪酬控制制度。但国有企业的高管仍然由政府任命,往往由官员担任总经理,这样就面临既缺乏相应的职业能力(他们不是由职业经理人市场竞争选拔出来的),又缺乏动力去做好国有企业的问题。因此,查出一些国家领导人在进行权力寻租,导致国有资产流失,国有企业高管的腐败频发等情况也就在意料之中了。

在国企改革中,要维护国家利益,防止内部人侵蚀。现代股份制企业经营管理中也存在内部人控制问题。股权比较集中时,由于大股东有积极性也有能力加强对经营者行为的监督,就会比较容易防止发生内部控制问题。股权越分散,内部人控制问题越严重。我国股权高度集中,国有股一股独大的情况下,经营高管侵害股东利益的内部人控制问题就时有发生,原因就是由于上市公司国有股的所有者缺位。国有企业财产是全民所有,通过层层委托给各级政府代为管理,政府再委托给某一机构(如国资委)经营管理。作为国有股代表的董事会成员,本身是大股东(国有股)的代理人,并非真正的委托方。他们既然只是代理人,就必然和经理人一样产生委托—代理问题,即有偏离全体股东(包括大股东代表的政府),也就是委托人利益的动机。事实上不少上市公司的董事会成员和经理层人员几乎同时也是企业高管人员。国有企业的内部人控制,表现为董事会和经理层一起作为代理人去违背、侵犯所有者的利益与意志。国有企业问题的核心,就是要解决委托—代理问题,即对委托层的激励与约束问题。①

在国有产权下,由于权利是由国家所选择的代理人来行使,作为权利的行使者,他对资源的使用与转让,以及最后的成果分配都不具有充分的支配权,就使他对经济绩效和其他成员监督的激励减弱,而国家要对这些代理者进行充分监督的费用又极其高昂,再加上行使国家权力的实体往往为了追求其政治利益而偏离利润最大化动机,因而,在选择其代理人时也具有从政治利益而非经济利益考虑的倾向。在预算约束方面,国有企业缺少破产约束,还时常存在软预算约束问题,也就是因为国有企业要完成利润以外的其他目标,使利润无法最大化,甚至产生亏损。由于激励目标的复杂,作为委托人的上级政府无法区分造成亏损真正原因,甚至无法判别是否是真正亏损。这样,对亏损企业的补贴往往带来的是"会哭的孩子有奶吃"的结果。相比之下,私有产权,所有者在做出一项行为决策时,他会考虑全部的未来收益与成本,私人企业不像国有企业那样依靠纳税者来弥补亏损,即面临的预算约束是硬的。这样,私人企业就会谨慎决策,尽可能地减小决策出现失误的概率,而国有企业没有这种内在的激励,所有这些都使国有企业的绩效受到影响。此外,根据不完全合约理

---

① 尹伯成.西方经济学简明教程[M].格致出版社,2014:126.

论,政府在拥有公有企业与私有企业在信息水平上有差别,政府对私有企业的了解比对公有企业的了解要少。在夏皮罗和威利格的讨论中,私有化的好处表现在,信息量的减少成为制约政府机构追逐非效率目标的一种手段。[①]

4.2.3　国有企业改革中建立激励约束机制

2003年成立国资委,目的是解决以前九龙治水的问题。在此之前不同部分都有管企业权力,但又经常不管,出现的问题是比较乱、比较散、权力不集中。但成立国资委后,管人管事管资产,又出现了管得过多、过细、过死甚至过滥问题。没有一个国家像中国有这么多的国有企业,有这样大量的国有资产,面对这样复杂的问题。十八大明确提出管资产不管经营,采用混合所有制,企业经理市场聘用等措施。但作为对市场的反应,中石化这类国有企业的股价并未像预期那样上涨,因为企业行为实际上并未改变。多数民营企业主觉得,他们即使以自己的出资入股,在混合所有制企业的董事会里也难有权力。所以,他们对于成为混合所有制伙伴的热情不高——除非可以廉价买入有价值的资产。从而对国有企业的公司治理,不太可能发生实质性变化,政府不太可能在混合所有制下把重大控制权赋予民营企业。

对国有企业的经营者需要找到很好的监督机制,这些经营者有自己的私人信息,国家作为委托人与经营者之间存在信息不对称。在信息不对称的情况下,如何监督、激励经营者,是国有企业改革需要面临的关键问题。如果国家对经理到底赚了多少钱根本无法弄清楚,也就谈不上激励。代表国家的政府官员事实上也往往没有积极性获得信息和有效地利用信息进行激励。考察国有企业管理效率,需要知道国有企业管理者的收益与企业的经营业绩是什么关系,是否满足激励相容条件? 试想,如果让国有企

---

①　[比]热若尔·罗兰著;张帆,潘红译.转型与经济学[M].北京大学出版社,2002:198.

业管理者一年拿几十万的固定报酬,却管着几千亿的资产,他怎么会有积极性、有压力去做技术创新、产品创新、市场创新呢?

在设计管理者激励和约束制度时,不能期望一种制度能完全解决企业的激励问题。我国企业改革经历了承包制、租赁制、抵押资产、年薪制、绩效挂钩、员工持股等形式,也逐渐采用国外的股票期权制。股票期权作为企业一项公司治理与激励机制,在美国多数公司得到应用。股票期权就是企业所有者对企业管理者实行的一种长期激励的报酬制度。具体地就是,经营者享有在与企业资产所有者约定的期限内,以某一预告确定的价格购买一定数量本企业股票。如该公司经营业绩优良,股票价格届时自然会上涨,则经营者可以在管理结束时卖出股票,获取价差收益。这是一种激励相容的制度设计,目的是让经营者更加关注企业的长期价值,在任期内都努力为企业创造价值。促使企业经营者与企业股东的目标最大限度地保持一致。股票期权制度成功的关键在于企业经营者认为在可预期的未来行使期权会有利可图。如果风险太大,或收益太小,经营者就不会有兴趣,这种激励就失去意义。员工持股在更大范围内,让员工分享企业发展的成果,也共担企业风险。让员工个人努力与企业业绩相关联。国企老总要承担比民营企业更多的目标:除了赢利,还要促进改革,防止国有资产流失。但有时难免发生矛盾,既然要改革,就要面临风险和不确定性。[①] 国有企业经营目标多元且时常互相冲突(有利润增长、保值增值、就业、稳定等多重任务),[②]就使政府难以以一种标准去考核企业绩效,无从提供相应的激励手段来同时达到多个

---

① 对于未知事件,知道各种情况发生的概率即概率分布叫风险,不知道概率分布叫不确定性。由于掌握了各类情况发生的概率,可以做风险分析(用期望、方差等描述);而对于不确定性问题,由于掌握信息更少,难以进行决策。就像掌握大气云图信息,可以预测天气,而不了解地壳内部活动信息,难以进行地震预报一样。天气灾害可以事前预防,而地震发生难以预防。人们为了降低风险,愿意为信息付费,以得到确定性的收益,随之产生了保险、咨询等行业。

② 当以就业为目标时,势必以产出(或收入)最大化为目标,此时 $MR=0$,与 $MR=MC$ 的利润最大化目标相违背。

目标。但企业作为市场主体,市场本身面临不确定性的问题,哪有只赚不赔的买卖?如果确定国有资产保值目标更为优先,国企经理就会选择保值和稳定,宁愿少改,甚至不改。同时界定国有资产流失标准的问题。究竟什么才叫国有资产流失?经营者主观因素造成的还是直接侵吞国有资产、利益输送,相对好界定。而由于经济外部环境变化、竞争环境变化、市场变化带来的亏损是否算流失?为了远期利润而牺牲短期利润是否算流失?所以国有企业的改革,还要打消经营者的诸多顾虑,界定国有资产流失标准,就像清晰地界定产权一样,对于激励国企经理非常重要。如果国有资产流失缺乏标准,就是让经营者面临了更多风险,对于经营者缺乏容错机制与空间,这样,谁还愿意揽这些吃力不讨好的事儿呢?

国有企业绩效的改善,要充分利用市场机制,充分发挥企业家的作用。只要国企不得不遵循政府做出的往往带来较低回报的指令,只要国有企业是领导层调节增长放缓的工具组合的一部分,改进治理水平也就难以提上日程。若只靠简单地让国有企业引入民间投资,而不变更控制人以市场为导向行事,难以改善国企的最终绩效。

国内学者林毅夫与张维迎教授有关政府制定产业政策引导产业发展的争论,各自都有道理。但从实际出发,政府制定产业政策发挥效果要有一些先决的条件,而且这些条件只是必要条件,不是充分条件。政府政策需要政府官员作为代理人来制定与执行,政府与官员也是委托—代理关系。若产业政策有效,需要建立一系列假设条件,第一,政府官员能够比企业、企业家更好地识别未来的新兴技术和新兴产业。在这一假设前提下,政府能够调动资源,投入到这些新兴产业中去,加速其发展,带动相关产业,促进经济增长;第二,它还依赖政府官员比企业和企业家拥有更多的信息及信息获取渠道;第三,官员比企业家具有更好的判断能力,有更接近市场的知识背景,经验和识别能力;第四,也是非常关键的,即使以上条件都满足,政府官员是否比企业家有着更强的动力去扶持和发展新兴产业。这几个条件,在现实中都很难成立。

企业家创新也需要激励,同时也面临着硬性的市场约束。有创新成功带来的超额收益,这种利益回报的激励以及爱冒险的天性促使企业家投入到创新活动中去。实际上,世界是不确定的,判断未来、识别未来有潜力的产品,不是一件容易的事情。甚至在投资时,也不知道未来的收益高低,只能靠其判断力和想象力。而这对厌恶这种风险的官员来说是不会去做的。企业家通过不断创新与冒险,不断积累财富增加其抗风险能力。企业家的创新冲动,带动整个经济社会的活力。当然他也面临市场的无情约束。而企业家以自己的声誉和财产做约束,在冒风险的同时,积极调查分析,以减少失误的可能。如果选择产业或项目失误或创新失败,不仅研发的投资和人力资源投入无法收回,而且可能导致资金困难,企业无法正常运行,面临被吞并或倒闭风险。比如曾经盛极一时的诺基亚手机,因为错过智能手机的升级,而失去全部手机市场,曾经销售量第一的手机企业因此而倒闭,市场不会考虑企业过去的辉煌。所以企业才会谨慎地选择创新项目和投资项目,才会必须搜集到足够的信息,进行认真的论证。市场的优胜劣汰,对企业是无情的。但从社会角度来看,把最能配置、使用资源的企业留下来,把错误配置资源的企业淘汰出去,是有效率的。

政府官员是否比企业家有更强的激励去发展新兴产业吗?发展什么样的新兴产业?哪些优先发展?这些背后的激励与企业家的激励是不同的。政府官员不会以该产业未来收入现金流为出发点,也不会像企业家那样考虑足够的风险,因为二者面临的约束条件也是不同的。政府官员不会像企业家那样在意风险,因为企业家是拿自己的钱去冒险,风险自担,而政府官员不能让其承担这样的风险,否则,他们会选择保守,也就不会去发展新兴产业了。此外,政府官员也没有企业的剩余索取权和剩余控制权那样的激励。政府官员追求的是其他目标,如地方经济增长、带动就业、投资规模。从内涵发展和外延扩张来看,政府官员更倾向于选择后者,而企业家更倾向于选择前者。以上三个条件只是必要条件,现实中也都很难成立。新技术和新产品的开发、研制,是一个在未知领域试错的过程,高失败率是其常态,企业和企业家在市场实践中需要经过反复的尝试,才找到未来技术和产品的方向。甚至发现新技术可能是科学家的事儿,以其兴趣和职业敏感作动力,开发新产品是企业家的事,他以其不凡的预见力能"嗅出"其可能的未来前景。从技术研究成功要反复尝试,到产品开发成功也是不断的尝试过程,再到产品经济上可行,流水线生产,之后方可推广,达到成功。政府可以在科学研究阶段给基础科学研究以补贴,因为科学家做的事儿是提供公共物品,产生正的知识与技术外溢,而企业进行技术转化可以不需要政府补贴,因为企业家愿意自己承担风险,同时也获得由此带来的产业化后的超额利润。

2014 年 11 月,我国针对央企组织任命负责人,推出以"以上年度央企在岗职工年平均工资作为参照系"和"限薪的实施以'中办'名义,印发文件自上而下推进"为典型特征的新一轮的国企高管限薪政策。这样一来,就面临央企在岗职工年平均工资如何确定、依据是什么的问题。因为企业绩效,经理风险态度、外部经营环境的不确定性、企业规模和所处产业的竞争程度等都会显著影响经理人的薪酬水平和薪酬结构。当信息不完全时,应该由更具信息优势的一方来主导薪酬激励合约的设计和实施。而高管限薪是由不具有信息优势的政府部门来主导薪酬制定,则显然与上述原则相违背。"一刀切"的国企高管限薪,除了不可避免地导致管理人才的流失外,还会诱发经理人更多地从谋求显性薪酬到谋求隐性薪酬。若信息不对称严重,增加的代理成本超过通过高管限薪节省了的成本,反而会使股东和企业受到损失。而当隐性薪酬遭受政府强力反腐也不可得时,国企高管会产生懒政、庸政。对国有企业上市公司存在的经理人超额薪酬问题,应该通过监管当局要求更具有当地信息的上市公司董事会(薪酬委员会)对经理人薪酬的自查实现。需要通过完善公司治理结构,实现对管理层的有效激励与约束。

4.3 锦标赛下地方政府间的竞争

在信息不对称和高昂的监督成本下,锦标赛是委托人对代理人通过考察其业绩排名进行激励的一种方法。中央－地方的关系与委托人－代理人的关系具有类似的特征。中央政府为了达到经济增长目标,对地方官员进行业绩排名的考核,让地方政府展开经济增长业绩排名的锦标赛竞争。

"大跃进"时期,用的也是锦标赛的方法,有三大特点:第一,地方政府的"公司化"决定了这场锦标赛的基本走向。地方政府变成了追求指标和效率的巨大公司或厂商,动员其所有能够控制的人力、物力和财力来实现高指标。评价地方政府表现的标准变得简单清晰,效率成为最高的、唯一的指标。第二,"层层加码"是推动这场锦标赛的基本作用机制。每级政府都制定"两本账",第二本账的指标高出第一本账,上级的第二本账作为下级的第一本账。在从上到下制订计划时按照第一本账,但是在执行计划和对下级政府进行考核和评价时用第二本账作为标准。从中央到地方的各级政府行为的信息流通不畅。为大跃进及后来的饥荒中的虚夸和瞒报现象提供了制度基础。第三,"软预算约束"决定了这场锦标赛的失败命运。地方政府投入往往没有真正的预算,而是盲目扩大投入,不顾及产出效率。

大跃进的深层机制在于,看似高度分权的锦标赛,实际上是在高度集权和国家对社会资源全面控制的基础上展开的。这种控制表现为政治控制、思想和媒体控制以及资源控制三个方面。首先是通过政党－国家政治体系实现的政治控制。其次是通过党内外的政治运动和以媒体为中心实现的对信息系统和社会氛围的控制。再次是资源控制。政府对社会经济资源的全面控制是锦标赛发动的另一个重要基础。通过这三个方面的控制,中央政府在经济上的分权能起到立竿见影的效果,但是,恰恰也是这些控制手段导致了这场锦标赛的失败。在高度的政治控制之下,地方政府为了表现政治上的忠诚,必然以"层层加码"为手段。高度的资源控制,使得地方政府并不关心长期经济效益,只以扩大投资规模为目标。同时,地区间的竞争关系,造成重复建设和地区保护主义。高度的思想和媒体控制则同时导致浮夸、隐瞒的信息混乱,使得中央政府在全面严密的控制之下部分失去了真实的地方信息来源。也由于这种高度控制,中央可以于"大跃进"后期迅速收权,重建中央集权。"一放就乱、一乱就收、一收就死"指的就是这种由集权—放权逻辑导致的经济波动和周期。这种高度集权的体制会周期性地产生出锦标赛的内在需求。

　　自改革开放以来,地方官员晋升的标准已经由过去的政治挂帅,让位于以 GDP 为主要指标的经济绩效锦标赛。自 20 世纪 80 年代中期以来,中央就已经将干部管理权限下放给地方,确定了下管一级的干部管理体制。就县级干部的任命权来看,主要是由市(地)一级党委和政府来掌握。那么市(地)一级党委和政府是如何对众多的县级干部进行考核呢？当然需要在县级干部之间进行绩效比较。在经济发展作为首要任务的情况下,市(地)级党委和政府采取的一个简单可行方法,就是考核这些县级干部任内的经济绩效,甚至可以简单地比较各县(区)的 GDP 增长情况。这就是所谓的上级政府通过任命权对县级政府发动的经济竞赛。

　　各省(市、自治区)政府同样对各市(地)政府发动类似的经济竞赛。中央政府也把各省(市、自治区)经济发展的绩效,当做重要指标来考核省(市、自治区)政府的业绩。地方政府将经济发展作为最主要的任务,县级政府官员将晋升作为最主要的激励手段。作为县级政府官员,晋升可以获得更多的精神和物质满足。即便无法晋升,要保持住原有职位也需要取得相应的经济绩效。市(地)级党委、政府依据各县(区)的经济绩效来决定晋升的次序。市(地)级党委、政府对它们之间的比较是容易的。县级政府官员能否通过自身努力赢得经济增长的结果？考虑到近些年来尽管大量事务管理权已经由"块块"管理转移为"条条"管理，县级党委和政府的管理权限虽然已经被大大削弱，但毕竟仍然对经济社会事务掌握着巨大的影响力。在县域内部能够为经济增长做出贡献的官员同样获得了更多的晋升机会，从而激励县域内部的官员为经济增长而竞争。地方政府在招商引资、推动经济增长方面做了大量工作，推动了地方经济的快速增长。结果使我国在区域市场分割、行政垄断、对企业行为过度管制和干预等种种问题没有得到解决的情况下，却取得了世界上难以置信的经济增长。地方政府官员为了获得经济增长从而得到晋升，积极地充当了企业产权保护者和市场维护者的角色，在一定程度上缓解了上述问题。换言之，"晋升锦标赛"在某种程度上是对产权保护和市场维护的替代。

当然，也要看到，尽管"晋升锦标赛"点燃了县域官员发展经济的热情，开始着力于推动本地经济增长，但带来的问题也是较为严重的。突出表现在导致资源配置的扭曲上，如为招商引资出台种种过于优惠甚至是违反国家法规的政策，置国家的宏观调控政策于不顾，依然着力发展一些高耗能、高污染的项目，一些地方政府的保护存在，导致本该退出的地方"僵尸企业"不能退出等。按照公共财政的要求，政府应该将提供足够合格的公共产品作为财政支出的首要任务。但在"晋升锦标赛"之下，为了获得 GDP 的快速增长，县级政府将有限的财力主要投向到生产建设之中，而对教育、卫生、文化、社会保障等公共产品却较少关注，导致公共产品供给的不足。其实，一国经济的增长，如果从人民生活水平提高的角度看，并不一定是 GDP 增长很快的时候，而是大部分产品和服务都处于买方市场的时候。况且 GDP 只是衡量一国最终产值的量，而不是确切的财富，也不计产值增长背后的社会代价：资源过度开发、环境破坏、人力资源透支、资源配置效率扭曲等。

4.4　非营利部门的激励

　　激励机制设计的探讨主要集中在营利性组织内部,而对非营利性组织如政府机构、公立学校、医院等的激励涉及较少。这是因为非营利性组织的市场价值很难估算,它很少在市场上出售其产出,而是直接提供产品和服务。非营利组织也很少从市场渠道获得投入,而是通过政府财政或者慈善捐助。虽然非营利性组织并不以追求利润最大化为目标,但这并不能说明非营利性组织内部就不需要激励。但非营利组织的激励与营利组织的激励还是有较大的区别,因为 v 利组织的激励,所要达到目标一般是以利润最大化的单一目的,短期也许以最大化市场占有率为目标,但非营利组织的目标一般是多维的:不仅要考虑自身经济收益,也要关注社会效益。医院、高等院校,医院的市场化改革,要求医院成为自负盈亏的市场主体,还要承担治病救人的社会责任①;高校既要求教师担当教书育人的社会责任,又要求教师完成科研任务;政府既要保持经济增长,也要保持社会稳定。如果这些单位也像企业一样,以追求自身经济利益最大化为目标,就会偏离其社会功能。如果医院只追求经济效益,就会发生对病人不负责任的过度医疗,小病大医,甚至根据病人的经济承受状况搞完全价格歧视,剥夺掉病人家庭全部的消费者剩余;学校如果以经济利益为导向,就会不顾学生能力提高,增加招生、提高学费,降低育

---

　　①　中国医疗中过度使用抗生素。有经验老中医强不建议给儿童使用抗生素,除非迫不得已。孩子发烧可能是自身身体中的白细胞正在和疾病病毒"做斗争",这时用抗生素,不但病毒没有被杀死,把白细胞也伤害了不少。抗生素的大量使用,还促使人体内的细菌、病毒产生耐药性或不断变异,这就又需要新的投入去开发新的抗生素。然后细菌、病毒又产生耐药性或不断地变异,于是继续研发,再不断地在提高人们的诊疗费用……对疾病的治疗就陷入了一个巨大的旋涡。小病大医的过度医疗、过度使用抗生素、开高价药开新药,是导致看病难、看病贵的一个原因,也带来了医患之间的不信任、医患关系紧张的问题。

人标准,很可能变成贩卖文凭的机构。这显然是违背教育初衷与社会良知的。

激励制度是重要的,在营利性组织中可以设计激励契约使代理人为委托人的利益服务。非营利组织也可以模仿盈利组织建立有效的绩效激励,但是基于绩效的激励制度真的十全十美吗?一些实证结果表明,现实中的激励实施效果与理论结论大相径庭。当然,在委托—代理框架下的激励方式并非完全有效,会存在明显的扭曲与偏差。因为委托、代理双方的信息不对称、多重代理、目标不一致、契约不完全、监督成本高、委托人的机会主义行为等,不可避免产生激励的效率扭曲。与营利性组织相比,非营利组织的内在价值、市场契约关系、实现目标等方面均有所不同。自然地,非营利组织内的激励契约也存在激励扭曲。按照不完全契约理论的逻辑,激励契约是不完全的。不论是从激励形式上的缺陷方面,还是从行动和结果的不确定性方面,以及产品考核、履约问题等方面来评价,并不存在对人们行为进行衡量的完美方法。如果人为地设计并选择所谓合适的激励契约必然带来激励扭曲。最近曝光的河南南阳两名交警为争抢开罚单而发生的闹剧,就与其内部罚款绩效激励的设置不当有关。

为什么民主会使社会更加繁荣,而集权更可能会使社会陷入低水平均衡陷阱。当然也并不是说集权国家一定不能建立一个好的制度,但集权国家的好制度可能会受集权者利益或偏好的改变而发生变化。如果集权者是以大众利益为出发点,并且很好地掌握了社会资源配置的一切信息,社会的发展也会很好。麻省理工学院经济系教授 Acemoglu 在对太平洋贸易与西欧的崛起的分析中,对自由与制度的关系作了深刻分析。他发现同样是进行太平洋贸易的一类国家(以法国、西班牙、葡萄牙为代表)和另外一类国家(以英国、荷兰为代表)的经济增长模式有很大的差异。他认为,当时在法国、西班牙、葡萄牙,当地的君主势力强大,太平洋贸易是由这些君主垄断的。而英国和荷兰的太平洋贸易是由资产阶级所控制。太平洋贸易带来的经济增长,这部分经济收益为法国、西班牙、葡萄牙这样的独裁国家的统治者所垄断。所以太平洋贸易不但没有使得社会更加民主,反而使得独裁者有积极性控制更多的社会资源,长期占有这些垄断资源,并没有与大众建立利益分享的制度。在英国和荷兰,大西洋贸易持续地给中下层资产阶级带来经济收益,从而使他们有力量组织起来和国王抗衡。最后导致了辉格党人在同英国国王的斗争中取得了胜利,从而带来了光荣革命。太平洋贸易在英国、荷兰这样国家培育新生阶层,使他们能够与独裁者抗衡,最后发展成一套宪政制度。而法国、西班牙、葡萄牙却没有,最后把整个社会锁定在更加独裁的政治框架中。

　　一种利益分享的制度,能够保证参与者的积极性,使其去维护和自觉遵守该制度,也会出现一个均衡的制度,可以实现自我维持。好制度还具有民主与全体一致性。亚当·斯密曾经分析过:在人类社会的大棋盘中,每个个体都有自己的行动准则,这些单个准则的集合不同于立法者所选择的准则。如果这两种准则一致,且作用于同一个方向,人类社会的博弈将容易并和谐地进行,人类社会也最有可能取得幸福和成功。反之,如果这两个准则对立或不一致,博弈将是痛苦的,也是难以持续的,这样制度的维护成本可想而知。没有民主,就很难保证单个准则的集合与立法者所选择的准则相一致,这样往往会产生不可持续和难以自我维持的制度,或要保障这样制度的运行,就需要较高的维护成本。这两种准则的对立或不同是许多国家没有较好解决的问题,而民主则是较好的解决这个问题的前提条件。

　　中国共产党之所以能够带领中国人民战胜国民党,根本在于取得了人民的信任,与人民的利益相一致。正如毛泽东在《中国革命与中国共产党》一文中说"若干根据地中被红军围攻的白色据点内的敌人突围而出,退却到白区里去重新组织进攻,这样的事是发生过的。如果内战延长,红军胜利的范围更广大时,这种事情会多起来。但是他们的结果不能和红军相比,因为他们没有人民的援助,官兵之间又不一致。他们如果也学红军的长途转移,那是一定会被消灭的。"举世闻名的长征是共产党第五次反围剿失败后的战略转移,由于共产党与人民、官兵利益一致,取得长征的胜利,但这事儿如果发生在国民党身上,在他们战略失败后进行战略转移,可能就置身于人民的汪洋大海之中了。由于他们没有人民的援助,官兵之间利益的不一致,加上国民党政府长期压迫百姓,也失去了民心,他们在进入战略防御后,结果就剩下失败一条路了。共产党取得全国性胜利后,把"全心全意为人民服务"作为自己唯一的执政宗旨,也是党认识到革命与建设都需要与人民群众利益的始终一致有多重要。

4.5 信用、交易成本与激励相容

信用对国家、企业、个人而言都是一种无形资产。[①] 前面提到过企业的品牌会产生价值,企业依靠品牌优势可以提高定价,获得超额利润,好的品牌效应,相当于信用资产的回报。所以信用是一种无形资产。古人云:"人而无信,不知其可";"人无信则不立"。也就是说个人没有信用,没有人愿意和你打交道,你也就难以立足于社会。现代市场经济条件下,人员流动性大,交易频繁,如果没有信用,互相欺诈、互不信任,则交易成本会极高,连合作机会都谈不上,更不要说获得合作剩余了。守合同、讲信誉不仅是一种美德,还是现代经济高效运行的制度环境。淘宝网购为什么发展得这么快,原因很多,如实体店税费过高,去实体店购买的交易成本高等,网上购物的人们很多,每年的双十一都在刷新交易额记录。大家之所以相信淘宝购物平台,就是因为马云公司的阿里巴巴建立了对买卖双方都可以相信的交易制度:收到货之前,买方把购物款支付给支付宝平台,以防止买方不付款的行为,

---

① 卢现祥.论社会信用制度的产权基础[A].寻找一种好制度[C].华中科技大学出版社,2010:75.

在收到货后,买方如果对货物无异议,则会在一定天数内把款项自动打入卖方账户。双方都能通过支付宝平台的交易制度,保证了买卖双方的信任。第三方介入来做保障,实现买卖双方合法权益的保证。但现实生活中,我国的银行、政府、保险公司、企业、个人的作用都有待提高与完善。2014年年末农民工欠薪事件中,竟然背后有很多是地方政府在拖欠工资。不论政府是因为资金没到位还是其他原因,对农民工工资的拖欠,无形中助长了社会不诚信的风气。

1968年10月,诺思在《政治经济学杂志》上发表的《1600-1850年海洋运输生产率变化的原因》一文中,对海洋运输成本进行了多方面的统计分析,发现尽管在这一时期海洋运输技术没有发生大的变化,但由于海洋运输变得更安全(对海盗行为的取缔)和市场经济变得更完善,因此,航运制度和市场制度发生了变化,从而降低了海洋运输成本,最终使得海洋运输生产率在提高。诺思指出,在技术没有发生变化的情况下,通过制度创新或变迁也能提高生产率的实现经济增长。在历史上,许多技术创新因为缺乏相应的制度环境或制度创新而被束之高阁的事例非常多。所以发展经济学家在研究发展中国家贫穷落后的原因时,发现一个资源丰富的国家,可能因为市场制度的不发达,无法摆脱贫穷,而一个资源匮乏的国家可能因成功推行完善的市场制度而繁荣。

4.5.1 诚信与价值创造

为了对付制造假冒商品的企业,需要花费不菲的相关成本。正规书籍出版商为了让消费者识别真假,利用技术(如防伪码、防伪标志)去防伪,以增大制假者仿冒的成本。另一方面,正版厂家也可以采取法律手段,打击仿冒者。像可口可乐这样的知名公司的商业研究部门,每年拨款200万美元,动用专门的调查人员去检查各个饭店里的可口可乐饮料,用化学鉴定的方法鉴定他们出售的可口可乐是否是仿冒的产品。从1946年以来,可口可乐公司有关商标方面的诉讼案件超过 800 起,几乎都获得胜诉。

虽然诚信本身并不创造价值,但可创造交易机会。诚信可以降低交易成本,可以减少因不信任而产生的诸如防范、合同、和因失信而产生的成本,如诉讼、谈判、讨价还价、执行等成本。可以降低保证金减少资金占用、减少一些手续等麻烦及各种"魔高一尺,道高一丈"的恶性循环不断攀升的监督成本,也不需要每个人都成为甄别信息的专家和防骗的高手。没有诚信的社会把大量资源和能力、精力用于并不生产社会财富和创造价值的规避和防范失信行为,或者用来造假上,本身是社会资源的浪费,在不诚信的环境下人们无法获得发自内心的幸福感。降低交易成本、减少政府干预,把政府定位为市场服务,让市场在资源配置中起基础性作用问题。公平与效率既是对立也是统一的关系,不是片面的矛盾关系。二者处理不好会既没有效率也无法公平,二者可以良性互动,阶段性的效率优先或公平优先,需要改变为公平与效率要彼此照顾,而不能顾此失彼。崇尚人民利益至上,崇尚劳动光荣,让人们积极为社会创造价值和财富。

阿玛蒂亚·森在 1962 年发表的文章《社会选择与个人行为》中写道:"良好商业行为的基本准则有点像氧气:只有缺少它时,我们才对它感兴趣"。现今中国,商业伦理缺失的现象已经屡见不鲜,人们焦虑于每天的吃、穿、用的安全问题。亨廷顿在 1968 年曾经讲道:"单纯的经济增长会使社会的经济、文化失去平衡,突然急剧增长的财富在无任何力量制约的条件下,会把一切变为金钱能够购买的东西,瓦解制度,破坏法律,收买权力,最终导致整个社会的可购买化、金本位化,使社会的结构趋于崩溃和混乱。"

如果代理人和委托人签约后,委托人并不知道代理人的信用程度,代理人可能是守信类型,也可能是容易发生违约的类型,比如代理人个人履约资本较低,表现为违约的成本相对较低。如一种阻止委托者观察自己的能力、一个很高的贴现率(即是一个更加看重当前利益的近视者,或者当前利益的确对他更为迫切)或一个习惯于违约的本性(违约后内心不觉得自责),这样,代理人发现自己的履约收益不如违约收益时大,就容易发生道德风险,甚至导致合作失败。

在市场经济中,市场参与者的信用关系形成了一个环环相扣、互为前提的有机网络,这个网络中的某些环节断裂,必然对整个网络产生连锁性的破坏,呈现放射性恶性扩张的特征。信用问题从根本上制约着金融市场能否健康发展,资金从富余一方流向缺乏一方,意味着资金的所有权和使用权分享,也意味着资金所有权承担一定程度的风险。若借款一方没有信守承诺,将造成借款方的资金损失。长此以往将产生过分惜贷甚至拒贷现象,结果将是金融市场的逐渐萎缩。

当社会信任普遍存在时,可以极大降低社会运作的成本。然而,这种信任一旦遭到破坏,将使社会运行成本大大增加,而且重新恢复信任将需要漫长的积累过程和高昂的代价来重新建立。在建立社会信任方面,政府自然有着义不容辞的责任。如果一个社会连基本的食品药品安全、环境安全、法律公平等问题都无法解决,就会影响社会公众对政府的信任。所谓"沉疴需猛药,乱世用重典",社会信任危机发展至此,非猛药不足以正之;社会道德危机发展至此,非重典不足以正之。当然,在日常生活中,仍然能轻易找到众多人性的闪光点。前不久媒体报道过有摩托车主9万元沿途散落,被路人捡起分文不差;两女子捡到价值百万钻石主动交还等很多诚信现象。但也有诸如农民工1.7万现金散落遭哄抢、货车侧翻货物遭哄抢等消息见诸报端。考虑到负面消息的社会关注程度更高,也带动了部分媒体对于负面新闻的报道积极性更强,如此便使人们很容易产生"人间处处是黑暗"的感觉。相信社会总体趋势还是健康向上的,大部分人的内心深处还是有道德感与人性光辉的。

我国企业在运行中,忽视信用的价值,不会利用信用价值增强自身竞争力,只看到失信可以给他们带来短期利益,而忽略长期损失。我国的法律制度没有将前一次的信用和以后每次的交易联系起来,失信者可以换个环境和办法再行失信,获取收益,而不用承担损失,不必为此付出高昂代价,其他人看到失信者短期利益,也会效仿。失信传染机制一旦形成,守信者将难以生存。

诚信是美国人的立身之本,他们不骗人并不是天生的,而是健全的信用制度使然。在美国如果一个人不讲信用,他在社会上就难以立足。比如,如果某人在经济活动中有过欺骗行为,他不但无法按揭买房、买车,工作都不好找,租房也难,连买保险的保费都要比别人高很多。有人会说,骗了人不让人发现不就行了吗?但关键是,诚信制度让他无处躲藏,因为他的经济行为都在计算机里有记录,把他的社会保险号码输入资讯库一查,就对他知根知底了。正因为诚信在美国是如此的重要,撒谎对美国人来说就是一件大事。比如克林顿的拉链门事件,独立检察官斯塔尔紧追不放的不是总统的婚外情,而是克林顿向全国人民撒了谎。诚信制度让美国人不得不讲信用,诚信除了培养言而有信的品德外,还给他们带来了意想不到的两个好处:一是人与人之间无须相互琢磨,不用费劲去打听别人的德行,人际关系非常简单,于是做人就做得非常轻松;二是降低了经济行为中的交易成本。

由于中国盛行熟人社会与生人社会的区别对待,对于欺骗外人、生人的行为就缺乏内在的规范力量。这个习俗就是费孝通所提出的差序格局,就像在水中投入一颗石子,水面上泛开一圈一圈的水纹;在中国社会中,每个人都是以自己为核心,血亲-姻亲-朋友-熟人,一圈一圈延伸开去,按离自己距离的远近来划分亲疏。信任只在熟人圈里,对陌生人世界是完全不信任的,甚至认为,对陌生人的欺骗行为并不违反行为规范。差序格局揭示的是一种典型的熟人社会价值观:只是在熟人圈子里才有信任,对于陌生人是完全没有信任的。有一个著名理论认为,西方是个人本位的社会,中国是家庭本位的社会(家族本位的社会)。个人本位的社会是陌生人社会;家族本位社会是熟人社会。前者人的交往运作一定要靠法制,而后者就要靠关系,是人治。法制就要求信任,就会产生相应的制度来保障信任;人治就不会有信任,也没有制度能够有效地保障信任。

　　信用的建立不是在开出支票之日,而是在把它兑现之时。如果没有信用基础,市场中的交易就无法完成。现代市场经济面临的主要问题不是是否有这种信用基础,而是要解决信用等级即诚信度高低的问题。因为诚信度的高低对市场经济绩效有着重要的影响。市场作为资源配置的手段主要就是通过市场中的各种交换产权的交易来实现的。传统的经济学认为由于信息的透明性与交易的瞬间性,交易是没有成本的。罗纳德·科斯在1937年发表的《企业的性质》一文中,首次提出了交易费用的概念,初步创立了交易费用理论,并且随着威廉姆森、德姆塞茨、哈特等新制度经济学派的经济学家对交易理论的发展,交易费用理论变得更加规范和完善了。交易费用理论认为,市场机制的运行是有成本的,人与人之间的一切交易也都是有成本的。

　　按交易的时序交易费用可分为:寻找交易伙伴的成本;搜集交易信息(如交易价格)的成本;谈判(如讨价还价)的成本;签订交易契约的成本;履行契约的成本,监督契约的成本;制裁违约行为的成本等。从交易费用角度来分析诚信是怎样来影响经济效绩的。假定一项交易发生时,寻找交易伙伴的成本,搜集信息的成本,谈判成本,签约和履约成本等成本一定,那么监督成本越高,则交易费用成本就越高。要想从交易中获得更多的利润就应该尽量减少监督成本。监督成本是由什么决定的呢?交易双方的诚信度高低是影响监督成本最重要的因素。诚信度可以理解为交易一方对另一方是否会履约的信赖程度,或者说交易一方在另一方眼中的可信度。如果交易双方的诚信度都比较低,那么双方在监督对方是否会完全履约或违约方面的投入就会较大,比如,尽量搜集对方活动的信息,并对信息进行分析和判断,看对方的行为是否曾经有过违约记录,监督成本会比较大。相反,如果双方的诚信度都比较高,双方的监督成本就很小,相当于增加了合作剩余。因此,诚信度与交易费用成反比关系,交易成本与经济效率负相关。

信任可以降低激励与约束的成本，如果信任成为全社会普遍遵守的行为规范，则签约成本和履约成本、监督成本、惩罚成本等均会大幅度的下降，合作收益自然增加，合作风险自然降低。当然信任是以共同认可的价值观、互惠互利的合作潜在利益、对机会主义者（违背社会规范和合约者）高效的惩罚和执行机制。由于给定别人选择情况下，自己偏离既有选择，会得到额外的（至少短期的）好处，所以在发达国家，对违反社会公德、公序良俗会有很严厉的惩罚措施。这严厉的惩罚措施，让社会成员不愿意违背社会规范，逐渐形成一种自觉。

不论是经商还是交往，都需要诚信。你可以选择欺骗的"一锤子买卖"，获取暴利，但这只能进行一次。当然在陌生人的社会中，骗子利用这种方式，先骗取对方的信任，然后采取的"不合作"行为。对于要与客户进行长期合作的店家，这样做就不见得有利了。当店家出现宰客、不诚信（以劣充好、缺斤短两、掺假等）行为时，顾客就会慢慢远离。越是成熟的市场，交易中诚实的含量就越高。当市场诚信者越多时，不诚信者的市场机会就越少，不诚信者的损失就越大。反过来，当市场混乱（不诚信者众多，消费者难以识别，监管者监管不到位）时，不诚信者会从中受益，而诚信者反而会吃亏。不诚信者通过欺骗手段获得的报酬越多，就会有更多的人来效仿，人们都去做短期行为，去欺骗别人，结果所有的人都可能成为骗子伤害的对象。比如，奶制品造假、食品造假、工程造假等充斥市场时，生活中吃的、用的都会面临不安全。社会无序，整体福利会因防范不诚信的成本上升而下降。

诚实可以为一个真正企业家赢得更多的忠诚的客户，诚信是一种不做广告的广告，正所谓"金碑银碑不如群众的口碑"。美国第一任总统华盛顿儿时曾经用斧子砍了父亲心爱的樱桃树，他勇敢地承认了自己的错误，他不仅没有受到父亲的批评，父亲反而对他的诚实给予了很高的赞扬。列宁小时候打碎了姑妈家的花瓶，由于害怕责骂而一直不敢承认，过后却一直心里不安，直至写信求得了姑妈的原谅才安下心来。做人如此，做事也如此。有名的产品品牌,就是靠一点点的质量品质积累,赢得了消费者的依赖。品牌的价值就是消费者愿意多花钱来买放心安全的产品而支付给厂家的报酬。在厂家看来是多获取的超额利润,对消费者看来是购买的附加价值(更安全的消费、更可靠的售后保障、更愉悦的顾客体验等)。

信用是自己一点一滴建立起来的。它是一贯的言行一致、遵守诺言、履行合约的综合体现。企业信用级别有 AAA、AA、A、BBB,BB,B,CCC,CC,C,D 四等十级。信用是企业履约的保证,企业可以利用信用等级向对方发送信号。中国古人云:人而无信,不知其可;人无信则不立;一诺千金。没有信用就无法维持交易,信用是个人、企业、国家的无形资产。好的信用环境可以把资源集中起来用到有效的生产中去,防范成本、监督与惩罚成本、甄别成本等都会因此减少,这些影响交易的成本降低,就会使交易效率提高,人们从交易中获得的收益增加。交易成本就像国际贸易中的关税及非关税壁垒。交易成本的提高导致了交易门槛的提高,交易机会甚至丧失。试想,如果社会中充满了偷盗、欺骗、掠夺与抢劫,谁还会有积极性去创造财富?

4.5.2　社会诚信重建

中国传统商业箴言:"欲富先仁,富商不忘其德,财自德生,利缘义取,寓利于义。"中国古代哲学和经济思想史中也不乏大量的"义""利"之辩,《论语·里仁》中提到:"君子喻于义,小人喻于利。"说明中国传统社会是存在商业伦理的。"以正治国,以奇用兵,以无事取天下。吾何以知其然哉?以此。天下多忌讳而民弥贫。民多利器国家滋昏。人多伎巧奇物泫起。法令滋彰盗贼多有。故圣人云:我无为而民自化,我好静而民自正,我无事而民自富,我无欲而民自朴。"老子《道德经》里的这句话,告诉我们建立和实现信用经济的意义和途径,这些话于今天仍意味深长、意义深刻。

　　美国货币主义代表人物弗里德曼曾说:"市场经济条件下,企业的唯一社会责任是在现行游戏规则内提高利润。"在亚当·斯密等英国古典经济学家看来,经济学的任务是劝说人类社会尤其是国家的主权者应该采取什么样的合适治理方式和制度形式,来使一国的经济繁荣,人民致富。为了这一目标,在斯密的著作里,不仅讨论了一些经济与贸易政策,而且还较广泛地讨论了政治、法律甚至外交等方面的问题。斯密在《国富论》中还讨论了保证看不见的手能得以良好动作自由制度原则及其法律保障问题。斯密指出:"一些特惠或限制制度,一经完全废除,最明白和最单纯的自然和自由制度就会自动建立起来。每个人,在他不完全违反正义的法律时,都应给予完全的自由,让其依照自己的方式去追求自己的利益,并以其产业和资本与其他任何人以及其他阶层进行竞争"。依照这一理念,斯密还对社会的收入分配提出了一个非常重要但却在很大程度上被人们忽视的观点:各阶层人民的收入分配,也应该是由市场竞争来决定的事。亚当·斯密说:"君主应该给予各阶层子民以公正和公平的待遇,如仅仅为了促进某一阶层的利益,而损害另外一个阶层的利益,显然与此相违。"斯密对市场经济进步意义的确信,甚至到了这样一种程度,即只要给定充分的自由竞争和市场秩序的自然成长空间,市场诚信体制也会随着交易的扩大而慢慢产生出来。譬如,他在《法理学讲义》中明确指出:"只要商业在某一国家兴起,就总会带来人们正直和守时的习惯。这些美德在未开化的国家里几乎是不存在的"。他接着举例到,在当时欧洲各国当中,荷兰人最注重做生意,同时也是最遵守诺言的人。

　　由于中国有自己独特的文化习俗,盛行熟人社会与生人社会的区别对待,对于欺骗外人、生人的行为就缺乏内在的规范力量。这个习俗就是费孝通所提出的差序格局,就像在水中投入一颗石子,水面上泛开一圈一圈的水纹;在中国社会中,每个人都是以自己为核心,血亲,姻亲,朋友,熟人,一圈一圈延伸开去,按离自己距离的远近来划分亲疏。信任只在熟人圈里,对陌生人世界是完全不信任的,并且由此也认为,对陌生人的欺骗行为并不违反行为规范。差序格局揭示的是一种典型的熟人社会价值观:只是在熟人圈子里才有信任,对于陌生人是完全没有信任的。

复旦大学教授韦森把目前我国的商业伦理缺失,归结为四方面原因:

一是法治缺失。有法律大家不怎么遵守,没有规则意识,导致有法难行、有法不依,商业诚信制度缺乏建立的法治基础。

二是官员腐败。如果政府官员都不可信,那还如何相信政府,如果政府也不相信,那还有谁可信? 政府诚信是社会诚信的前提。

三是国有企业寻租,国企高管依靠自己所掌控的资源和权力进行利益寻租。

四是信仰和价值观缺失。由计划经济转向市场经济,原来从前苏联引入的革命意识形态正在逐渐消退,而与市场经济相适应的规则意识还没有建立起来,在市场化的现实面前,人们只信金钱和最快的赚钱发财手段,在"利"面前,"义"往往为人们所忽视。[1]

西方是个人本位的社会,中国是家庭(家族)本位的社会。个人本位的社会是陌生人社会,家族本位社会是熟人社会。前者人的交往运作一定要靠法制,而后者就要靠关系,是人治。法制就要求信任,就会产生相应的制度来保障信任;人治就不会有信任,也没有制度能够有效地保障信任。将重建公众信仰体系作为一种目标。信仰并不一定以宗教的形式体现,然而不论具体选择哪种方式,都应将重建一种社会公众普遍认同的信仰作为解决当前社会问题的途径之一。正因为我们的社会经历过一个人们不能了解基本事实的时期,人们对公权力就丧失了基本的信任。现在国家正着手加强政务诚信、个人诚信体系和电子商务领域的诚信建设,这是社会信用体系建立的重要内容。要大力弘扬诚信文

---

[1] 韦森. 重读哈耶克[M]. 中信出版社,2015:221-222.

化、将建立诚信记录、实施守信激励和失信惩戒措施,作为诚信建设的主要方面。以重点领域、重点人群为突破,推动建立各地区各行业个人诚信记录,奖惩联动,使守信者受益、失信者受限受损。中央还提出,要加大对各级政府和公务员失信行为的惩处力度,将危害群众利益、损害市场公平交易等政务失信行为作为治理重点,发挥政务诚信对其他社会主体诚信建设的重要表率和导向作用。

建立法治经济环境。社会对于人们的行为缺乏有效的外部规范力量,对于造假欺骗行为惩罚不力,惩罚机制不完善,使得造假行为的成本比较低,由此导致毒牛奶、地沟油、盗版书泛滥成灾。从社会信用建设及体制安排看,一方面对失信的惩罚不严厉,另一方面守信的收益不明显,失信的成本低,收益大,以至"格雷钦定律"发生作用,导致守信的市场主体退出市场或者自动放弃守信原则。在法律机制健全的社会,人们的造假行为会带来倾家荡产的结果,对造假者重罚,让人们主动选择诚信。一些常见的食品安全、爽约记录及信贷的污点、保费的诈骗,深深伤害市场主体之间的信任,破坏交易的规则。对付这些"老赖",除了运用法律权威强制执行外,还需要严格的征信记录,让记录反过来制约不守信者的交易和行为,构筑起不敢骗、不敢赖的防火墙。

市场经济是契约经济,体现的是交易双方的平等互利,需要的是对彼此权利的尊重。我国经济的市场化、全球化程度超过许多国家,甚至某种程度上已经过度市场化了,如在网站上公开买卖论文、买卖官位、买卖人体器官等,但市场规则和社会规范尚待完善。市场经济的运行需要在法治的环境下,依序运行。首先,要保护私有产权,有了保护私有产权等个人权利的法律制度,市场才谈得上良好运行。而我国目前保护市场良序运行的法治环境还不够,尊重和保护个人权利的文化意识还没有完全形成,个人维护自己权利的意识还不够。中国传统儒家文化,实际上提供了一套消解和抑制个人权利来构建一个君臣父子科层式社会秩序的哲学,这是与市场主体权利平等的精神不相适应的。近代西方世界的兴起,近现代市场经济的发展和繁荣,以及近现代法律制度的生成和演变,都与尊重和保护个人权利分不开。

近年来,在国内收入分配差距和产品质量良莠并存情况下,一方面是国内消费不足,另一方面却出现了大量国民海外消费的现象。消费是内需的重要组成部分,国内制造业产能过剩,高端消费者却大量在国外购物。三鹿奶粉事件的阴影,可能十年二十年都挥之不去。如果迟迟无法筛选出诚信的、视品牌为生命的企业,如果没有为食品安全谢罪的企业家,没有客观的评级标准,中国消费外部化的问题就难以解决。[①] 从购买食品到购买日用品、奶粉、大米、化妆品、电饭煲。他们购买的是不同的标准与服务,是更安心的产品质量,是更高的标准与更严厉的监管。消费者用脚投票,投下的是对很多国内企业质量、品牌、监管的制度不信任票,他们无法进行筛选,只能用脚投票。指责中国消费者不爱国、不理性无济于事,如此庞大的消费群体做出同样的选择,某种程度上反映对国内消费品缺乏信心、对产品安全和品牌缺乏信任,需要重塑消费安全、重构产品诚信体制。

近年来出现房地产行业,越来越多的私人开发商也采用公开招标程序选择合适的承包商。走招标程序会产生各种中介费用(招标文件制作费、代理费、专家评审费、面临流标风险等),但调查发现,之所以开发商用这种正规程序,而不是自己决定承包商,主要是可以选择真正有资质的企业。通过法律合同的形式,明确双方的权利义务,避免熟人关系的不守信用、可能产生的逆向选择与道德风险。

在美国的临时小店,也会有宰客现象,但不会有我国的普遍。中学课本《卖橘者言》里,卖橘者振振有词,令人叫绝,可见当时社会造假、官场腐败,说假话有多严重。所以即使有法,也无法责众,大家都习惯用潜规则。要想彻底有效治理,需要一系列配套措施:一是形成有效制衡的监督,不能让管理者与被管理者沆瀣

---

① 叶檀.中国人买日产马桶盖:消费外部化 产能过剩化[EB/OL]. http://blog.sina.com.cn/s/blog_49818dcb0102vnh7.html2015/3/2.

一气；二是从大环境上改变不诚信风气，对不诚信者列入黑名单，让其在和别人合作时为自己行为付出代价；三是让律师打这种集体诉讼官司，专业的诉讼效率高、收益大，律师会有积极性去做这件事儿。

法治在现代市场经济中对经济发展和经济效率起着多方面的重要作用。第一个作用是约束政府，即约束政府对经济活动的任意干预；第二个作用是约束经济人行为，其中包括产权界定和保护，合同和法律的执行，公平裁判，维护市场竞争。这通常要靠政府在不直接干预经济的情况下以经济交易中第三方的角色来操作。第一个作用意味着划清政府与市场的界线，减少政府对市场与公民权利的干预，第二个作用往往意味着引入某些规制，以保护和维护市场主体的合法权利。正是通过法治的这两个经济作用，现代经济在制度上确定了政府与经济人（企业或个人）之间的保持距离型关系。这是现代经济发展有活力、有创新而又可持续的制度基础。法治的第一个作用是约束政府。这是"以法治国"（rule by law）与"依法治国"（rule of law）的根本区别所在。在经济领域内，以法治国是政府通过法令的形式来管制企业和个人。以法治国的概念在中国传统文化中早就存在。春秋战国末期的法家就是主张用法管理百姓，但法是不约束皇帝的。而现在的依法治国中的重要一条是老百姓可以通过法律约束政府行为。当法律可以约束政府行为时，经济实体就有经济自主权可言。反之，如果政府行为不受法律约束，独立的企业制度和自由交易就没有根本的保障，那么现代市场经济的基础就不存在了。

为什么约束政府对经济发展至关重要。第一，政府的权力天然的大于企业或个人，因为政府可以有各种老百姓没有的手段，比如征税、使用警察和军队等。第二，给定这一权力，政府对经济随意干预的倾向很难自我抑制。第三，经济人会预期政府的这种行为，便没有激励去投资和创造财富，可能想办法进行官商勾结，也可能去进行扭曲性投资，比如上短、平、快项目，甚至去贿赂政府官员以换取政府干预的减少。这就构成对经济发展的障碍。

究其根源,乃是在政府行为不受约束的情况下,政府对经济人的承诺(commitment)变得不可信(not credible),这就是通常老百姓所担心的"政策多变"。在经济学上这种现象称之为政府的"不可信承诺问题"。事实上,这往往会造成"双输"结果。由于激励下降,经济不发展,政府的税收往往会因此减少而非上升,政府不受约束最后也会有损于政府的自身利益。反之,通过法治约束政府的行为则可以达到政府的"可信承诺"(credible commitment),并造成"双赢"结局。情况相反,政府受到法律约束,不能对经济随意干预,比如,政府不可以随意收费,也不可以随意限制经济活动,经济政策也不可以朝令夕改。形成稳定的预期企业就会放心投资。这样经济人才会有积极性从事生产性经济活动,不仅经济人受益,而且政府也可以从中收取更多的税,因此是双赢的。就像减税率反而增加税收总额,只不过这不是简单的税率问题,而是政府的承诺可信与不可信的问题。

易中天指出,当前的天下大势是文明的冲突,其中最主要的冲突发生在西方文明、伊斯兰文明和中华文明之间,在这种形势下,中国必须思考其他文明的优势与我们的不足。他认为现代西方文明在当前占据优势的主要原因是具有普世的宗教信仰,而信仰的作用在于确定并延续一个民族的核心价值体系。与之相比,中华文明缺乏信仰,中国人的信仰普遍是实用主义的。在进入市场经济之后,中国的经济基础发生了变化而价值体系仍是陈旧的,因此,才出现了一系列道德滑坡和价值虚无的问题。所以中国的转型从根本上是文化或文明层面的转型;吴思认为从汉代到辛亥革命,我国的核心价值是三纲五常,到了计划经济时代是阶级斗争。从古代到民国,我们的经济基础一直没有大的变化,所以儒家伦理在民国时还有维持作用。阶级斗争的价值和计划经济吻合,而进入市场经济阶段后,处在三千年未有之大变局下,我们需要找到符合中国国情的,既能够延续中华传统又适合市场经济的核心价值体系,让国民文化素质和道德水准与经济发展相适应。

市场经济是信用经济,需要人们将诚实守信作为普遍的行为准则。信用行为,表现为显示真实的信息、采取可信的行动或做出与事实相符的承诺。从行为主体的角度来看,这种信用行为与其他行为一样,都是对社会环境做出的适应性反应,其根本目的仍在于追求自身利益。A 对 B 做出信用行为,并非因为 A 本身特别有道德情操,而是因为 A 有着自身的利益,并认为实现这一利益就需要对 B 做出信用行为。换言之,信用行为并不能归结为行为主体的内在道德信念的外在表现,而应理解为一种以追求自身利益为目标的理性经济行为。

在信用行为的实施过程中,就出现了某种与信用相关联的特定的社会经济关系,叫信用关系。A 对 B 做出信用行为,就产生了 A 与 B 之间的信用关系。这种信用关系对 A 和 B 的经济活动都有影响作用,最终都归结为 A 和 B 的成本和收益的相应变动。从社会角度来看,微观行为主体之间的信用关系都具有外部性,因而其影响作用将波及整个社会的经济活动。

在委托代理关系中,一种常见的情形是委托人并不具备关于代理人是否可信的充分信息,但又需要将某种资源交付给代理人,由后者来实现委托人的某种目标。在这样一种情形下,双方的交易就涉及一种特定的信用关系形式,即委托人单方面向代理人做出信用行为。因此,在委托代理关系发生之前,委托人就需要对自己该不该采取单方面信用行为做出事前的决策。

如果说单方面信用关系是一种不对称的信用关系,那么双方相互信用关系则是一种对称的信用关系。后者的一个显著特点在于:由于对称的信用关系在双向反馈中存在着相互依存性和自我强化倾向,因此它比不对称的信用关系更具稳定性。从这个意义上说,双方相互信用关系可视为对单方面信用关系的一种发展,或者说前者相对于后者而言是一种更为高级的信用关系形式。

事实上,在许多单方面信用关系的场合下,做出信用行为的一方总是力图尽可能地使不对称的信用关系转变为对称的信用关系。在现实经济生活中,常见到买卖关系中的店主与老主顾的关系,这种关系的形成就在于将不对称的单方面信用关系转变为对称的双方相互信用关系。借用 D·C·诺斯在《经济史中的结构与变迁》一书中所举的一个例子说明,一个购买橘子的人总是到一个名叫莫里斯的卖橘者那里购买橘子。在这种购买行为中,买者是不可能具备关于橘子以及卖者的充分信息的,因此他的购买行为本身意味着向卖者做出单方面的信用行为,他在某种意义上相信莫里斯不会欺骗他。这种单方面信用行为乃是一种不对称的信用关系。在这种关系中,买者处于必须单独一方承担交易风险的局面。为了摆脱这样一种局面,买者常用的一种策略就是将这种不对称的信用关系转变为对称的信用关系。他可以采取的常见做法是每次购买时总是找同一个卖者交易。随着购买次数的增加,买者向卖者显示了一个有效的信息,即:若你欺骗了我,从此我再也不会购买你的东西。这个信息有助于卖者产生一种预期:只要我不去欺骗买者,他总是还会再次向我购买的。在这种预期下,卖者倾向于也向买者做出信用行为,双方的交易关系就演变成相互信用关系。

在双方相互信用关系中,由于关系的对称性,在一个动态过程中这种对称关系具有产生自我强化的倾向,具有自身的内在稳定性。随着交易次数的增加,对称的交易关系会衍生出新的信用关系,使交易双方的信用关系更趋于牢固。在上述例子中,买橘者与卖橘者莫里斯每周都发生一次交易,久而久之,双方之间对称的信用关系随着买卖行为的次数增加,双方都对对方的守信行为不断地得到验证,双方的信用关系就建立起来了。双方之间还会衍生出新的信用关系,比如,莫里斯有可能允许买者赊账,买橘者也有可能以预付货款的形式向莫里斯订购橘子。赊账或预付,都意味着双方在原有的信用关系的基础上,发展出新的信用关系,即由买卖关系中买者对商品(橘子)本身特性信息的相信,以及卖者对买者的相信,发展出对商业借贷关系中对方守信行为的相信。而且新的信用关系将进一步强化了原有的信用关系,使双方的相互信用关系更趋于稳定性。

当然,并不能说这种对称的相互信用关系就是牢不可破的。事实上,相互信用关系的维持是需要各种条件来支撑的:一旦这些条件发生变化,就有可能导致相互信用关系的解体。首先,交易的次数足够多和持续的时间足够长,是维持相互信用关系的一个必要条件。在一次性交易中,交易一方不守信的概率较大,从不守信中获取的额外收益是轻而易举的,而可能遭受的损失却几乎等于零,因而其行为将趋于不守信。随着交易次数的增加,卖方从交易中可预期的正常收益增加,由不守信而可能遭受的损失也随之增加,因而其行为将趋向于守信。同样道理,交易持续的时间长短对不守信一方也有类似的影响。比如,社区居民在自己居住的社区内开设的店铺购物,遭受欺骗的可能性远远低于在车站所在地开设的店铺购物。社区店铺所面对的多为常客,多数交易都属于多次性的,容易形成相互信用关系,因而欺骗顾客的可能性较小;车站所在地店铺所面对的主要是高度流动性的顾客,多数交易都是一次性的,难以形成相互信用关系,因而店主欺骗顾客的行为自然而然地较多。其次,交易次数的增加是以买者的稳定的需求偏好为先决条件的。在前述例子中,买橘者之所以持续地向莫里斯购买橘子,因他对橘子有着稳定的需求偏好。一旦买者在某一天改变了这种偏好,他将不再光顾莫里斯了,双方过去所建立的相互信用关系也就可能面临解体。可见,市场供求关系的变动会影响到信用关系。再次,某种程度的竞争性市场的存在,也是双方相互信用关系得以维持的一个先决条件。莫里斯之所以向买橘者做出信用行为,并不是简单地因为他具有道德信念,而主要是因为他担心自己一旦欺骗了买主,对方就会向别的卖橘者购买,自己将会失去赢利的机会。反之,买橘者之所以每次都找莫里斯购买,也并非因为他特别喜欢莫里斯这个人,主要是因为他这样做有助于诱使莫里斯不敢欺骗他;一旦他变换卖主,就必须重新做出单方面的信用行为,他就要单方面地承担被骗的风险。显然,在这种行为选择的背后,一个先决条件是市场上并非只有一个买主或卖主。可见,市场结构也会影响到信用关系。

　　不论是单方面的信用关系还是双方相互的信用关系,都仅仅是局限于两个经济活动主体之间的直接的信用关系。虽然每个经济活动主体都可以与多个其他经济活动主体建立起直接信用关系,但建立在这种直接信用关系基础上的交易关系总是有局限性的。倘若能在直接信用关系中引入中介,将大大地改变这种状况,使交易关系得到极大的扩展。中介的信用关系恰恰适应了这一要求,中介的信用关系乃是多种具体形态的统称。在中介的信用关系中,按中介人的身份及在信用关系中所担当的角色或职能之不同,有如下三种基本形态。

　　(1)以保证人为中介的信用关系。假设 A 需要与 B 发生交易关系,但 A 若直接对 B 做出信用行为则意味着单方面承担太大的风险。在这种情形下,若 C 愿意为 B 的信用行为居中作保,则 C 就成为 A 与 B 之间的中介信用关系的保证人。由于 C 的介入,使得原本不会发生的信用关系发生了,从而使得原本不可能发生的交易发生了。以保证人为中介的信用关系扩展了交易关系的范围。在这种中介的信用关系中,相当一部分的交易风险是由 C 来分担的,而 C 也从中获取一定的收益作为回报。作为合乎理性的经济活动主体,C 势必要掂量自己所分担的风险的大小,并与自己可预期的收益进行比较。为此,他就必须更多地掌握关于 B 的信用行为的有关信息。而搜寻信息的能力及搜寻活动的规模要求,使 C 趋于专业化。在现实生活中,银行就自然而然地成为具有这种信息优势的行业。银行保存着众多客户的交易记录,因而拥有大量有关客户的信用行为的信息。这种信息优势有助于使银行在充当保证人角色中能够实现风险最小化,而银行的成规模的居中作保行为则使它能够实现收益最大化。因此,银行最有条件充当中介信用关系中的保证人。银行充当中介信用关系中的保证人角色,体现于银行的许多业务中,如银行出具保函、开立信用证、为远期商业汇票承兑等。

（2）以咨询人为中介的信用关系。假设 A 需要与 B 发生交易，但 A 并不具有 B 信用行为的信息，因而若直接对 B 做出信用行为，则意味着 A 单方面承担太大的风险。在这种情形下，若 C 愿意向 A 提供关于 B 的信用行为的有关信息，C 就成为 A 与 B 之间的中介信用关系的咨询人。由于咨询人 C 的介入，使原本不会发生的信用关系发生了，扩展了交易关系范围。以咨询人为中介的信用关系并不以自己的有形资产作为介入 A 和 B 之间的信用关系的保证。咨询人所凭借的仅仅是自己的信誉，一旦 B 做出不守信行为，咨询人所遭受的仅仅是信誉上的损失。但在一个信用制度较为完善的社会中，信誉乃是咨询人所拥有的最主要的资源。对咨询人来说，信誉上的损失，可能意味着他将完全丧失了继续充当咨询人角色的基础。现实经济生活中，各种中介组织往往充当着这样一种咨询人的角色，诸如会计事务所、律师事务所、资产评估机构等。在不少场合下，各种专家学者也充当着这种咨询人的角色。这些组织或个人从充当这种角色中获取报酬，所凭借的就是它（他）们的信誉和声誉。因此，当社会信用制度较为完善时，这些组织或个人就会视自己的信誉如生命。

（3）以第三方为中介的信用关系。假设 A 需要与 B 发生交易，但 A 并不具有关于 B 的信用行为的充分信息，因而若直接对 B 做出信用行为则意味着 A 单方面承担太大的风险。在这种情形下，若 A 愿意向 C 做出信用行为，C 也愿意向 B 做出信用行为，C 就成为 A 与 B 之间的中介信用关系的第三方。由于咨询人 C 的介入，也使原本不会发生的信用关系发生了，也扩展了交易关系的范围。由于 C 的介入，就形成了由 A、B、C 三者构成的信用关系链。以第三方为中介的信用关系与以保证人为中介的信用关系的共同点在于：两者都以自己的有形资产作为介入信用关系的物质基础，一旦 B 做出不守信的行为，第三方与保证人一样，都要遭受资产上的损失。两者的主要区别在于：保证人只是居中作保，因而他所承担的是第二责任，而第三方则分别地与 A 和 B 发生直接的交易关系，因而他所承担的则是第一责任。在以保证人为中介的信用关系中,只有当 B(作为第一责任人)做出不守信的行为,而且又承担不了赔偿由此而导致的 A 的损失时,保证人 C(作为第二责任人)才承担赔偿 A 的损失的责任。在以第三方为中介的信用关系中,A 对 C 做出了信用行为,而 C 又对 B 做出了信用行为,若 B 做出不守信的行为,C 就要承担由此而引起的全部后果,而与 A 无关。以第三方为中介的信用关系,诸如专业贸易组织、中间商专门充当这种中介的信用关系的第三方角色。从理论上讲,以第三方为中介的信用关系的链条,可以延伸到无限长,因而就产生了这样一种潜在的可能性,即通过这一链条的延伸,所有不可能发生的交易关系都有可能转变为现实的交易关系。在相当程度上可以说,商业组织的分化和专业化,交换形式的发达,都应归功于以第三方为中介的信用关系的发展。

中介信用关系的上述三种基本形态,可以相互交错、相互结合,使得社会信用关系得以不断扩展。这是因为每个经济活动主体在同一个时间上可以扮演不止一种的角色,因而可以进入到不止一种形态的信用关系之中。比如:A 相信 B 的判断,B 相信 C 的履约能力,从而 A 也相信 C 的能力,而 D 又相信 A 的判断,因而也相信 C 的履约能力,如此不断扩展下去。多种形式的中介的信用关系的不断扩展,将形成一个由错综复杂的信用关系组成的社会网络。

若将这一网络放在一个竞争性市场的背景之下,就可推想出两种极端的情形:第一种情形是网络处于正反馈状态,强化了信用关系的纽带,因而整个社会的经济活动主体之间的交易关系得到极大的便利和发展。所谓正反馈状态,亦即良性循环,指因社会信用关系网络中守信行为成为公认的社会规范,使不守信行为受到社会排斥。作为个体的经济活动主体的理性行为选择就趋向于做出守信行为,社会信用关系网络则趋向于自我强化。在这种正反馈状态下,经济活动主体选择守信行为将成为适应市场竞争的一种客观需要。

第二种情形是网络处于负反馈状态,弱化了信用关系的纽带,甚至使信用关系趋于消失,整个社会的交易关系因经济活动主体之间互不相信而变得极为困难。负反馈会因社会信用关系网络中不守信行为成为普遍现象,使要想做出守信行为的经济活动主体往往要付出额外的经济代价。这样一来,守信行为反而受到了社会排斥。个体的理性选择就趋向于做出不守信行为,社会信用关系网络则趋向于自我弱化。在负反馈状态下,经济活动主体选择不守信行为也是为了适应市场竞争的一种客观需要,反而属于一种理性选择。

这两种情形是信用关系的网络极化效应。这种极化效应并不纯属自发形成的现象,而是与社会信用制度有着千丝万缕的联系。处于正反馈状态的信用关系之社会网络的背后,必然地有一个完善的社会信用制度支撑着,处于负反馈状态的信用关系之社会网络的背后,必然地意味着社会信用制度的高度缺乏。

在市场经济下,每一个具体的交易关系中,都离不开经济活动主体的信用行为,以及由此而产生各种信用关系。信用行为和信用关系影响着交易关系,决定着交易关系之能否发生,交易成本之高低,以及交易关系的可延伸范围。因此,良好的信用行为,可靠的信用关系,是市场经济得以正常运行的基础。然而,市场经济本身并不自发地或必然地形成良好的信用行为和可靠的信用关系。经济活动主体并不必然地选择守信行为,并不必然地形成直接的信用关系。在某些场合下,选择不守信行为反而是合乎理性的,因为这种选择可以给行为主体带来额外的收益。特别是没有相应的惩罚的情况下,更是如此。良好的信用行为和可靠的信用关系客观上需要社会规范,这种社会规范的总称,就是信用制度。

信用制度通过规范经济活动主体之间的信用关系,以实现对他们的信用行为的有效约束。信用制度所包含的内容很多,诸如信用形式的确认,信用工具的采纳,信用活动的组织,信用法规的建立,信用机构的设置,以及信用管理体制的建设等。这些内容可以因时因地而有所不同或有所改变,但有两项基本内容是不可或缺的,也是不会改变的,即:一是使社会经济活动主体的行为受到社会规范的约束,使之能自觉地做出良好的信用行为;二是在社会范围内,形成对信用行为的社会评价机制,使良好的信用行为能得到社会认同和获得赞誉,使恶劣的信用行为得到排斥和贬弃。这两项基本内容是信用制度的本质规定。信用制度的根本目的在于为营造人人讲信誉的社会信用关系提供一个制度环境。没有一个完善的信用制度,就不会有良好的信用行为和可靠的信用关系;而没有良好的信用行为和可靠的信用关系,人们之间无法进行交易,也就没有了市场经济本身。因而,市场经济也是信用经济。

信用评级机构本质上是金融信息服务提供商,向资本市场上的授信机构和投资者提供借贷人的基本信息和附加信息,履行管理信用的职能。评级使投资者能够比较容易识别出债券的相对风险和企业的好坏,从而避免投资者和其代理者之间的委托-代理问题,降低信息不对称程度。信用评级机构是现代金融服务业不可或缺的重要组成部分,其出现极大地提升了金融服务的效率,降低金融市场因信息不对称带来的扭曲与低效率。但信用评级机构本身要有公信力,要能经受住市场的考验和在市场竞争中优胜劣汰,否则如果信用机构本身无法区分,反而会带来市场的更加混乱。有些保险机构在银行大堂,冒充银行工作人员,以国有银行的信用进行保险的交易,使一些客户误以为高息存款,却办理了保险业务。还有江苏南京浦口江浦街道的名为"南京某农村经济专业合作社",于2013年设立后就开始揽储。2014年,该合作社开始许诺除银行基准利率外,再给予高额的贴息,至案发时吸收了近200人近2亿元存款。完全仿造国有商业银行的模式进行,不仅柜台设计像正规的银行,还有LED显示屏、叫号机等,甚至5个柜面上都安排有穿着貌似银行统一服装的"职员"在办公,让储户很难辨别真假。① 电信诈骗中,花样繁多的欺诈,多

---

① http://www.guancha.cn/society/2015_01_26_307514.shtml.

采用国家信用骗取受骗者信任,有的给受骗者提供公检法电话,有的冒充国家工作人员,有的提供受骗者诸多个人信息,使受骗者对行骗者信任,失去警惕,从而被骗。

我国的市场交易主要是建立在关系经济基础上的,而发达成熟的市场经济国家是建立在契约经济基础上的,契约经济是一种以普遍契约精神和法治作基础的,我国的市场经济与契约经济还有较大差距。关系经济的一大特点就是信息的隐蔽性,也就是说交易双方所依赖的关系是他们专用的。为了保护这种专用性,交易双方会尽量把他们的关系信息隐藏起来,不为竞争者所用,否则他们的关系就不可能长久和稳定。一般而言,以关系为本的制度结构对应的是较为低廉的固定成本,但这种制度却有较高的边际成本。而一个以法治为基础的经济里,法律及各项制度的建立需要较高的固定成本(维持社会经济关系所需的各种基本投资如法官、律师、会计、审计、维护行业规则的监督成本等),而实施单个合约的边际成本(增加一笔交易的额外成本)却因此而大大降低。在契约经济的社会里,大家都会遵守规则的积极性,交易者只需讲信用、守规则就行了。关系经济在交易频率低、市场不发达或在小范围较固定的熟人交易情况下,相对有节约交易成本的优势,但随着交易范围的扩大、市场的深入,关系经济运行的成本会快速上升,如果延续关系为基础,则在信用经济基础上的交易将很难建成,此外,关系型经济还会产生因寻租产生的租金耗散问题。而建立在契约经济的信用经济就显示出其效率优势:随着交易频率与规模的扩大,平均的交易成本会下降。[①]

不诚信或诚信的缺失,已经成为制约中国经济有效运行和健康发展的一个瓶颈。这就需要政府增加公共信息披露,降低信息不对称程度,对信息弱势方进行教育,帮助其提高其甄别能力,引导社会诚信,惩罚失信行为。

---

① 卢现祥.新制度经济学[M].武汉大学出版社,2011:52—53.

第5章 信息、激励与政策制定制度设计

5.1 信息、激励与政策制定

5.1.1 价格信号扭曲与资源配置效率

市场就是一种伟大的制度,它兼有激励与信号传递功能。价格作为信号调节市场供求,起到引导和优化资源配置的作用。如,工资高低会影响人们选择何种工作,决定工作时间长短。从供给角度,工资里包含着各种技能及付出的信息,一种工作能够产出更大价值的产品或服务,必然会反映在得到较高的工资回报上。对某种产品更高的需求,价格必然上升,价格上升的信号,传递给厂商(意味着有较高利润回报),厂商会增加该种产品的供给,产品供给量增加,会增加对生产这种产品的投入要素特别是关键要素的需求,比如某种技能的劳动。这样进一步抬高该种技能劳动者的工资。一个较高的工资传递了经济对某种技能创造额外价值的信息,这个强烈信号,会激励相关技能劳动者去获得这份工作,也会向市场传递增加培养该种技能人才的信息,从而增加该种稀缺技能人才。

中国的经济增长速度放缓,是一个渐进下调的过程。如何实现社会平稳运行和社会稳定,关键在于当下的深层次市场化改革,转变发展方式,满足人们更强的参与性和激励相容的约束条

件,从而提高经济效益。反观中国在宏观经济政策,存在一种倾向,即用凯恩斯的宏观调控经济,宏观调控频繁,导致行政权力干预价格,使得市场传递信息、提供激励和决定收入分配的三个基本功能扭曲,市场配置资源的基础性作用被削弱。从经济思想的角度看,凯恩斯的政府干预在于使经济走出危机下的低迷,不能当做干预经济的长久之计。

通过央行扩大货币供给干预市场,会人为降低利率,把实际利率人为地压低,这样会给投资者一个虚假的信号,激励他们增加资本投入,并把资金投向远离最终消费的"资本化程度较高的生产",使整个社会的生产过程更加迂回,从而导致资源的错误配置,创造一个暂时的人为的繁荣。但以扭曲资源配置为代价,本身不但无法持续,还会产生效率的损失。当利率被人为地压低到自然利率之下,原来不可靠的项目变得可行了,这会导致投资过度,资源被过多地错误配置到生产高阶资本品的项目上,这样短期会造成生产资料价格的上涨,这些行业的工人工资也会上涨。等人们获得这些新增货币时,会发现利率已经被人为压低,这会增加社会对直接消费品的需求,减少而不是增加储蓄。人们消费需求的增加,又会导致消费品价格水平的上涨,从而造成通货膨胀。但是,这种人为低利率下的"虚假信号"所造成的资源错配,迟早会反转过来:即期消费品不足,而迂回生产阶段则过长,资本品的投资不是"过度",而是"不当"。这种不当投资的结果,是因为投到"高阶资本品"生产阶段的资本过多,导致产品过剩。等到这些不当投资企业的产品滞销、经营亏损时,就无法偿付银行的贷款了。这样一来,到了银行贷款需要进行"清算"时,整个金融系统和生产过程就会突然断裂,经济大萧条随之而来。[①] 在哈耶克看来,现代社会的任何一次经济危机,实际上都是对之前在政府干预下社会的"不当"投资的一种清算,因而,可以认为,每次大萧条都是政府干预货币和市场过程的必然结果。

---

① 韦森.重读哈耶克[M].中信出版社,2014:85-86.

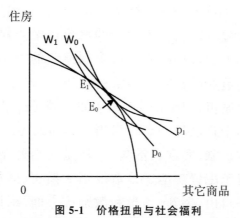

图 5-1　价格扭曲与社会福利

以房地产价格暴涨为例,如图 5-1 所示,横轴表示住房以外的其他商品,纵轴表示住房商品,由于地方政府依赖土地财政(过去十多年,土地出让金是地方政府的主要财政来源之一),和急于带动经济增长出政绩的考虑,地方政府更有积极性推高当地房地产价格的内在激励。从一个国家来说,当房地产价格明显上升,住房相对于它以外的其他商品相对价格变高。若正常房价时,相对价格为 p_0,社会资源配置于 E_0 点,达到的福利为 W_0;而当住房相对价格变高后,为 p_1 时,社会资源会配置到 E_1 点。因为住房是不可贸易商品,也就意味着,生产点与消费点一致,在 E_1 点消费的结果,只能达到过 E_1 点的社会福利曲线 W_1 上,显然小于 W_0 时的福利。这说明,虽然因发展房地产一时带来经济的高增长,并没有增加社会的福利,反而导致社会福利下降了。原因就在于因扭曲房地产价格带来的资源配置扭曲,产生了配置效率的损失。而且,越是房价上升,居民越认为房屋是好的增值品,越愿意购买和持有住房,而房价的进一步上升,就越会扭曲社会资源的配置,造成经济的脱实向虚和不可持续,长期下去,必然因估值的再修复而形成金融及至经济的严重危机。[①] 德国何以稳坐欧元区经济龙头国家地位,试问,如果德国的房价也常年保持调整上涨,炒房者的收入远远超过踏踏实实从事制造业的收入,德国人还能那么踏实地做制造业吗? 在高房价的重压下,德国的年轻人会不会也被拥有一套城市住房而困着事业的手脚呢? 他们会不会把买上在城市里属于自己的一套住房当成具体的理想呢?

要建立长效机制,实现长治久安,还是应当遵循市场规律,让价格起基础性资源配置功能。采取亚当·斯密、熊彼特、哈耶克、赫维茨等从经济自由、创新、信息和激励等方面,论证市场最优性的经济思想。亚当·斯密从经济自由导致资源有效配置的角度,论证了市场的最优性;熊彼特从创新的角度,论证了市场而不是政府最能激发创新和企业家精神,而创新和企业家精神才是经济可持续发展的核心动力;哈耶克从所需信息量大小的视角,论证了市场制度优于计划经济制度,他指出,要理解价格制度的真正功能,必须把它视为一种传递信息的机制;而赫维茨则给出了一个分析不同制度优劣的统一框架,从信息和激励的角度进一步证明了竞争市场机制是唯一的利用最少信息且导致资源有效配置的经济机制。并提出了正是由于信息不对称,要用激励相容的机制设计来解决市场和政府失灵问题。这些经济学家的深邃思想对中国今后的改革将起到至关重要的作用。[②]

现代经济多是混合经济,既不能完全放任市场,也不能完全政府管制。由于市场在信息与激励方面显然更有天然的优势,所以政府要做的不是过多的干预与管制,而是如何让市场本身内在的信息与激励约束发挥得更好。市场自身的失灵,可能源于市场制度本身的不完善,如产权界定不清楚、社会秩序不佳、诚信与自

---

① 真正自由竞争的市场经济中,绝大多数的短缺都会自然而然地消失,由房地产价格虚高带来的问题也可以由市场自身来平衡。但在垄断,特别是行政垄断型经济中,才会使垄断价格持续地居高不下(土地供给的地方政府垄断及土地的拍卖制度,使住房包含的土地价格居高不下、不断攀升,开发成本由此的上升,房价也就不断地推高),也会使 GDP 出现虚假的计算,不能真实反映社会创造的真实财富。

② 田国强.中国经济发展中的深层次问题[J].学术月刊,2011(3):60—61.

律并没有得到市场更好的回报等，"市场失灵"不能简单地成为政府干预的理由，但之所以产生类似情况的"市场失灵"，又往往因各种约束条件，影响了市场自身作用的发挥，所以解决失灵市场，又离不开政府的恰当作用。只是政府与市场的的关系定位上，政府不能简单干预，而是政府如何去服务于市场，让政府有形之手，去服务市场"无形之手"。

5.1.2　GDP 政绩考核激励下资源配置的扭曲

中国经济增长是投入型带动而非创新型驱动。美国创新经济学家熊彼特认为，经济创新是带动经济增长的动因，当经济创新减弱了，经济就萧条，创新停滞了，经济就无法增长。企业家把各种要素组织起来进行生产，并通过不断创新改变其组合方式才带来了经济增长。这些新的组合创新带来更好的方法来满足人们的需求或带来新的产品，常常使旧的技术与产品淘汰（即创造性毁坏），这个创新型企业将通过两种方式占有市场并增加市场中总的需求（通过扩展经济动力的边际）。这样，这种建立在动态、有意识的创新者的努力下去改变市场结构，并进而有利于新的创新与盈利的机会。在创造性毁灭的基础上，熊彼特建立了他的长波经济周期理论和经济增长理论。

而我国主要靠投入型带动的经济增长，当投资边际效率下降时，经济增长速度自然会放慢。经常谈集约发展也好、转型也好、调结构也好，为什么会经常讲，而难以实施呢？其中一个重要原因就是市场化改革不到位，人为的政策因素扭曲了要素价格。也就是说，现行的价格不能充分反映要素的稀缺性，投入生产的要素价格偏低，使企业有多使用劳动力、自然资源等要素，而对创新的激励（动力）不足。

中央政府过度关注经济增长速度这一指标，解决每年新增就业压力，长期以来中央政府把"保八"作为一项政治目标，对地方政府绩效考核及评价机制与经济增长绩效挂钩。我国地方政府的 GDP 锦标赛竞争,是考核地方官员绩效与晋升的主要依据,这使地方政府有激励去上项目、积极投资。但地方政府从当地短期增长利益出发,可能导致全国整体看来的重复投资,影响各地按照比较优势的思路发展。再者简单的 GDP 数字考核,会使政府忽视其他更为重要的民生目标、可持续发展目标。出现了红色增长和癌症村。出现地方环境保护部门、文物保护部门不作为,原因在于经济增长速度在现行的地方干部绩效考核评价体系中占有较大权重。有些地方干部,为了尽可能快地出政绩,不惜损害当前群众利益和子孙后代利益,默许甚至是放纵高污染高排放项目的上马、生产,导致环境破坏与资源过度开发。出现诸如地方保护、市场分割、重复投资、恶性竞争、产能过剩等等现象。

实际上,只要经济增长是环境友好的、以人为本的、惠及大众的和可持续的,经济增长质量好些,经济增长速度低些又何尝不可呢?这应该是当下政府倡导的新常态发展的思路吧。所以在激励与约束地方官员上,也要做出相应的制度调整。加大资源消耗、环境损害、生态效益、产能过剩、科技创新、安全生产、新增债务等指标的权重,重视劳动就业、居民收入、社会保障、人民健康与幸福程度的问题,让关注环保、发展惠民的,即使增长速度稍慢的政绩得到好的评价和应有的晋升。反之,如果增长是黑色的、灰色的或红色的,即使速度再快,当地干部也不应该得到好的评价和晋升,甚至要受到质疑与惩戒,不同的激励与约束将会产生不同的绩效。

实际上,由于我国在改革开放之初把经济增长放在比较重要的地位,中央政府在对地方政府激励目标的设计上,无形中为了让地方政府为"增长而竞争",中央政府逐渐认识到社会需要和谐发展、科学发展,发展的目的不仅仅是 GDP 的增长,通俗点儿说,既要金山银山,也要绿水青山。由于信息原因,下级百姓更能体会到地方政府在经济增长中带来的福利高低,这就需要在监督地方政府中,引入更多地方百姓的声音,反映百姓的偏好。历史上,曾经发生过"大炼钢铁""大跃进",只不过不是让地方政府竞争的

GDP 指标,而是钢铁指标、粮食产量指标,实际上不论 GDP 指标、钢铁指标、还是绿色 GDP 指标,都难以全面反映公众的偏好,这种激励指标设计的结果,都难以实现经济发展,本质上都容易变成变相的锦标赛。

张五常在《中国的经济制度》一书中,把激烈的县际政府竞争作为解释中国经济增长奇迹的突破口。中国有 2800 多个县,其他国家也有类似中国的从上到下的行政层级,但很少有像中国这样县与县之间竞争 GDP 的现象。为了增加各地的 GDP,县际之间展开招商引资的竞赛。背景在于,1994 年我国实行分税制,一个县的工业投资者要付出 17％的产品增值税。县本身的分成是增值税的四分之一,即增值额的 4.25％。增值税给地方政府带来较高的收入,所以县级政府最关心此税。一方面投资者与县政府分成,另一方面是县政府与上级政府分成。全国统一的生产率之所以体现出经济效率,是因为县政府在向投资者提供土地时收取的价格存在较大的弹性。土地价格可以是负值(在用于吸引外来投资时),因为县政府可以用投资者增值税的收入进行弥补。张五常把县级政府看成是"一级的商业机构"。一个县像一个庞大的购物商城,由一个企业管理,商场的租户相当于引进的投资者,商场租客交一个固定的租金(固定的地价),加一个分成租金(增值税)。由于有分成的激励,商场会积极为租客服务。县际政府的激烈竞争,带来了中国经济高增长的"奇迹"。当然,县际政府忽视了地方经济的可持续性、环境问题、民生福利保障等问题,因为这在早期并不是中央政府考核的指标。

政府为了遏制房价过快上涨,时常使用限购限贷的政策。人们也会对政府的政策做出回应。2015 年 11 月 10 日,《大河报》曾报道 8 月 9 日郑州楼市限购令取消后,离婚人数三个月呈现"三连降"的现象。楼市限购取消,"假离婚"少了。"你有限购令,我有离复婚。"有人如是总结民间应对楼市调控政策的"假离婚",无论被视为对婚姻的亵渎还是民间"智慧",已成为都市情感大戏的一部分。婚姻登记部门工作人员直言,取消房屋限购政策后,明显感觉到和和气气办离婚再开"单身证明"的"假离婚"者少了。

在业内人士看来,结婚、离婚人数升降的背后,依然有"看不见的手"在影响。其中,楼市政策的"风吹草动",必然会在婚姻方面引发连锁反应,政策收紧时,离婚量容易增多,政策一放松,离婚量会变少。同时,不少为了买房而离婚的夫妇,事成后再复婚,无形中既提升了离婚人数,也提升了结婚人数。对限购政策的回应,使政府的政策效果受到抑制,同时,这种政策造成了社会上儿戏婚姻的负面效果。

"和谐"二字,"和"是一个"人"加一个"口",就是人人有饭吃;"谐"字,左边"言",右边"皆"字,就是人人都有发言权。后者保证公平,前者保证共同利益。一个好的制度要做到人人有权,人人有利,大家共同分享合作剩余,这就是激励相容,大家才有积极性去做大蛋糕。社会治理需要公民参与全民共享社会发展成果。按照蒂布特模型的分析,美国州政府的竞争,就是让地方政府为吸引居民流入展开的:一个州提供更好的公共服务,能吸引更多的居民进入该地区,这样会增加当地消费和政府的税收。在地方政府竞争中,不需要规定具体的考核指标,只需要引入这种激励与约束机制,地方政府就愿意更好地为当地居民服务。

5.2　信息、激励与制度设计

制度是用来规范与建构人们的行为与秩序的,制度能够切实起作用,一方面需要有明确规范与现实制约,另一方面还需要人们的充分认同与积极践行。然而,制度生成与发展,不是凭空而来的,而是在既有制度基础上,根据新的发展不断创新与调整。当今世界绝大部分的国家内制度与国家间规则,都是伴随着现代工业社会以来的发展而形成的,这些制度与规则,体现了现代工业社会条件下的交往方式、行为逻辑和社会结构。经过博弈、确定与实行,不论是制度规范或执行力量,还是人们心理认同或践行意愿,都已经趋于稳定和适应。

5.2.1　约束条件变化与人们行为的改变

人是理性的,当面临不同的制度环境(约束条件)时,同一行为主体将产生不同的行为。举个简单易懂的例子:在挤满人群的公交车到来时,都希望能挤上车,但一旦上车后,下一站再有人上车,他们会呼喊:太挤了,怎么还上人! 没有买上房子的希望房价下降,买上住房后害怕房价下降等等。原始社会,人们开始是采集野生种子做食物,随着人口的增加,获得野生种子的边际成本上升,人们开始有意识地种植农作物,产生了农业部门,由采集者变成种植者。买卖房子是大宗金融产品的交易(房子既是耐用消费品,也是投资品。许多人买房产是把它作为投资品的)。当人们出售房子时,设定合适的价格是非常关键的:价格定得太高,需要交易时间变长,可能几个月都卖不出去,如果想快速变现,就不得不折价出售;价格定得太低,能较快卖出,但会有价格损失。很多人通过中介或房产估价机构来对房子定销售价格。因为房产中介比普通客户更了解房屋的价格,他们可以利用更多信息的优势帮助房主确定合适的价格。他们能够根据客户房产销售对象来对房屋定位,突出宣传和推介其优点,房产中介将房产信息传递给潜在买主,如广告中用"奇妙的""宽大的""迷人的"等艳丽的与比较低的价格相联系的词汇,突出其实惠,期望快速成交。但如果房产中介人出售的是自己的房子,他会突出其房子的内在价值:便利的交通、学区房、交通方便、房子新潮、上档次(高档装修)等,以便卖出好的价钱。

为什么同样是中介推销产品,会有截然相反的行为呢? 因为对中介来说,若出售的是别人的房子,提高成交的概率,通过低价格来增加其中介业绩,比低成交率下增加单笔成交的中介费更合算。假设一个人以100万元出售自己的房子,如果市场价格就是这个价格,有人出98万元,他肯定不愿意出售。他会决定再等等看,或许会有更高的出价者。如果一年内能以市场价格 100 万出售,他多出售 2 万元的收益,是值得等待的。但中介可等不了这么久,因为中介等待一年只增加了 400 元的中介费(假定中介费率 2%),如果能以 95 万元的价格及时成交,他可以得到稳定的 1.96 万元的中介费。多等待一年只增加不到 2.04% 的中介收入,还不及 1.96 万元的利息收益。所以中介人员会极力给销售住房者说,这个房子只值这个价钱,搞不好还卖不了这么多,让他们接受 98 万元的价格赶快成交。但若中介出售的是自己的房屋,他更愿意为多增加 2 万元的销售收益而等待,因为此时收益全部归自己。由于不同情况下,中介在局中的角色发生了变化,中介的行为也相应地发生了变化,但有一点没有变:即他不论哪样做,都是从自身利益最大化角度考虑的。这此行为不一致,实际上是随着环境变化,人们主动适应结果。对经济人来说,当约束条件发生变化时,人们的行为也会发生变化。

假如你第一次去一个陌生的城市,需要乘坐出租车到达目的地。你是否保证出租车司机一定会选择最短或最快的路径。除非你自己做了功课,如事先看了地图或做了咨询。即使这样,你也不知道哪条路会拥堵,因此要想找到省钱的办法其实也是挺麻烦的。假设你也不想挨宰,你需要给司机提供激励,让他选择最经济的路线,让出租车司机也感觉是最优的。出租车费用由两部分组成:$F + cD$,D 是车行驶的距离,c 是每公里的费率,F 起步价(当然,如果车在拥堵时也会计时收费,在此忽略掉这种情况)。如果起步价 F 为零,收费就是 cD,出租车司机会有激励使每次出行距离尽可能远,但这样在乘客下车时,出租车司机需要等待时间去寻找到下一个乘客,所以出租车司机不愿意送乘客到偏僻的地方,因为那样会影响他找到下一个乘客。一方面,从司机角度,他希望拉到要去的距离远些的乘客,也有激励选择绕远的路线。另一方面,如果固定的起步价相对较高,司机会选择每天多拉几趟的办法增加总收益,这种情况下,他更愿意选择短途的乘客。

假定 $F = 0$,$c = 1$,则收入为 D。简化起见,假设短途距离是 5 公里,长途距离是 10 公里。司机每天可以拉 30 趟每次 10 公里的或 55 趟每次 5 公里的(注意在每次之间会有时间损失)。他努力的情况下,每天全拉短途乘客的收益为 $55 \times 1 \times 5 = 275$ 元,当然若全选长途乘客去拉的话,得到 $30 \times 1 \times 10 = 300$ 元,更加划算。线性定价会使司机愿意拉长途的乘客。如果 $F > 0$,且值较高,且比搜寻一个新乘客的时间成本要大的话,司机会尽快地把乘客送到目的地,更愿意拉短途的乘客。在等待新乘客时失去 L 元,但下一个乘客会给他增加除 F 元,以及每公里 c 的边际收益,得到一个净收益 $F - L$。当然,如果还是 cD 的收费方案,他选择等远距离乘客的损失就变小了,因此 $F + cD$ 的收费安排降低了乘客的成本,因为它使司机没有激励去绕远,而是选择尽快地送达。假设 $F = 3$,$c = 1$,则收费为 $3 + D$。他拉短途时的收入为 $55 \times 3 + 55 \times 1 \times 5 = 440$ 元,如果他逃避责任,收入仅是 $30 \times 3 + 30 \times 1 \times 10 = 390$,他没必要绕远和放弃短途乘客。

　　这个事例也启示我们,非线性制度设计也是很好地解决委托—代理问题的方案。作为委托方的乘客,无法监督代理方司机,而且代理方也知道委托方无法监督自己,但代理方从自利出发也会选择对委托方有利的方案,这和乘客知道信息情况下的结果一样好,达到委托—代理目标的充分利益相容。对公司来说,设计该种收费办法,也会赢得服务快捷的声誉。

5.2.2　信息、激励、效率与产权配置

　　产权需要明晰,目的是为了建立所有权、激励与经济行为的内在关系。产权会影响激励和行为。市场交换是配置资源的有效手段,但是要使市场运转起来,交易者必须对所要交换的物品有明确的、专一的和可以自由转让的所有权。产权的明晰有助于降低交易成本。根据科斯定理,若交易成本为零,产权初始界定对资源配置效率没有影响,若交易成本不为零,则产权的初始界定会影响资源配置效率。但产权明晰也是需要费用的,如果产权

明晰需要的费用大于可能获得的收益,不界定产权反而是合理的,但这就会出现模糊产权。另外,产权界定也需要一定的社会制度条件。界定国有产权和私人产权是市场交换和市场有效运作的前提。

稳定的产权安排一定包含自我实施的内在机制,即它的有效运行无须外界干预。有效的产权制度有两方面含义:一是从短期来看,它能最大限度地调动人们的积极性,并能使外部性内部化;二是从长期来看,有效率的产权具有延续性和稳定性,它能使经济社会保持可持续发展。建立在法治基础上的产权保障,能给人们以稳定的预期。如果没有法治保障,一旦没有有效的产权保护制度,经济社会发展就会受到抑制。战争往往与贫穷相连,除了因战争人们会增加战争费用负担外,人们的产权往往也难以得到尊重,会抑制人们创造财富的积极性。类似地,偷盗、抢劫、诈骗等都会侵害人们的财产权,降低生产的积极性。

财富是由那些可以保证将来有源源不断收入的资产构成的。有形资本和自然资源并不能说明一个国家的经济状况,思想和精神也是财富,经济中思想和精神的质量,可以胜过资本的数量。资本还包括人的工作积极性与国民受教育程度,只有这三者的有机结合,才能形成源源不断的商品生产,而以金钱为主要形态的财富最终只是虚幻的光环。在某些决策者的头脑中,还错误地将经济上单纯的数量增长看做是"发展"。

经济增长和发展从来就是一个内涵不同的概念:增长是一个单纯的数量增长的过程,而发展则是随着产品的增加,包括收入分配、经济结构、经济体制及社会制度变化在内的复合社会过程。

与平等和效率共同构成经济伦理体系的还有人们对待财富的态度。人们对待财富的态度通常可以从财富的获取(即追求财富的手段)、财富的使用以及国家对财富的管理这三个主要方面来加以测度。

长期以来,在西方主流经济学派的各种经济增长模型中,以产权制度为核心的制度是被忽略不计的。现代产权经济学派认为,产权及其制度安排是影响经济增长的一个决定性因素。他们提出了经济增长"诺斯模型"。"诺斯模型"是由诺贝尔经济学奖获得者道格拉斯·诺斯在对经济史分析的基础上总结出来的。其基本模型可简述为:一种提供适当个人刺激的有效的产权制度是促使经济增长的决定性因子。

事实上,如果已有经济组织缺乏能有效刺激个人动机的产权制度安排,则社会上的个人便会丧失从事促进经济增长的活动的刺激或动机,那样这个社会就一定没有真正意义上的经济增长。因为,任何包含在经济增长过程中的各项进步因素的成长都要克服两大壁垒:一是私人收益率,一是社会收益率。缺乏效率的产权制度安排会造成私人收益率和社会收益率的不一致,从而导致了种种搭便车的行为,严重挫伤了个人从事那些对社会有利而个人收益甚微的活动的动力和积极性。在实行这样的产权安排的社会里,经济效率必然低下,经济也难以增长。

产权制度的合理化会有利于经济增长,其内容应包括:产权的明确界定;允许产权自由交易;保护产权所有者的权益。通过产权制度的合理化,可以确立经济活动的竞赛规则,推动市场价格机制的形成并实现资源的有效配置,刺激资源供给的增加,促使技术水平的提高,促使现代企业制度的形成和发展,形成有效的约束机制和激励机制。这样,就可以使社会资源的利用效率得到不断提高,从而实现经济增长。

对不同的区域类型来说,产权在区域经济增长中的作用形式亦不一样。

在世界范围内,区域是由拥有独立主权的国家组成的,不同国家在基本产权制度安排上是各不一样的。而不同类型的产权制度安排在经济效率和经济活力上也是不一样的。有的国家的产权制度安排是有效率的和合理的,它有利于调动个人积极性和促进经济发展;有的国家的产权制度安排是低效率的和不合理的,它降低了个人的积极性和阻碍了经济的发展。因此,以合理的产权制度安排的国家为主的区域就能获得较快的经济发展速度,而以不合理的或无效率的方式进行产权制度安排的国家为主的区域的经济发展速度就较慢或停滞,于是便出现了世界范围内的区域经济发展不平衡。如十九世纪的欧洲和其他各大洲经济发展的不平衡。

5.2.3　自愿实时定价

电力生产面临的一个非常严重的问题是装机容量问题。[①] 在装机容量内,生产电力相对便宜,而超出此范围就是其不能承受之重。因为为满足额外电力的需求,需要扩容,而扩容的成本非常高,所以电力企业需要调节高峰与低峰的电价,以促使需求方调整不同时段的需求的方式来实现供求的平衡。对电力企业来说,需要找到降低电力消耗的途径,设计分时定价的办法,来引导消费者改变不同时段的需求。在气候温暖的州,如乔治亚,电力需求的高峰时期,有约30%的电力消耗来自空调的使用。另一方面,因为提前一天预测天气的温度比较容易,手机可以方便地了解未来几天的天气与温度,潜在的用户就有时间通过将空调设定在一个较高的温度上,或者采取减少着装、开窗户通风等手段,来调整用电需求。但要让用户配合电力的分时消费,需要供电公司创建一种定价机制,使能够削减用电量的用户拥有减少电力消费的激励。因此,分时定价应运而生。在这个计划下,对大型用户安装一种特殊的电表,使得每时每刻的电价都不相同,实际的电价要取决于电力生产企业所发出的信号。当对电力的需求接近装机容量时,电力生产企业就会提高价格以刺激用户削减用电量。电价表是电力总需求的一个函数。

乔治亚电力公司宣称,它在实施世界上最大规模的实时定价计划。在1999年,它成功地将高电价时段的电力需求减少了750兆瓦,这是通过激励某些大型用户削减60%的用电量实现的。

---

① [美]哈尔·R·范里安著;费方域等译. 微观经济学:现代观点(第八版)[M]. 格致出版社,2013:123—124.

　　乔治亚电力公司对基本的实时定价模型作了几处引人注目的修改。在它的定价计划下，每个用户都被分配了一个基准用电量，这个基准用是量代表了他们的正常用电量。当电力供应不足从而电价上涨时，用户就要对超过这个基准的用用电量支付较高的价格。但是，如果他们能够将用电量控制在基准量之下，他们也可以获得一种价格折扣。这样做，企业给用户更多的自由，显然提高了用户的消费者剩余，而且企业也不用在用电量接近装机容量时通知用户，企业也节约了成本。

　　图5-2显示了这种定价机制是如何影响用户的预算约束的。纵轴度量的是在电力以外的其他物品上购买量，横轴衡量的是用电量。通常情况下，按由电力的基准价格确定的预算约束，用户会选择用电量以最大化其效用。最终他们的用电量就是他们的基准消费量。（为

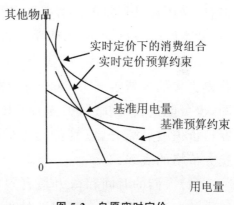

图 5-2　自愿实时定价

什么？因为电力需求不能敞开满足的，否则就不存在超过装机容量的问题了。）

　　当气温上升时，实时价格就会上涨，使电力消费变得更加昂贵。但是，这种价格上涨对于削减用电量的用户是一件好事，因为他们会因节省的每度电而获得一种基于较高实时价格的"回扣"。如果用电量维持在基准量上，那么用户的支出就不变，当然也享受不到节约用电的奖励。这种定价计划是围绕原消费点的转动，即让用户至少和原来一样好，能买上原有的消费组合（想一想微观经济学消费理论的斯拉斯基补偿）。可以想到，这种基于消费低于基准量的奖励计划，实际上提高了用户的满足程度，至少和原来一样好（如果消费的恰好是基准量）。这一有利于用户的计划，一直以来都非常受欢迎。

市场交换行为中,若信息是对称的,则不需要激励,也会是个无交易成本的世界,甚至也不需要制度。人类的交换过程将大大简化与便利。可惜现世经济世界总有信息不对称问题,这也就需要激励。信息问题出现有两个特别的原因:

(1)许多信息天生就是私人信息,卖方拥有比买方更多的信息,应聘者拥有比招聘者更多的信息,投保者比保险者拥有更多的信息等,客观的存在合同一方比另一方知悉的更多。信息拥有者有可能会发送对自己有利的信息,也会有意隐瞒对自己不利的信息,利用自己信息的优势获取"垄断租金"。如人们在购买商品时,常常隐瞒自己的偏好,明明很喜欢所选购的商品,却装出不愿意买的样子,甚至对商品刻意挑剔,想增加自己讨价还价的筹码,获得更多的消费者剩余,这时有经验的卖方可能会推断买方的意图,也可能被其"蒙蔽",买方为了显示对选购的商品真不在意,会在讨价失败后离开,以等待卖方的挽留,或者通过这种方式试探卖方价格的底线。

(2)人们的时间和精力是有限的,特别是搜集信息的成本的能力约束下,人们会有限理性的做决策,可以理解为搜集信息到其边际收益与边际成本相等处,获得最大化收益。所以才会出现搜集信息上的"搭便车"现象,有的骗子会利用这种购物心理,用"托儿"来制造抢购的假象,来诱使买方上当。现代社会分工越来越细,人们的知识往往局限在自己的专业领域,对自己专业以外的领域往往知之甚少,这也加剧了信息不对称程度,也因此出现了专业性的中介服务,如房产交易中介,它们提供专业化的房屋信息:数量、位置户型、年代、价位,以及交易过程中交费、签订合同、处理纠纷等;大的公司或组织会常年雇用律师处理企业或单位遇到的法律问题。

利用信息经济学来引导人们讲真话(信息发送与信息甄别),每个拥有私人信息的一方都有动力利用自己的信息优势为自己牟利,获取信息租金,处于信息劣势一方会试图在激励对方讲真话。通过设计满足参与约束与激励相容的制度安排,激励委托人努力为代理人行动。当然如果社会成员更有诚信的传统或习俗，这将降低运用信息的成本，这本身也是社会福利的提高和社会运转有效率的体现。试想，在陌生人交往中（现代交易往往是陌生人之间进行的），不诚信的存在会降低合作的意愿。彼此的不信任，会降低人们在社会交往中信息的质量，增加防范别人的成本。谎言的最后结果，并不是能够系统地一直愚弄他人，而是减弱和破坏了传递私人信息机制的有效性。因为怀疑，本来是互利的机会会失去，最终，无论是掌握信息的一方还是缺乏信息的一方，都因为信息沟通的成本剧增而失去合作的收益，整个社会也是如此。①

可将激励分经济激励与非经济激励两类。目前一讲到激励，人们往往会想到经济激励（物质激励），大部分企业也采用经济激励的手段，也有些企业既采用经济激励也采用非经济激励的方法，把二者结合起来，效果可能更优。上世纪初，员工作积极性比较低，企业拥有者为了调动员工的生产积极性，最初泰勒提出，只有把企业做大，获取更多的收益。提高薪酬，认为这样，员工工作的积极性就会提高了。但企业主逐渐发现，只采用经济激励的办法，会有很多缺陷（如员工只对可量化计酬的工作努力，只顾自己的短期收益等），它不但得不到好的刺激效果，还可能带来让员工只追求自身利益的导向效果，与企业的长期目标可能背离，反而不利于企业的长远发展。企业主发现员工，除了追求经济目标外，还追求一些非经济目标，如社会地位、自身荣誉、领导的重视、单位认可、个人发展、他人尊重、实现自身价值等，这些非经济目标，是进行非经济激励的前提。有些企业如华为和海尔采用更丰富的激励措施。华为的激励机制为：为高薪吸引人才，高压力鞭策员工，以工作岗位定酬，鼓励员工到一线去，增加对员工的培训，提高员工工作技能，始终适应市场环境变化的要求；用企业文化激励员工，给予密切配合的工作和生活环境，做人性化管理；实

---

① 欧瑞秋，王则柯.图解信息经济学［M］.中国人民大学出版社，2008：7.

行股权激励,让员工技术入股,对员工进行长期激励。海尔的激励模式为:采用轮岗制度,使员工工作内容丰富,富有挑战性;进行"6S"创新管理;进行课题攻关、劳动竞赛等形式,让研发人员充分体验团队精神。在激励方面,既注重经济激励,也注重非经济激励,二者相结合。

改善经济制度环境,引人经济良好运行的四个先决条件:承认个人利益,容许一部分人通过辛勤劳动率先发家致富;给予人们更多的自由决策权,实现分散化决策;以及引进竞争机制以及其他各种激励机制。

由于经济人的自利性和他们之间的信息不对称,需要实现分散化决策。自由选择、分散化决策,就是中国改革早期的松绑放权的改革。引进各种激励机制,承包制、计件工、多劳多得等。这些激励机制在经济发展中非常重要,特别是在早期的经济发展中。[①]

5.2.4 公共物品提供中的偏好表露机制

公共物品由于带有很强的正外部(经济)效应,市场无法使正外部效应完全内部化,私人就难有足够的激励来充分供给,从而很难使整个社会在这类公共物品的供给上达到理想的规模。为此,需要求助于一定形式的集体(政府)供应。但布坎南在其《宪则经济学探索》一书中,通过分析证明得到的结论认为,这样的推断不能完全成立。在某些条件下,分散的市场供给会比政府的集体化供给规模更大。如在传染病预防、城市消防和警察服务等方面。在布坎南看来,这类公共物品供给上需要政府参与,其主要理由不是私人供给可能导致供给规模不足,而是私有化可能导致过度供给,从而带来资源浪费。

---

① 田国强.从拨乱反正、市场经济体制建设到和谐社会构建——效率、公平与和谐发展的关键是合理界定政府与市场的边界[A].上海市社科届第六届学术年会论文集[C].2008:78.

市场的私人自愿交易对公共物品提供来说，难以达到理想的结果，因为个人发现他们自身处于人数众多的环境中，这一环境的关键特征表现为"搭便车"产生的"囚徒困境"。不过，除了存在搭便车的不利因素，还存在着自公共物品与服务"消费"中的共同收益，即使个人没有动机参与正常的双边交易，这些共同的收益也将激励个人达到协议或改变行为规则。

公共物品提供面临的另外一个现实问题，就是如何在大家达到提供共识的前提下，让大家对公共物品的需求显示真实的偏好，这样才能使公共物品的供给更有效率。由于信息不对称导致逆向选择，要减少逆向选择，诱使行为人说真话，披露其真实私人信息，也叫显示性原理。可以通过信息甄别机制设计减少信息不对称，让人说真话、做实事儿。

蒂布特曾经在建立合作与分享剩余一节中，阐述了地方公共物品供给的蒂布特模型，设定最低进入门槛，让地方政府展开为争取居民的竞争，限制居民的盲目流入和"搭便车"行为，使居民做出自己满意选择。这里探讨公共物品供给中如何设计制度，让参与人真实地表露其偏好，以达到降低信息不对称的目的。在此，引入关键机制(the pivotal mechanism)，关键机制是在人们对公共项目评价差别情况下诱导人们说真话的机制。在对公共项目评价中，有人非常偏爱某个结果，会对决策过程产生重要影响。这个机制是通过让这个人承担因他的偏好影响公共决策而产生的负外部性来实现的。也就是说，如果没有这个人，就会使最终决策发生改变，那么这个人的偏好就是关键性的。那么他就该支付因为他的原因，导致的公共决策改变带来的损失。在公共物品供给中，参与人都有激励去谎报(少报)他对公共项目的评价，为的是少分担提供公共物品的成本。而这个机制，诱使参与人都有激励去报出各自的真实评价，它是一个让人说真话的机制。当然如果只有一个人说真话，他特别想让某个公共项目被提供出来，如果没有其他人说真话配合，结果也是很难实现的，因为公共决策是由所有人对项目评价的加总来决定，个人可能不足以改变公共决策。而这个机制可以实现让所有人都讲真话不说假话。举例说明,假设有小张、小王和小李三个人进行公共项目 F 和 G 的选择。

表 5-1　选择不同项目的净收益水平

	小张	小李	小王	加总
项目 F	10	19	30	59
项目 G	15	10	40	65
附加税	0	0	4	

　　表 5-1 中数字为对应项目上各个人的净收益值,数字的前两行给出了小张、小李、小王三个人从项目 F 和项目 G 中得到的净收益。如果每个人都讲真话,项目 G 会被采纳,因为它产生的净收益为 65,大于项目 F 时的 59。在三个参与人中,离开自己时剩余两个人是否影响最终决策呢? 如果没有小张,小李与小王对项目 F 和 G 评价的加总比较,发现仍然是项目 G 优于 F,小李的情况也是如此,只有缺小王时,小张与小李对项目 F 和 G 的评价是项目 F 优于 G,那么这里的小王就是"关键人物",其他两个人因为没有影响选择最优的项目 G,不需支付附加税,而小王需要。

　　展开分析如下:小张偏好项目 G,他不需要缴纳附加税,因为即使没有他参与决策,项目 G 仍然会胜出(50>49);虽然小李更偏好项目 F,但他也不会因此而缴纳附加税,小李喜欢的项目 F 不会被采纳(因为 55>40)。但小王会缴纳 4 单位的附加税,因为没有他的参与,项目 F 会胜出,这时的总收益 29>25,他影响了最优的实现,相当于产生了负外部性,因此需要缴纳附加税,税额为 29-25=4,是对他产生负外部性的"惩罚";显然,小张也没有激励违背其偏好而说假话:他喜欢的结果被选中,也不需要缴纳附加税(缺少他,不改变最优的项目被选中,他没有产生负外部性)。如果他改变结果使 F 被选中,他反而要缴纳附加税 50-49=1 单位。小李可以通过说假话,让他的收益虚增至少 9 单位,但他这样做就不得不缴纳附加税(15+40)-(10+30)=15 单位。而他选择项目 G 的收益为 10 单位,如果他说假话的话让项目 F 被选中,这样做只增加 19－15＝4 单位的收益,还不如说真话直接得 10 单位的收益大,显然这样做不是他的理性选择。小王会尽力避免交 4 单位的附加税,他可能通过低报对项目 G 的收益(或高报项目 F 的收益)来实现。他说真话时的收益为 40－4＝36 单位,而他说假话的收益最多是 30 单位(比如他报项目 G 的收益为 33.9,项目 F 被选中,其收益为 30),显然低于说真话的收益 36 单位。通过该机制设计,可以有效地避免所有参与人说假话。这是一个简单的偏好显示机制设计。

实际上关键人物并不见得一定是少数的人物。下面再举一例,仍假定小张、小李、小王三个参与人,评价项目 G 和 F。假设小张认为项目 G 比项目 F 收益高 30 单位,小李认为项目 F 比项目 G 收益高 40 单位,小王认为项目 G 比项目 F 收益高 20 单位。

表 5-2　选择不同项目的额外收益

	小张	小李	小王	加总
项目 F		40		40
项目 G	30		20	50
附加税	20		10	30

从三个人净收益加总角度来看,项目 G 是最优的(50＞40),这里小李不是关键人物,因为没有他参与,小张与小王都会选择项目 G,所以小李不用交税,而小张与小王的不参与都会使最终的决策偏离最优:没有小张、小王,项目 F 会被选中,从而使公共决策偏离最优而导致社会净损失。小张为此需要交税 40－20＝20,小王需要交 40－30＝10 的税,共需要向政府交 30 单位的税。

下面考察这三个人在其他人说真话时,如何判断其是否会说真话呢?如果小张报的数字低于 30,为了不交税,报的收益低于 20,会使项目 F 被选中,但他损失 30,低于讲真话交税的收益 30－20＝10,使他境况变得更差了;如果他报的收益高于 20,他仍然要交 20 的税,他没有从说谎中获得好处。因此,他如实报出对项目 G 的收益是明智的。这是假设其他两个人说真话时,小张说真话也是最优的。那小张说真话是不是占优的策略呢?也就是说不管其他两个人说不说真话,他说真话都是最优的呢?

如果小张不知道小李与小王的报价,假如小王有意低报他的收益,为 11 而不是 20。这种情况下,小张报价低于 29,就会使自己状况变差,因为这样会使项目 F 被选中,他虽然不用交税,但与讲真话的收益相比,损失 30。如果小王报价更低,比如 9,小张即使说真话也会受损失。如果他夸张他对项目 G 的评价,比如为 35,虽然仍然使项目 G(总体最优)被选中,但他需要交更高的税 40−9=31,超过他从中得到的收益 30。因此不论其他参与人是否讲真话,他讲真话都是最优的,即讲真话是他的占优策略。同样的,可以分析小李和小王,各自讲真话也都是各自的占优策略。这样所有人都讲真话,构成纳什均衡。这个机制因为第三方(政府)参与,让所有人都讲了真话,从而提高了效率和社会福利。这里显现了政府在制度设计中的重要作用。从参与人的角度,最终虽然选择了项目 G,得到的收益 50−30=20,反而低于 40 又不是最优的了。但如果考虑到政府获得的 30 单位税收,社会福利仍然是增进了:净福利增加 50−40=10 单位。可惜的是,它并不是帕累托改进,至少小李是福利净损失者(−40)。在这两个例子中,也许民主投票是最优的。但若真的进行投票,让其承担相应份额的成本时,他们可能又没有激励讲真话了。好在这 30 单位的税收,从整体社会福利角度看,并不是浪费,政府可以用它来做其他事情,这样看来,这个机制又是成功的了。

在政府招标的竞争性谈判中,一般会设计两轮或多轮密封报价,在资格审查通过的情况下,谁的最终出价最低谁中标。招标人会事先通知投标人有几轮密封报价。如果竞争激励,有的投标人为了中标,在第一轮投标报价时给出较高的报价,以迷惑竞争对手,但在最终一轮报价时,会出现策略性的超低报价中标。当然在竞争性谈判的招标中,一定要防止投标人的串谋,最好的办法是增加投标家数,竞争者越多,竞争越激烈,也越难实施串谋。

公共工程招标的评标标准中,通常这样设计报价计算标准:以各投标人报价的算术平均值(大于五家时去掉一个最高和最低报价)为评标基准价,投标人的投标价与基准价相等者得满分;投标报价高于基准价,按每高于百分之一扣一分,在满分基础上扣除,扣完为止;投标报价低于基准价的,每低于百分之一加零点五分。有时为了防止恶意低价竞争,规定低于百分之五后倒扣分的方法。不同规则下,投标人想中标会有不同的报价策略。对招标人来说,一般对产品已经比较成熟、易于标准化、易于监督和识别的产品采购,更多鼓励低价竞争。而对于质量难以监督,产品没法标准化,特别是重大工程,更关心技术和质量情况下,对价格的要求既不能太高(获取过多利润),也不能太低(以防止实力和信誉较差企业中标)。作为识别其完成能力的指标,往往更看重近年做过的业绩,或者规定一些高质量和高技术标准的门槛。

5.2.5　诱使人说真话的制度设计——维克瑞拍卖

与公共物品提供中的偏好表露机制设计相同,密封投标第二价格拍卖是拍卖中诱使人讲真实的制度设计。密封投标第二价格拍卖(second price sealed bid auction)也称第二价格拍卖,也是一种诱使人讲真话的机制设计。它由维克瑞在 1961 年提出,因此,也叫维克瑞拍卖。二级密封拍卖制在一定条件下,由于其制度设计的巧妙,符合激励相容约束条件(即机制的创设兼顾了委托人与竞买者的利益,使竞买者的行为趋向于委托人期望的结果),从而有效地促使竞买者说真话(即报出真正愿意支付的出价),大大减少了道德风险。① 美国经济学家维克瑞也因此赢得了1996 年的诺贝尔经济学奖。

一级密封拍卖又叫最高价密封拍卖,它指的是一种密封投标拍卖,各竞买者通过规定的程序递交报价,其中,最高价竞买者以

---

① 林融,张义祯.二级密封拍卖机制的理论分析[J].浙江社会科学,1999(3):55—58.

等于最高价全额投标的价格买下拍卖物。维克瑞所提出的二级密封拍卖指的是以密封投标方式进行拍卖,最高价竞买者获得拍卖物,却只需支付第二高竞买价的金额。一级密封拍卖相对于二级密封拍卖机制就逊色多了。在一级密封拍卖中,每个竞买者对其他的竞争者的估价及递价行为所做的假设内容是十分重要的,成交的结果要依赖参与交易的各方对出清价格的正确判断。如果所有的竞买者都是风险中性者,则最高估价竞买者将提交其最高递价,这个配置是有效的。但是当风险回避函数不同时,最高估价竞买者不一定就是最高价竞买者,如果他的风险回避程度大于第二或第三高价竞买者,则他的出价可能会比他们低。因为竞买者参与拍卖市场同样是为了追求自身利益的满足,追求消费者剩余。在一级密封拍卖机制中,该机制没有一个激励人说真话的机制。因为说真话而得到该拍卖物,其净剩余可以是零甚至是负数。因此,在一级密封拍卖中,每个竞买者往往存在道德风险行为,即往往报出比真实意愿低的报价,而且,报价低于保留价越多获得的净剩余越大,但所冒的风险也越大(报价越低,不是第一高价的可能越大)。如果一个竞买者的出价高于自己真实意愿的报价,他就得冒着其他人也如此行事的风险。如果为了志在必得,报出高于其保留价的高价,使他不得不以超出未必会意愿的损失为代价买下拍卖物;相反地,如果他的出价低于自己愿意支付的价格,那他就得冒着其他人高于他的报价夺得该拍品的风险,结果极可能不是一种有效率的市场机制。因而,现实拍卖市场中,一级密封拍卖往往促使人们说"假话",让竞买者有动力低报出价,以追求净剩余的最大化。

在第二密封投标拍卖中,投标人把自己的出价写下来,密封在信封里,交给拍卖人。出价高低只影响自己是否获得标的物。因为赢得交易的人只需付第二高的价格,他就不必太在意自己具体的出价高低,只要他不会因为出价超过其保留价而遭受损失就行了。当然他不知道第二高的出价是多少,为了达到中标目的,他的出价要比第二高的出价更高才行。那么,他会有激励讲真话报出自己真实的保留价格吗？出价最高的买主赢得交易，但他只需按照第二高的出价成交。不影响在得到标的物情况下的实际支付。由于只要第二高价低于自己出价，自己总能中标并得到消费者剩余，而如果报低于自己的保留价格，就会面临不中标带来的机会损失。举例说明，假如你竞买一件拍卖品，按照密封第二价格拍卖规则，自己对拍卖品的最高出价即评价是 1000 元。你会想：如果能按照低于 1000 元的价格购得，可以获得净收益（这种心理叫消费者剩余）。假如你报价 800 元，这时有人的报价在 1000 元和 800 元之间，你将失去拍得拍品的机会，净剩余是 0；如果你出价高于保留价，如 1100，再假如有一个竞买者出价为次高价 1050，你就要损失 50 元；如果你真实报价 1000 元，如果 900 为第二高价，你将得到 100 元的净剩余。所以说真话比谎报高或低于你内心真实的保留价格都要好。在第二价格拍卖这样的制度设计下，投标人按自己的保留价格即真实评价出价是一个优势策略，即不管竞争对手如何行事，按自己对拍卖品的保留价出价始终是自己的最佳策略。拍卖品将出售给最高出价者，他在支付第二最高价格的同时也获得消费者剩余，这种拍卖机制符合帕累托最优的效率标准。

当然拍卖中，竞争对手越少、对手对拍卖品的信息知悉得越少，第二高价会越低，对真实报出自己评价的最高估价者也越有利。所以这时对拍卖品价值最熟悉的竞买者，就越有动机去隐藏自己真实评价，从中可以获得自己信息优势的"租金"。而拍品出售者则相反，他会尽量让更多人知道拍品价值和拍卖的信息，他想让更多的人参与拍品的竞买，他会在拍卖前及时而充分地发布拍卖信息和宣传自己拍卖品价值的信息，目的为了让自己的拍卖品卖一个尽可能的高价。

维克瑞拍卖的设计使在信息不对称情况下，竞买各方无法串通，竞买者报价既不能太低（那样就失去获得拍品的资格），也不能报价太高（如果报价最高，虽然不会以报价购买拍品，但第二高价也许会高于自己的保留价），只有老老实实地根据自己的保留价报价,也使最终拍品由最高估价者得到,实现拍品的最高价值利用,能让买方、卖方皆大欢喜。这一创新解决了"激励相容约束条件",机制设计中将最高价与次高价之间的差额作为"说真话"的奖励,这一制度创新巧妙地解决了一级、三级密封拍卖中的道德风险问题,能促使人们在拍卖中"说真话""报实价",使得二级密封拍卖机制更可行、更有效。

在交易过程中,信息不对称需要诱使对方说真话,也可以以选择显示其偏好信息,但由于显示对方信息也需要成本。卖者为诱使买者显示真实信息,需要给说真话的买者一定的激励作为补偿。但是过多的补偿又会造成卖者收益的损失,如买者和卖者对物品的评价分别为 v 和 s,则当且仅当 v>s 时,双方发生交易是有利可图的,交易所得为 v-s,这一所得将在二者之间进行分配。如果信息是完全的,买者和卖者各自的收益是根据其市场地位,在交易所得基础上进行的零和博弈。极端的情况下(完全价格歧视的假定,垄断卖方完全了解每个消费者的每一单位支付意愿),卖者可以获得全部的交易所得(全部的消费者剩余)。卖者要通过有效的机制设计来甄别买者偏好的信息,并且在该机制下使买者也有积极性显示其真实信息。比如,当一个消费者在本来可以选择另一个消费组合时,却做出目前的消费组合选择,该消费者及该消费组合,就被显示偏好于另一个消费组合。

现实生活中,不见得欺骗就是最优策略。如果雇员与雇主是长期的契约关系,雇主早晚会识别出雇员当初讲的是不是真话,若雇员说假话,迟早会给雇主留下不好的印象。一旦对其信任度就降低,即使他讲真话,雇主也会怀疑,这样他一开始选择说假话是得不偿失的。雇主也可以从雇员角度设计一些制度,让雇员讲真话对自己有利。比如在招聘雇员时,虽然雇主不知道雇员是否适合某个岗位,但可以提供管理与技术岗位,供员工选择。员工知道自己的能力类型(是否有管理能力还是更有技术优势)和偏好(更喜欢做管理还是做技术),选择自己的比较优势岗位对自己也有利,这一点是雇主与雇员均可信的信念。雇主给雇员各种选择,让雇员自选择,从中发现雇员的类型信息。还有根据教师类型设定教学岗、科研岗、教学科研岗、行政岗等岗位类型,教师根据自己的能力类型和偏好自选择,这样每个人都选择自己最擅长最喜爱的岗位,自然工作顺心顺手,监督成本可以大大下降,工作效率也可以大大提高,雇主雇员双方互利互惠。

5.2.6　制度安排与食品安全

一些地方产品造假范围和程度曾令人发指,而且大面积涉及食品、药品等生活必需品,突破安全底线。激励相容思想可以运用到食品安全监管中,充分考虑所出台的食品安全监管措施是否激励相容,以实现监管者与被监管者在目标上的尽可能一致。

陈思等提出,我国要建立激励相容的食品安全监管机制,要从对食品安全机构实施绩效工资、完善问责制度和增大生产者的违法成本三个方面入手①。从激励相容入手解决食品安全问题,从激励性规制理论出发,尽量消除规制与被规制机构之间的信息不对称问题,调节两者之间的利益冲突,在最大程度上保持双方利益一致性。伴随着食品安全问题的频发,我国食品安全监管组织效能受到了前所未有的质疑。只有妥善处理好监管者与被监管者之间食品安全目标上的激励冲突,形成激励相容机制才能真正提高我国食品安全监管效率。食品安全的激励相容需要保证生产者或利益相关方选择合格品时所获得的利益大于(至少不小于)选择不合格品,生产者或利益相关方才会自觉选择生产合格的产品。

被激励者如生产商或其他利益相关者,之所以在某些时刻更加倾向选择不合格的产品,其最根本的原因,在于不合格品带给他们的利益要大于合格品带来的利益,或者不合格品即使被查处受到惩罚的成本增加小于生产合格品带来的成本增加。可以通

---

① 陈思,罗云波,江树人.激励相容:我国食品安全监管的现实选择[J].中国农业大学学报(社会科学版),2013(3):168-175.

过市场监管,惩罚生产不合格产品的企业;设计奖惩机制,经济奖励不仅可以冲抵企业提供高质量产品所带来的成本增加起到激励作用;建立和完善食品安全监管行政处分、法律制裁的相关法律法规,并且实施惩处的办法都有明确的界限和具体的量的规定,使得不同程度的食品监管失职都可予以不同程度的处罚[1]。另外,鼓励消费者进行维权,消费者作为产品的直接体验者积极进行维权,一方面能够及时将食品的不安全信息传递出来,增加违法生产者被查处的概率;另一方面,能够给违法者强大的威慑力与警醒作用。[2]

转变监管方式,将以往的事后检验和查处转变为更多的事前控制和事中控制。从源头开始,严格审核生产商的生产资质,并进行定期检查和不定期抽查,特别注意对关键点进行控制,将事前、事中控制作为主要的监管手段,配合必要的事后检验,引入食品安全信息可追溯系统,是解决食品安全问题的一项有效支撑。比如放心肉工程,利用这一系统,实现了全程的可追溯,实现了全民吃上健康肉的目标。建立中国食品安全网,作为社会各种监管力量参与食品安全管理搭建平台,发布食品安全监测信息、食品行业诚信评估、政府监管绩效评估、食品安全认知教育等信息。中央监管部门、各级地方监管部门均应被强制要求将各自的食品安全监管信息及时在食品安全网上发布,以实现食品质量安全信息的共享。[3][4] 在全国范围内统一食品安全标准和对地方政府官员政绩的考核标准,引入高水准检测技术,为地方监管部门的监督实现严格高效的食品安全监测目标提供技术支持。在食品安全监管体制中引入问责制,让掌握公共权力的政府官员对其行为

---

[1] 周应恒,宋玉兰,严斌剑.我国食品安全监管激励相容机制设计[J].商业研究,2003(1):9-11.

[2] 国晖.关于我国银行业激励相容的监管研究[J].上海经济研究,2009(1):111-115.

[3] 周应恒,宋玉兰,严斌剑.我国食品安全监管激励相容机制设计[J].商业研究,2003(1):9-11.

[4] 汤振宁,绍蓉.在我国食品药品监督体系中推行问责制[J].中国药业,2005(2):4-5.

负责。有效的问责制度,事前能够起到威慑和防范、事后能够进行处理和调整的作用。[1][2]

5.2.7　制度安排与反腐

如果说新古典经济学关心的是资源配置效率,那么新制度经济学关心的就是经济组织的效率,也就是市场经济制度在演进过程中,如何选择最有效率的经济组织形式。

清朝时,政府官员俸禄很低,如果廉洁做官,生活并不富裕。曾国藩刚到北京的时候,在绳匠胡同租了一套四合院,一年的租金是 160 两白银,当时他工资收入一年是 125 两白银,相当于今天两万多块钱,还不够他一年的房租。所以清朝这个京官之穷老百姓都知道,做京官是赔钱的买卖。那么大家拼命做京官,是因为将来有机会外放或者说你做京官升得比较快。于是这批人千方百计地要钻营职务:送东西、送钱、送姨太太、送房子,诸如此类,使整个社会变得一片污秽。这样的制度设计,就激励了官员腐败,产生明码标价的买官卖官行为,官场之混乱可见一斑。由于只有敢于贪污,有能力贪污的官员才有可能不断买通上级,不断升迁。制度性官场腐败问题,加之清廉京官生活上的困苦,为了生存清廉的官员也不得不走上腐败的道路。这样好官越来越少,贪官越来越多,官场出现的严重逆向选择,还何谈当官为民做主,造福百姓呢? 所以制度建设至关重要,好的制度要让清廉的官员得到更多的实惠(提升、口碑、自我价值实现等),让贪污腐败的官员受到惩处和抑制。正如邓小平所言:"有好的制度,坏人也无法变坏;没有好的制度,好人也能变坏。"

新加坡、香港地区的官员之所以清廉,就是源自他们的制度

---

① 周应恒,宋玉兰,严斌剑.我国食品安全监管激励相容机制设计[J].商业研究,2003(1):9—11.

② 汤振宁,绍蓉.在我国食品药品监督体系中推行问责制[J].中国药业,2005(2):4—5.

对腐败行为"零容忍"。如果与经济水平相似的地区做简单的横向比较的话,香港公务员的整体薪酬标准确实相对较高。相应的,香港公务员廉洁守法的高素质也是举世皆知的。香港政府的公务员薪酬指导原则是,紧随经济发展趋势,保持与私营工商业工资水平相仿的层次,"以确保能够吸引、挽留和激励优秀人才,为市民提供高效率和有成效的服务"。香港有严密的反腐制度。除了闻名于世的廉政公署以外,香港的舆论监督也非常严格。这两项制度,再加上香港深厚的法治传统,是香港公务员廉洁奉公的主要原因。因为在这样的制度下,公务员们不仅很少有贪污的机会,就算贪污了,也很容易被发现。而一旦被发现,则前途堪忧,面临牢狱之灾不说,即便释放后,也可能因为香港社会痛恨贪污的文化氛围,而很难再找到容身之地。

新加坡政府不断改善公务员的薪俸和福利待遇,从而把贪污发生的主要原因降至最低。政府每年都要对公务员的工资和私营企业人员的工资进行调查比较,并进行调整,以确保公务员的工资不低于私营企业人员的工资,使公务员队伍能吸引和留住优秀人才。另外,为了使公务员退休后的生活也有保障,政府原来实行养老金制度,即每个公务员都有一笔相当可观的退休金,工作年限越长,退休金越多。自 1972 年起,实行中央公积金制度,这项制度规定,每一个在职人员,每月必须拿出 22% 的薪金储蓄起来,国家贴补薪金数额的 18%,共计薪金总额的 40% 存入在职人员名下,作为在职人员的公积金。其目的是为解决在职人员购买住房、医疗保险、养老金等问题。由于缴纳的公积金免征个人所得税,而且利率高,所以存入年头越久,公积金的数额就越高。但是,当公务员违法贪污后,他的全部公积金或者养老金就立即自动取消,如数上缴国库。因此,一般的公务员,尤其是工作年限较长的公务员都不敢冒失去公积金或养老金的危险而去违法贪污。

此外,公务员还享有医疗福利、贷款优惠、住房优惠、集体保险等多种福利待遇。贪污违法的机会成本很高,监督检查很严格,处罚很严厉,公务员没有积极性选择贪腐。新加坡公职人员的工资较普通老百姓而言是相当高的,但与一些社会精英部门相比,如商界、律师界、医疗界等,并不是最高的。所以新加坡政府在给予公务员相当高的薪酬的同时,仍倡导奉献精神。新加坡人普遍认为自己的政府是一个有效的政府,政府工作人员是廉洁奉公的。在新加坡已形成了以遵纪守法为荣,贪赃枉法为耻的社会风气。在政府内设有两个公务员管理机构:公共服务委员会和公共服务署。公共服务委员会是新加坡人事制度的主管机关,其主要职责是负责各机关公务员的编制、任用、晋升、调迁、免职即开除和法律控制,负责计划和实施由新加坡政府、外国政府及地方和外国团体、基金会提供的进修、训练和奖学金等事宜。公共服务署隶属于财政部,其具体职责是管理公务员即负责发布以手册方式分送各机关使用的有关公务员的指示;负责指定人事发展政策和公务员培训政策;对行政管理官员和公共部门高级官员的管理;负责公务员的工资福利待遇,研究私营企业和政府部门工资福利情况,使公务员工资福利不致与私营企业差距太大等。为促使公务员做到道德自律,新加坡政府制定了《公务员守则和纪律条例》,对触犯条例者,视情节轻重分别给予革职、降级、警告、强制退休处罚。[①]

5.2.8 制度改进

新制度经济学聚焦于制度对经济发展的重要性,制度的基本功能在于规范与引导众多经济主体的自利行为,促进在分工基础上的合作。要做到这一点,制度就必须能有效地抑制经济主体的机会主义行为,使经济主体内在地倾向于追求创新、提高效率,为社会创造价值。为此,社会中须有一套规则体系,以约束人们做违背市场规则的事情,激励人们做有利于市场规则的事情。新制

---

① 丁晓云.新加坡的廉政制度 http://blog.sina.com.cn/s/blog_4c74f4430100ksia.html2009-6-30.

度经济学不认为所有市场都能自动做到这一点。现实中市场有"好"与"坏"之分。好的市场经济能有效地凝聚和规范经济主体，引导他们追求创新、提高效率、适应社会需求；坏的市场经济，往往做不到这些，反而可能生产假冒伪劣、设租寻租、不守信用，使机会主义盛行。好的市场经引导资源流向最能创造财富，促进人类福利的活动中去；而坏的市场经济，更多地把资源流向非生产性领域。人们即使非常辛苦，但从事的可能是内耗性的活动，即非生产性的寻利活动，会恶化分配，且带来社会财富的净损失。况且，为了应对这种行为，还需要耗费巨大的监管成本，同样产生社会资源耗费。

1. 建立一个好制度

好的制度是既可以增加合作剩余，也能够激励相容，这也是和人类社会福利增加相一致的。如何增加合作剩余？一是激励大家为增进而不是分配财富而努力，二是尽可能降低交易成本。实际上这也是经济学上讲的收益增加，成本降低。所以好制度的一个必要条件，要交易成本低。而交易费用是制度存在的唯一原因，如果交易费用为零，也就不需要制度了。在交易费用为零的社会里，制度、产权、法律都不必要，但一旦交易费用为正，这些变量在经济运行中就会变得至关重要。交易成本会影响市场上生产什么和什么样的交换会发生，什么样的交换无法发生；影响着何种组织得以生存，何种游戏规则会持续，尽管它可能并不是好的和有效率的。在经济学中，不同的模型——无论是古典模型、新古典模型、凯恩斯模型、新凯恩斯模型，都有交易成本的各种假设为前提，不管是有意的还是无意的。凡是涉及垄断、垂直一体化、外部效应、工资和价格黏性、科斯定理，及各种不完美市场的各种模型，都要求具有关于这些费用的特定假设。在新古典模型里假设没有交易费用，是个无摩擦的社会，一切都是理想状态，所以被科斯称作黑板经济学。由于太脱离现实世界，缺乏现实解释力。当然，从理论意义上，它为有摩擦的模型提供了基准。新制度经济学假设有交易费用。新制度经济学的代表之一科斯认为，交易费用是运用价格机制的成本；阿罗研究的是制度运行的费用；巴泽尔研究了产权；奥尔森研究了国家兴衰与制度安排的关系；诺斯用交易成本、国家理论、意识形态理论分析了人类社会经济发展的全过程。通过研究产权、不同制度安排的交易费用，契约、激励等，比较降低交易费用的办法，以提高经济运行效率。这些经济学家们从不同层面解释了为什么存在企业、制度、产权及意识形态等问题。实际上，不同制度的比较，就是在进行交易费用的比较。所以，好的制度一定是交易成本低的制度。反过来坏的制度一定是交易成本高的制度。

诺思提出，为什么社会制度无效率的三个原因：一是经济行为人可能没有创建这些制度的信息与知识；二是产生有社会效率制度的成本可能极为昂贵；三是国家的政治行为人在实施权力方面充当的角色与国民存在利益上的非共享问题。可惜的是，按照诺思的观点，好的制度并不会自动产生。他用非经济因素解释了诸如文化、意识形态这类因素，对于一个经济社会是否会滑入"低收入陷阱"起着决定性作用。他通过引证大量经济史的实例来说明确实存在"停滞经济"。诺思提出制度分析的三种方法：一是科斯、诺思等人的交易成本法；二是布坎南、托利森和塔洛克等人的寻租法；三是奥尔森的分析集团法。交易成本试图提供一种关于契约成本的基本理论框架，重点研究交易成本与国家一起决定产权结构并由此决定经济绩效；寻租理论通过建立政治体系的利益集团模型，分析公共决策后果。交易成本理论提供了制度分析的基础，寻租模型和分利集团模型提供了关于无效率体系的实际运行状况。交易成本理论认为，提高契约有关的成本并阻碍增长的是无效率的产权，并且其往往与国家作用相关。寻租模型分析了政府本身的无效率，作为租金最大化的官员会以损害私人利益的方式参与再分配，出现以权换钱及其他利益的交易。奥尔森认为利益集团的不断增长的力量使体系具有了刚性，导致其缺乏创新。这些理论都有助于分析如果统治者以自身租金最大化追求为目标以及如何影响制度设计及制度绩效。如果统治者以自身租金最大化追求为目标,且利益集团能左右制度的设立,则这种经济易滑入长期的低水平均衡陷阱。对广大发展中国家来说,并不是不知道什么是好制度,关键是政府如何做到不与民争利,改变政府利益追求的目标,才能建立起来好的制度。这就是涉及政府自身利益的改革,这当然是触及自身利益,也是最难以自我改进的。

好的制度是人们不断反复博弈的结果,这些规则有几个特点:一是公平性,它至少是符合大多数人利益的;二是效率性,没有效率的规则是不可能长期存在下去的;三是对人的行为约束是基于人有机会主义行为倾向的一面。制度的产生在某种意义上讲就是为了克服人的弱点或不足,如人的有限理性、机会主义行为倾向、人性中恶的一面等。一个有效的制度,是在人做得好时,能够及时给予奖励,在做得不好是给予适当的约束或惩罚。制度本身具有激励与约束功能。①

制度效率是判断制度优劣的一个基本条件,好制度如果没有绩效将难以长期维持下去。只有好的绩效才能成为合作剩余,才能为帕累托改进提供可能。道格拉斯·诺斯在分析西方世界兴起的原因时发现,制度安排能够使经济单位实现规模经济,鼓励创新(如专利法),提高要素配置效率(如圈地、汇票、废除农奴制),减少市场的不完善性(如保险制度),这些制度安排起到了提高效率的作用。有的制度安排无须改变现行所有权,便可创造出来,有的包括在新所有权的创造过程中,有的制度安排由政府完成,有的则是自发组织自觉形成的。新制度经济学对制度的效率、交易成本最小化分析得比较多。实际上,不论提高制度效率还是降低交易成本,都是在提高合作剩余。只有合作剩余增加了,制度改进才容易,才有制度变革的空间和可能。

判断一个制度是不是好的,不仅要看制度制订者的出发点即

---

① 卢现祥.寻找一种好制度[M].华中科技大学出版社,2010:19.

动机,更要看效果。而效果将如何,不是取决于对制度的规范判断,也不是纯粹的思辨,更需要实证地考察。将分析单元定位于个人、组织,并假设个人都是"经济人",决定了他必然要在分析和判断上注重从利益和激励的角度出发来推断各类主体的行为倾向,并据此作为评判制度绩效的依据,从而避免空泛而简单地道德裁决。任何制度或政策的产生和更替都植根于复杂的历史条件和现实环境,所以判断制度绩效,既要考虑制度实施的约束条件(初始条件),也要考虑制度可否自我实施,而关键看制度实施者是否在制度变革中有潜在利益可以分享,即是否制度参与者都是激励相容的。如果设计的制度不但不能提供激励相容条件,连参与约束的条件也不满足,就会出现逆向淘汰,这就意味着制度设计的失败。之所以有大量混同均衡、政策效果差、效率低等问题的存在,往往与制度设计得不合理、不公平、违背经济学道理有关。观察分析生活工作中信息扭曲现象的例子,将信息不对称问题分类加以研究,提出解决不同类型信息扭曲与低效率现象的思路。

中国的联产承包责任制之所以成功,是人们充分认识到集体生产、平均分配的弊端,"大锅饭"的意识形态被"解放思想、实事求是"的意识形态打破,从而自下而上均有制度变革的内在需求,所以这样的制度变革就容易成功。农村家庭联产承包制是顺应小岗村民意愿的创新,是帕累托改进。现在的改革多是顶层设计。问题是如果非帕累托改进,特别是损害既得利益者时,会遇到改革的动力不足问题,改革者就需要勇气,突破既得利益的阻挠。

交易越复杂、影响结果的非人为原因越多,激励就越困难。试想,若你雇用工人为你家修剪草坪这样简单的活儿,你要求他既要小心使用你提供的割草机,不要让机器碰到石头,又要求割得又快又好。什么样的激励设计办到呢?如果你规定,假如割草机被碰坏,由他出钱修理,但坏到什么程度才算坏呢?是不能用了,还是刀有裂口?你又怎么断定是他因不小心无意碰到了隐藏的铁器,还是因为根本不在意机器而使它受损了呢? 如果这样规定,让割草者使用自己的割草机,这个问题就解决了。这时,你只需要关心他割草效率和质量了。

如果工人买不起割草机呢? 许多私人企业必须雇人来操作比割草机贵得多的设备,公司老板希望使用者能谨慎工作,小心使用。你要么让他使用你的割草机,让他承担不小心使用而带来的风险;要么借钱给他,让他自己买割草机,这种情况下你就要承担因他不还钱而带来的风险。或者你购买割草机,由他租用,若干年后送给他。这样,他为了得到若干年后的比较完好割草机,会尽量小心地使用它。割草机剩余价值的索取权,通过合约的形式界定给使用者,有效地达到了既有效率地完成任务,又保护机器的目的。对雇主来说,工人谨慎使用机器就会成为他的信念,这就是一种有效率的制度安排。由此可知,不同的制度安排带来不同的激励。有效的制度安排,可以互利共赢。

一个好的制度是让人说真话、做实事,过多的管理制度可能会降低效率、阻碍效率,抑制人们工作的积极性。一个好的制度要:一是合乎规律(事理),二是要激励相容(让管理者的目标与员工利益一致)。

2.提供不同的合约安排让代理人自选择

在进行激励设计时,因为每个人的能力与机会不一样,要调动一切人的积极性,就得设计不同的合约,否则,同样的合约,对不同能力的人来说要么激励不足,要么目标要求太高失去激励效果。历史上陈胜吴广为什么起义? 反正误期都要杀头,遇到天气原因自己再努力也无法完成任务时,造反却成了一种最优选择,这违背了秦朝统治者的初衷啊! 根据不同能力设计合约,让代理人自选择,既符合激励相容的原则,也可以显示代理者的信息。代理人的选择过程,也向委托人传递了自己的类型信息。在餐馆消费时,餐馆为了少交税或少购买发票,会对不索要发票者给以奖励,如送饮料或餐巾纸等。对那些想索要发票又没法报销者,还不如得到商家免费送的礼品。对那些根本没想到要发票的，这点小恩惠也可能没有。如果税务部门想让消费者索要发票（可以减少税收流失），就必须给予消费者比商家免费送的礼品更大的好处。谁都希望得到意外的惊喜，税务部门在发票上设置了随机的现金奖励。比如，设置一些"五元"奖励，让人们参与有好运，设置小概率的大数额奖励，让消费者去撞惊喜。

由于信息不完全，作为委托人的雇主不知道作为代理人雇员的能力类型，代理人为了显示自己的特征，选择某种合约，委托人在知道了代理人的特征以后，再与代理人签订合约。这就如同求职中的双向选择，如雇佣者选择接受教育的信号，老板根据雇佣者的教育水平支付工资。

如出版图书，著者可以选择只要少量（如 20 本）图书，交全部出版费，也可以少交出版费自己包销较多数量（如 1 万本）图书。对于著书的人，自己并不知道市场行情，无法预测书上市后的销售情况，甚至出版商也不知道未来上市后该书的销售会怎样。但作为出版社，肯定希望出的书质量越高越好：一是提高出版社声誉；二是提高其销售量，增加效益。出版商会告知作者，书质量越高，越适合读者口味，其销售量就会越好，作者可以随销售量从销售收入中提成。这样，可以激励作者努力去提高书的质量，作者也希望出版商努力销售。这种分成合约安排，对作者提高书的质量有激励。试想，如果作者把版权卖给出版商，出版商会有动力去安排促销，不会有道德风险问题，但作者无法从提高书的质量中获益，作者有可能一开始在提高书的质量上就选择不努力，达到基本要求就自我满足了。这样，书质量的粗糙，会影响促销的效果。

由于销售商对某类书的销售行情知道得肯定比作者多，这就存在信息不对称。作者可以事前与出版商签订合同，要求出版商预测销售情况，再根据该预测来选择不同的合同。如果出版商预测销售量较高，作者将要求一个较高的一次性总付的稿酬，以后按照书的销售量收取较低的提成；如果出版商预测销售量较低，作者可以要求较低的一次性总付的稿酬,但对以后卖出的书收取较高的提成。面对作者的选择,出版商会如实预测销售情况。因为如果隐瞒信息,比如,根据书稿内容,出版商预计销量火爆,却告知作者预期销售前景不乐观,若作者选择第二种合同:低一次性总付的稿酬,高的提成,这对出版商是不利的。同样,如果真实情况是,预期销售不乐观,出版商若有意告知作者:会销售火爆。作者会选择第一种合同:高一次性总付的稿酬,低的提成,这对出版商也是不利的。这类问题与日常生活中使用手机选择上网套餐是一个道理:如果上网多电话少,可以选择大的包月流量,少的包月通话;如果上网少通话多,可以选择低的包月流量,多的包月通话;景区门票定价也是类似道理:如果对景区内收费游玩项目感兴趣的人较少,可以选择定低门票价格,但内部项目收费;如果对景区内收费游玩项目感兴趣的人较多,可以选择高的门票价格,包括更多景区免费项目。多种合同安排,让消费者自选择,双方受益。或者运用排名,对先完成任务者或完成超过目标最高者支付最大报酬,对末位者以惩罚等。

在合约规定中要留有一定的回旋空间。公司之间在签订货物运输服务合同时,会规定商品完全、准时送达时需要支付多少钱。运输过程中商品损坏如何扣钱,每迟到一天要扣多少钱,或者更严厉的,如果超过规定期限多少天,买方有权拒收等。大多数交易,即使比较简单,也可能会面临非常复杂难以预料的情况。而合同难以事先规定到各种情况,难以料到意想不到的结果。再周到的考虑也可能难以使合同完备,而且若真那样做了,成本岂不太高,合作①的空间和剩余也许就没有了,反而是没效率的。对

---

① 亚当·斯密第一个提出"人都是追求自利的经济人"假设,第一个发现人类合作的伟大之处,并把合作视为社会进步的源泉,并将"学会合作"看成是人猿相区别的最大之处。亚当·斯密认为,人类进步的根源恰在于人学会了"以物易物、物物交换,用一件东西换得另一件东西"。所以他提出分工、专业化,然后随着交易的扩大,分工越来越细效率越来越高,人们从中获取分工专业化带来效率的好处。他提出发挥各地区各个国家的绝对优势的原理,由国内分工到国际分工,由国内贸易到国际贸易的富足国民财富的思路。

运输商来说,完成合同中所有条款的代价经常是极为高昂的。他可以履行及时交货的承诺,但为此要付出很高的成本。假如买主可以接受哪怕一天的延期,对供货商来说也会产生很大的成本节约。为了向供货商提供一种只有在确实具有经济价值时才违反合同的激励,大多数合同都允许延期,但同时也有一定的处罚措施。这种处罚措施能够给予供货商及时交货的激励,同时也不至于成本过高。对于非人为因素导致的延期,还会以不可抗力为由,作为免责条款。

3.制度设计中政府的作用

政府可以通过公共政策影响人们行为。政府制定公共政策(比如补贴或税收)作为激励或惩罚措施引导资源配置。但考虑到信息不对称,好的政策初衷可能带来不好的政策结果。因此,找到正确的激励方法很关键。

美国曾经为了鼓励公立大学招生,每招收一位学生学校就会获得政府的补贴,起初国家激励的焦点是尽可能地招收学生,而不是帮助每位学生入学后获得更多的知识。后来以完成学业或获得学位的人数作为补贴的依据,但这个政策也带来了负面的问题,即起到了帮助学校提高了学生的毕业率的作用。因为学校为了获得补贴,有激励增加通过毕业学生的人数,提高了毕业率。后来想到通过把预算转移到帮助学生学习的项目上,但这些方法如果设计得不合理,仍然会适得其反:大学可能因学生毕业而获得金钱,逼迫学生去上课,或放宽毕业的条件,或把学生转到分数要求不太高的专业上去,以便学生能顺利毕业——这样做并没有真正给学生应有的教育。该种政策下,学校为了让学生顺利毕业,提高毕业通过比率,更愿意录取分数特别高的学生,而放弃那些考试成绩稍低但在其他方面可能优秀的学生,这使这部分学生失去进入大学的机会。

还有一个例子就是,越南在法国殖民统治时期,政府为了消灭老鼠而提供赏金,每个上交老鼠尾巴的人(可能是因为一堆堆老鼠的尸体,实在看着让人恶心),都可以获得奖励。政府的初衷是为了鼓励人们消灭老鼠,对抓到老鼠者按照抓到的数量奖励,政策一开始使人们踊跃地捕捉老鼠。但发现捉到老鼠的人把老鼠尾巴剪断,然后把老鼠又放了,好让老鼠生出更多的小老鼠。

如果激励不当,政策是不会奏效的。在约束条件不变的情况下,政府通过调整激励政策,找到正确的激励方法,政策效果可以得到改善。许多不懂经济学的人认为,促进医保福利的政策是在医疗上花更多的钱。美国已经在每个人身上花了比其他富国近两倍的钱,却发现在很多情况下,人们的健康状况变得更糟了。经济学家发现与其花更多的钱,不如找到在医生、病人、医院、保险机构、药商、药企等个人和机构间正确的激励方法,最终在尽可能低成本下,提供尽可能有效的医疗保障。

近年来,电信诈骗猖獗,且呈上升趋势。最近,六部委联合发布《关于防范和打击电信网络诈骗犯罪的通告》,从各方面对电信网络诈骗施以重拳。其中,规定自 2016 年 12 月 1 日起,个人通过银行自助柜员机向非同名账户转账的,资金 24 小时后才到账,这中间可以撤回,这样的规定,为的是让受害者在资金被骗转账时有缓冲时间追回资金。这一规定会对减少欺诈有帮助吗?可以预期,至少可以挽回相当部分损失。因为骗子往往通过恐吓手段让受害者因惊恐失去思考时间(如资金涉嫌非法交易,要配合公安调查,转移资金),受害者往往在转账后冷静下来后,经别人提醒或自己思考,才发觉上当受骗,但骗子这时已经把资金转移出去了。所以就像打仗一样,争取时间,就增加受害者的主动权。个人转账 24 小时内可以撤回,相当于增加思考和信息甄别的时间。24 小时的到账,中间可以随时撤销操作的办法,相当于用制度的办法冻结被骗走的资金,给报案、采取措施应对留出了比较宽裕的时间。让诈骗者成功的概率减少,也同时增加公安查获成功的概率。虽然对转账业务者来说不方便了,但在目前诈骗猖獗的情况下,可以起到有效预防犯罪和对受害者保护的作用。对诈骗者来说,他们的期望收益下降,期望惩罚成本上升,这样就抑制他们诈骗的积极性。若再配合对大众防范意识的教育宣传,增加对诈骗的追查力度,配合以社会诚信体系的建设,可对达到既治标又治本的效果。这个办法付出的只是民众转账的延迟损失,不需要增加其他,是节约成本的制度改进。

现代社会的社会保障政策,从社会保障角度来看是可取的。如果提高退休保障的标准会导致人们选择较早退休,因为,较高的收入所得税会减少在职工作者的工作时间。类似地,较高的失业补助增加失业者收入的同时,会使社会工资待遇较低者,面临拿取失业补助并获得休闲好处与工作之间的权衡。失业时间可能会因此而增加,总体上失业人数会增加。最优所得税方案必须直接或间接地提示这些结果是否符合每个行为人的利益。莫里斯最早建立了非对称信息下最优所得税模型,并因此而荣获 1996年诺贝尔经济学奖。政府在制定政策时,需要考虑政策出发点与人们在新的约束条件下做出新的最优选择。与此同时,对劳动者收入征税以补助低收入者及失业者,实际上相当于财富在运用政府有形之手进行转移支付。且不说政府再分配过程中政府官员是否会有贪污行为(通过权力人员决定向谁补助,在没有有效监督权力运行的机制下,会增加寻租的机会和可能)。因为政府要增加低收入者的财富,就不得不增加对高收入者的征税。对劳动收入或财富收入征税都会面临搜集信息的问题,因为劳动的供给一般是难以观察和控制的,加上劳动者能力是劳动者私人信息,劳动者时间可以由劳动者自由支配(想一想劳动经济学中家庭生产与工作的替代关系);对财产征税,会使被征税者在征税资产与不征税资产及不同税率资产之间进行重新的调整和配置。

强调制度安排对经济效率的影响是很重要的,按照道格拉斯·诺斯的观点,制度是经济增长中最关键的因素。如果信息是完全的,任何体制安排对经济效率都是无关宏旨的。由于信息不对称,任何一种制度安排,只有满足委托人的"激励相容约束"和"参与约束"才是可行的。能力和努力是代理人的私人信息,没有适当的激励,有能力的人也没有积极性发挥其潜力,能干的人也假装不能干。设计什么样的体制、机制来调动人们的积极性,关系到效率和绩效。委托人设计激励措施时必须考虑到代理人对激励措施的反应。

需要达到的目标维度越少,激励设计就越简单。反之,则激励设计就越复杂,考核成本也越高,还难以保证不顾此失彼。这可以解释为什么私有财产与价格体系比公共(无主)产权和计划指令更有效率。在生产队时,农民集体生产,需要分工很细:有人分配工作,有人记工,有人监工,有人验收劳动质量和数量。但由于农业收成受因素影响较多,除了农民的劳动投入外,还有天气、施肥、农药、土壤等因素影响。农民的劳动过程也难以监督,他锄地速度快,可能锄掉的秧苗也多,也许锄得深浅不一。在劳动质量和数量难以监督情况下,最后只能采用看似公平的平均分配办法。这样问题就又来了,客观上有干得多和少的差别,平均分配就使干得多的干得质量好的农民受损。这样,干得好干得多的农民就会伪装(出工不出力),整体的劳动积极性降低,农业产出就会下降。由于这种生产组织方式中,没有谁真正拥有最终的剩余索取权,正所谓"国外有个加拿大,中国有个大家拿",大家都想得到分配的好处,而没人愿意为集体出力。所以在生产队的生产组织方式下,曾经多年没有解决国民的吃饭问题。

中国的改革开放是从农村开始的。1978年安徽凤阳小岗村农民的包产到户尝试[①],从制度上予以认可,并在全国推广。"包产到户,盈亏自负"这一模式同集体劳作按工分分配这一模式相比的优势在哪里呢?后一种模式下缺乏明确的产权和利益归属,会引发吃大锅饭的"搭便车"现象,反正干多干少一个样,大家出工不出力。试想一个社员努力,增加的产出要平均到所有社员的头上,而劳动的成本完全由自己承担,他的最优选择一定是"不努力"。虽然生产队也有监督,但监督劳动全过程,成本是相当高的,况且劳动质量难以监督,监督本身就没有效率了。家庭联产

―――――――――――

① 小岗村村民签订的"生死契约",主要内容有:(1)分田到户;(2)不再向国家伸手要钱要粮;(3)如果干部坐牢杀头,社员保证把干部孩子养活到18岁。

承包到户以后,不需要记工、监工、验收和制定分配办法的人,相当于增加了直接的劳动投入,减少了无效劳动,节约了社会的劳动。由于大家都知道"交足国家的,留够集体的,剩下的都是自己的",即把家庭生产的剩余索取权直接归于劳动者——家庭。家庭成员内部利益是一致的,它是社会的最小利益单位,就不再需要监督与激励。这个激励与生产队的完全不同,一下子就解决了生产队的组织生产方式下的偷懒问题。农业产量不断上升,农民收入不断提高,20 世纪 80 年代末需求推进的通货膨胀,与农民购买力不断增强有很大关系。

经济学家估计,中国由家庭联产承包责任制取代原来的集体农作制度这一变迁,对中国农业生产力的贡献份额为 20%～50%,有的学者估计甚至高达 70%。林毅夫的博士论文根据农业生产的特性,构建理论模型,研究结论认为,在劳动投入监督困难的前提下,家庭农场是一个最合适的农业生产组织。他的研究发现,20 世纪 70 年代末开始的农业改革带来的农业增产中有近一半来自于由集体性质的生产队向家庭农场性质的家庭联产承包责任制改革导致的农民生产积极性的增加。包产到户的作用,不限于对中国农村巨大生产力的释放,它的影响远超出了农村和农业领域,为后来的一系列现代化进程奠定了基础。由于激励增强带来的生产效率提升,长期以来农村劳动力不足的问题也解决了。其他条件没变,单单是生产制度的变化带来的绩效差异。这种绩效反差显而易见是不同的激励制度和产权安排带来的。前苏联的农民用 1% 的自留地生产了 27% 的农产品。这就是私人地与公共地两种产权制度(前苏联农民耕种 99% 的土地是集体农庄的)对人的行为产生不同的激励带来的差异。历史学家发现,法国在一个时期内农业发展均落后于英国,最后发现导致这种差异的根本原因也是在不同的土地产权制度。在法国,土地上及土地上空的权利都是土地所有者的,但地下的权利属于国家;而在英国,土地上、土地上空及土地下的权利均属于土地所有者。就是因为英国的土地权利更完整,英国的土地所有者要比法国的土地所有者更容易进行长期投资。法国的土地所有者因为害怕一旦政府发现其土地下面有矿藏,地上的投资价值就要贬值而不敢从事长期投资。从而使法国的农业生产落后于英国。

制度包含着激励与约束的双重功能,越来越多的经济学家开始认识到,发展中国家与发达国家的差异主要是一种制度上的差异,深层次上可能是文化的差异。因为文化影响人们的思维、价值取向、组织与合作等,而且文化作为深层意识形态,往往并不随着政权的、社会发展阶段的变化而及时变化,意识形态变化往往滞后。发展中国家在制度(包括法律制度制订与执行层面)上落后于发达国家。制度瓶颈使发展中国家的各种要素难以通过市场机制得到有效的配置,从而难以摆脱不发达状态。

5.3　进行激励设计应注意的问题

现实生活中每个人都有趋利避害的特性,即最大化自己利益而往往不考虑别人的利益。委托人以信息与激励原理为指导进行激励设计,不能违背代理人做事的规律,要结合实际;在激励制度设计中要兼顾公平,避免激励的无效率。从国外借鉴先进的规则和措施并不难,问题是再好的制度也要有相应的微观基础做配套。如果激励得当,会使所有个体福利改善,否则激励不当,反而可能会出现"橘生淮南则为橘,生于淮北则为枳"的结果。

5.3.1　恰当的激励目标、方法和机制

单位管理者希望通过激励达到其目标,但并不是所有激励都能让管理者如愿。现实中存在大量无效率的激励。无效的激励惩罚努力的人,比如大锅饭、一刀切、平均主义。现行制度中有许多激励不当的问题,有些是激励目标设置不科学、不合理,有些是激励措施不符合激励相容原则。激励设计要体现被激励者个体

差异。美国大萧条时期，1932 年 2 月的国会委员会所做的陈述中，曾经讲到这样的事情：在华盛顿州，整个夏季和秋季肆虐该地区的森林大火，是因失业的林场工人和破产的农民作为消防人员为挣几个靠得住的美元而故意引起的。[①] 陈胜吴广起义，据说一开始也并没有起义的计划，但由于天气原因，不能按规定时间到达，完不成任务的惩罚是死，起义失败也是死，但起义有可能成功，两相比较，选择起义竟然成了代理人的最佳策略，但这样对委托人而言却是最坏的结果。

要防止产生无效率的激励，需要代理人的目标与委托人的尽可能一致，委托人给代理人设计任务时，不能违背规律。激励的最好效果是最大限度的发挥个体的主观能动性。无扭曲的激励契约是指，契约完全，即激励契约的效果有效，该契约能使代理人行为符合委托人利益，即使出现机会主义行为，无扭曲的激励契约也能合理地解决这些问题。一般认为无扭曲激励契约的设计是基于组织价值而不是绩效的，组织价值是指攫取了组织剩余索取权的所有未来净收益的现值。比如，某企业中经理人决定投资某项目，该企业的股票价格可能会上升，但是当年的会计利润却有可能因支出上升而下降。这个例子中，股票价格是组织价值，会计利润是绩效。

钱学森先生生前曾经有个著名的"钱学森之问"：为什么现有体制难以出大师？出大师需要有产生大师的土壤。钱颖一教授研究中美教育差异时发现几个现象：一是中国大规模的基础知识和技能传授很有效，使得中国学生在中小学甚至大学，这方面的平均水平比较高，成绩均值高于美国。这是中国教育的重要优势，是其他发展中国家，甚至一些发达国家也望尘莫及的。这可能得益于中国传统文化对教育的重视，以及与教育还是重要的上升渠道和中国学生在学习上花的时间更多有关。这种教育模式优势对推动中国经济在低收入发展阶段的增长非常重要，它适合

①　[美]斯塔夫里阿诺斯著；吴象婴等译. 全球通史（下）[M]. 北京大学出版社，2005：696.

"模仿和改进"。在引进先进的 IT 技术和管理流程，超级市场的收银员、银行的柜台服务、医院的结账和收费、出入关检查等重复性、规律性的大规模操作岗位，中国服务人员的服务速度和熟练程度，甚至超过发达国家；第二个现象是，均值高的同时方差也小。方差是衡量随机数偏离均值程度的指标。方差小，意味着两端的人才少，出众的人少，拔尖的创新、杰出人才少。我们知道杰出人才的出现是小概率的。如果说"天赋"的分布在不同人种之间没有太大差别的话，那么出现杰出天赋的概率就应该与人口总量正相关。中国有 13 亿多人，只有 1 位大陆教育背景的科学家获得诺贝尔奖，这就不由得想到我们的教育可能是存在问题的。

我们常拿印度作比较，两国从人口、经济发展水平都比较相似，印度的人均收入比中国低，印度教育的平均水平也不如中国，但是印度在出现突出人物方面比中国显著。在全球著名的商学院中，哈佛商学院、芝加哥商学院、康奈尔商学院、华盛顿大学商学院的责任院长都是印度裔；全球著名的大的跨国公司中，微软、百事、德意志银行的现任 CEO 也都是印度裔，但是目前还没有中国人担任这类商学院和跨国公司的 CEO。为什么中国学校培养不出杰出人才？其实，杰出人才可能不是培养出来的。杰出人才更可能是在一种有利的环境中"冒"出来的。正如胡适讲的，需要有人才成长的土壤。所以创造环境，"培育"比"培养"更重要，这也许就是教育之"教"和"育"相结合的必要。中国学生缺乏好奇心、想象力和批判性思维能力。好奇心、想象力是天生的，至少有一些是这样。若不注意"呵护"，而是"呵斥"，后天会把它们磨灭。如果教育不鼓励张扬个性，不注重发掘学生潜力，很可能会把学生先天的好奇心、想象力给"扼杀"了。从小学生始，他们的批判性思维能力得不到培养，怎么还有创造性呢？等到上大学再鼓励他们创新，可能为时已晚。

"方差"小对经济发展的影响在发展不同阶段是不同的。在低收入阶段，经济发展主要靠模仿和改进，均值高有优势，对创新人才需求不明显。但进入中等收入阶段后，与发达国家经济技术差距变小,技术模仿空间变小,发达国家也不愿意转移技术。这时需要创新驱动发展,对杰出人才、创新人才的需求变多了。只培养知识型人才已经不能适应创新经济的要求,而现在高等教育不能停留在学历教育的层次上。建立创新型经济,以创新驱动的经济增长,需要高等教育培养的人才类型由知识型向创新人才培养目标转变,而培养创新人才,首先需要培育一个创新的人才成长和培养的环境。

从学生的角度,如果教育环境不鼓励张扬个性和创新,对教育者的考核标准只在于成绩的比较,家长对学生目标的要求是期望未来找到好工作。这样学生就会把精力和努力集中于学习知识,以博取好的成绩和考取理想学校方面。优秀的学生,也不愿意去冒险创新。他会想如果我尝试失败了,就会受到批评,而不出错误,仍然会得到"好学生"的评价。马云有个观点,真正学习成绩排名很靠前的学生,往往工作后成绩平平,因为他们更不愿意创新,承担风险。反思中国教育,要以发展学生个性、挖掘学生潜力为导向,代替以考试成绩为导向;从只考核知识技能,向促进学生全面发展转变。

以我国的教育为例考察教育中的激励问题。如果只以学生的成绩排名作为激励的依据,功利的教师就会忽略关心学生写字的笔顺、坐的姿势、用眼的习惯和身心的健康;可能只教与考试有关的"有用"内容,不培养学生的思维方式和道德情操。美国国会在 1994 年通过了《2000 年目标法案》立法的目标。根据这个立法,建立了研究组,确定在每一个专业领域的全国绩效目标。虽然对于确立目标有广泛的支持,但是立法因为好几个原因遭到了反对。一些人担心,某几个技能比其他技能更容易测试,而教师可能为了对付这些测试而调整教学。易找到测试"看字读音"等基本技能的好办法,但测试创造性以及所谓的"高阶的"认知(思考)技能则非常困难。美国教育的重要一点,始终是鼓励创造性。测试会让教师偏离对创造性和思考能力的关注吗?支持者称,学校现在没有教给年轻人许多基本技能,促使学校传授基本技能将会是一个重要的进步,另外一些人担心潜在的不平等。有贫困家庭学生的学校担心,它们会因为绩效不好而遭到批评,他们不认为在评判中会考虑到学生的背景。也有人担心,贫困家庭的学生可能在这些标准测试上表现不好,而雇主在决定雇佣谁时,将可能利用这些测试作为简单的和可以接受的筛选标准,从而将已经处于不利地位的群体,置于更加糟糕的位置。《2000 年目标法案》的批评者认为,父母们已经知道学校并不像他们所期望的那样好。在不能对学校组织进行根本性改变的情况下,传达信息本身除了增加他们的无助感外,起不到任何作用。①

中小学搞素质教育目的是为学生减负,但实际上,学生仅靠学习书本知识,不足以应对小升初、初升高的选拔考试。学校为了选到"优质"的学生,仅从教材上的内容难以区分学生是否"优质",就要增加试题的难度。为了应对考试,学生就不得不增加有难度、更大知识面的学习,参加英语、奥数、作文等的培训,目的只为一个,为了在选拔考试中获得好成绩。至于奥数知识的难度是否超出学生的接受程度,是否真是学生进一步学习所必需的,那已经不重要了,重要的是没有参加奥数培训的学生,在超书本难度的数学考试面前,其成绩排名会靠后。为了考上升学率高的中学,学生把精力集中于考试的科目上,使得中、小学忽视体育、美术、音乐、品德等不参加选拔考试的课程。国家为了鼓励素质教育,给学生减负,降低了教材的难度。学校课堂上不传授的知识,就变成了培训班传授的内容。以赢利为目的各种辅导班、补习班,通过一段时间的培训,或许真能提高学生的学习成绩,但往往补课教师教的,孩子会了,补课教师没教的,孩子照样不会。原因很简单,办学习班当然为了稳定自己的生源,他们想让学生能够继续在他们的培训班里学习下去,所以老师很少教学生如何独立学习。而这样做不但增加了学生的课业负担,使学生片面发展,甚至还有拔苗助长的倾向,导致的结果是:学生虽然学习成绩很

---

① 约瑟夫·E·斯蒂格利茨.公共部门经济学[M].中国人民大学出版社,2013:365-366.

优秀,但无法在学习中获得快乐,久而久之就会产生厌学情绪。补课只是停留在知识教育这个层次,作为课堂学习的一种补充,对孩子学习有一定效果。然而,用什么方法学习? 那种知识适合哪种方法? 学生自己是不知道的。如何学会学习,只有靠家长启发和学生自己的领悟了。其实,方法比知识更重要,知识是"鱼",方法才是"渔"!

这种激励的结果,与教师间的"锦标赛"有关,与上级教育主管部门对学校的考核有关。学校内部为了激励教师,让学生成绩与教师津贴挂钩。老师更在意的是成绩如何在短时期内快速提高,把应该教的知识教给学生,较少进行学习方法的启示和培养,更不用说人生情操的培养了。这样,教师只能只关注学生学习,通过简单的强化训练力求短期内提高学生成绩,导致学生课业负担过重。

面对绩效科研考核,每人只考虑完成自己科研成果,没有学术的共享、相互学习、合作研究的积极性。科学研究应该是基于兴趣而进行的事情,这样可保证科研项目的创新性和积极性、持久性,能够让科学家为了科学真理而不计个人得失,钻研投身于科研探索之中去,能够敢于啃硬骨头,而不是像爱因斯坦讲的在最薄的地方钻孔。[①] 外界不应给过多的刺激和约束。过度强调物质利益和金钱刺激,科学创新的动力可能会大大削弱。利益的因素参与其中会干扰创造者的创造过程。在中国,从发表论文的动机来看,80%的人是为了晋升职称的需要、或想获得学术声誉,20%的学者是为了增进知识而写作[②],在 108 位被调查者中,46%的被调查者认为写一篇学术论文需要 3~5 个月,25%认为需要6~8个月,3%是 9~10 个月,2%是 1 月以内。美籍华裔数学家

---

① 有这样一个故事:弗兰克曾对爱因斯坦说,有一位科学家坚持研究一些非常困难的问题而成绩不大,但却发现了许多新问题。爱因斯坦感叹地说:"我尊敬这种人。但我不能容忍这样的科学家,他拿出一块木板来,寻找最薄的地方,然后在容易钻透的地方钻许多孔。

② 叶继元.中国哲学社会科学学术期刊布局研究[M].社会科学文献出版社,2008:44-45,92.

丘成桐在 2010 年 7 月的第六届华人论坛上深有感触地说:"中国目前缺少真正有科学精神的尖端人才,学者不是'为学问而学问',十分功利,取得一点点成绩就自我满足。他们看到的是物质好处和社会地位,而不是发现科学精要时带给自己内心的快乐。"为什么我们的大学办不好,为什么我们的大学培养不出大师级人才? 其原因之一,就是大学没有把求知欲望、探寻真理和做学问当做最崇高的事业。心理学家林德格瑞说:"据我多年的观察,获得财富最成功的人并不是认为金钱第一的人,而是最关心努力在自己选择的领域内取得成就的人……据我个人观察,获得成功的人们共同特点就是,他们所最关心的并不是得到巨额金钱。"[1]科研需要兴趣,国与国竞争表现为一个国家科学技术实力的竞争,现代社会对科研需求呈增加趋势,为了快速获得科研成果,也需要激励,怎么协调二者的关系,是管理者在尊重科研规律前提下需要思考的问题。当科研管理机构以政绩观功利主义为导向来管理科研,必定把单位之间的竞争分解到科研人员之间的内部竞争。对科研人员来说,需要自己进行权衡。管理方面要尊重和理解科研人员的选择。虽然任何一种评价和管理机制都难尽善尽美,但听取科研人员的心声,让评价多元化,充分调动科研人员的积极性,让大部分科研人员都有途径实现自身价值,都有途径获得成功,应当是制度追求的目标。[2] 目前高校的科研管理较为严苛,要求也过高,总希望多出成果、快出成果、出好成果,须知科研自身是有规律的。过重的科研重压会影响老师的身心健康不说,也会因违背规律而起到拔苗助长的作用。以科研成果来进行教师的收入分配调节是可行的,但差距过大,会影响教师潜心做学问和教书育人的积极性。这需要教育主管部门少些与金钱挂钩

---

① 亨利·克莱·林德格瑞著;宿久高,小筠译.金钱心理学[M].吉林大学出版社,1991:83—84.

② 惠普公司是硅谷最成功的企业之一,它对工程技术人员采取了不同的激励措施。除了未来收入前景可观外,惠普公司给工程技术人员足够的自由,鼓励他们研究他们感兴趣的工程技术项目和难题。通过建立这样的激励制度,惠普公司技术售货员的更新速率比当地行业平均值要低得多。这总体上表明了一种成功。

的激励制度,更多地回归教育本性、回归教育家办教育的本位。

　　那么国外优秀的大学是如何实行激励的？王则柯曾探讨过美国是如何建立现代大学体制的。三流大学应该是像美国的加利福尼亚州立大学(California State),堪萨斯州立大学(Kansas State),台湾成功大学、台湾大学、日本名古屋大学、韩国首尔大学、中国大陆的北大、清华、浙大这一类的大学。这些大学有一个共同特性,都是公立大学。公立大学是外行官员管内行学术专家,出现"红管专、外行管内行"。这些外行官员找一些客观标准来做管理依据,就自然的数字挂帅了。数字管理,简单明了,成本低廉。在美国这些大学都是资源较少的州立大学,这些大学,有些就被定位为教学型大学,像加利福尼亚州的大学。有些是小州的州立大学,像堪萨斯州。这些大学,校长底气不足,难以抗拒州政府与议员的干涉。用 SCI 数目来管教授,就如同用考试来管学生,没有太多的实质教育与学术效果,但总比不管好。顶级与一流大学几乎清一色是美国学校,是因为美国有最好的制度设计,几乎把全世界的学术精英完全吸收过去。

　　在国内大学的教育方面,可以借鉴国外顶级大学的做法。顶级大学往往有足够的大师,在顶级大学里,每周定期的研讨会就是擂台,那些大师们,在擂台上杀得你死我活。如果一个顶级大学,请了个无能校长,找了一群假大师,这个大学就马上出现劣币驱逐良币的现象,这个顶级大学就垮了。这就是为什么顶级大学都在美国,又都是私立大学的原因。因为只有美国的顶级私立大学才能发展出一个极精细的大师互相监管的"教授治校"机制。美国的普林斯顿、哈佛、耶鲁用了三百年的时间,运用市场机制,慢慢把美国的学术管理走向良性循环,美国的一流大学像伯克莱、康奈尔才能放心让教授来管自己管学校,甚至管校长。哈佛教授参议会刚赶走一位做过财政部长、要改革哈佛教授懒散教学态度的年轻校长,哈佛有足够的真大师坐镇,如果那些假大师搞得过分,校长是冤枉的,真大师就都跑到普林斯顿或斯坦福去了。如果没有什么讲座教授因此离职,这个校长大概走得不太冤枉。

这就是市场机制。

创建顶级大学最重要的一环,是以学术大师为核心的市场淘汰、监控、与定价机制。顶级大学绝对不是一个官本位的农业社会能产生的。没有一个官,甚至没有任何一个人能有足够的专业知识来识别学术大师,但是市场可以,市场的识别能力超过任何的专家,市场的淘汰、监控、与定价机制是融合了市场所有专家的智慧。在顶级大学里,副教授这个职位是短暂的过渡。在一流大学资源相对不足的学校,就会有越来越多的终生副教授。在一流大学里,升职的标准是看对手想不想挖你。没有人来挖墙脚,一辈子都极难升成正教授。好的一流大学挖墙脚的能力强,被挖的或然率高,流通机制好,就没有存货。次一点的一流大学,挖墙脚能力弱,被挖的或然率低,剩余的副教授自然就多。长聘制为"二级市场"(secondary market)提供了丰富的供给与需求。学术大师是二级市场的常客,这个丰富的二级市场,也为长聘制添加了新的功能:淘汰、筛选、信息、激励。对于一个极难客观评价的学术来说,长聘制、二级市场保障学术竞争和学术活力的制度安排。

5.3.2　激励设计中兼顾公平

激励的前提在于公平和公正。试想如果应该得到晋升的员工没有被晋升,或者说晋升过程中有很多不透明和不规范的现象,则不仅不能起到激励作用,反而会对员工的情绪和心理造成影响,极大打击员工的积极性。设想有位设计者制订游戏规则时,他想让自己的规则能够为别人所接受并参与进来,这一规则就必须是公平的。如果大家处于优势与劣势的机会是公平的,这种游戏设计就是公平的,是可以被接受的。如果某个人在游戏中处于不利地位,也不会怪罪该规则。在罗尔斯看来,这是真正的公平。真正的公平不仅仅要求这一游戏里面所体现的机会是公平的,而且要求游戏里具体的得失、位置的优劣等实质内容上也是公平的。游戏的设计者能够让其他参与者任意指定自己应处的位置,这样的话,游戏的设计者就不会对最后的游戏结果设计过分大的差别,即使他处于游戏中的劣势位置,这种劣势位置也是可以接受的。布坎南所持的公平观念相当于前一种,即游戏中体现的机会公平,罗尔斯的公平观相当于后一种,它更严格,对游戏设计的更为精致。① 每个签订契约者要考虑如果他处在劣势的位置上,这一规则对他来说也是可以接受的,最终将能达成一致意见,订立契约。所以关键要在订立契约时让各方对机会的知悉情况都一样,或都处于无知状态。并且为了避免自己可能处于劣势位置,每个游戏规则的参与者都尽可能地去追求公平。这不由得使我们想起两个人分蛋糕的故事:没有称重工具,如何分蛋糕,使两个人都满意? 一个办法是:一个人先切蛋糕,一个人再挑蛋糕。也许你认为这还不能保证公平,可以再附加一个条件:随机决定谁先切蛋糕。但还有可能存在两个人中有一个人擅长切,切得平均,那就由第一个人切好了。只要双方都满意,平等自愿,公平问题就容易解决。也许你会问:这只适合人数少的简单利益分配。如果三个人分蛋糕,切的一个最后拿,但蛋糕不可能分成一样大,谁第一个拿? 这会产生不公平吗? 其实谁先挑并不影响结果。实际上切的人,只要不知道自己是否第一个挑蛋糕的,或只要挑蛋糕也是随机的,他肯定有积极性平均地去切,也就是去努力去维护公平。

由此推及社会,自然得到的结论是,公平需要的是每个人都没有特殊的权利,机会都是均等的。如果制度本身不公平,谁都有可能是其中的受害者,这样,大家都有积极性去维护公平。要想真正实现公平,就得设计一种制度,在这个制度下,若不做公平事情,谁都可能是不公平的受害者。就像先切饼的人后挑饼一样,防止人们主观偏离公平的标准。当然现实世界更复杂,在制度设计中需要充分了解这些约束条件。这个故事告诉我们,公平需要两个前提条件:一是双方地位平等,二是规则由双方协商或

① 李凤华.当代社会契约论研究[M].世界图书出版广东有限公司,2013:113.

认可。这样参与人都有激励去追求和维护该制度。大家自觉维护和遵守该制度，制度的运行效率自然就高。

5.3.3 外部激励不能替代职业操守

经济学假设人是追求自身利益最大化的，但最大化的利益并不一定就是金钱等物质利益。激励是建立在满足人们不同层次需要上的，而人有多方面的需要。就像你对小学生的激励，想让其提高成绩，短期的物质奖励不如树立长期学习目标，相比外部物质刺激，不如学生对学习本身认可的内在动力有效而持久。社会心理学认为，提供外在的物质上的激励可能会压抑雇员的内在动机，所以，外在激励是起反作用的，降低了雇员的工作质量。[①]

教育、医疗与住房是民生之本，是政府必须保障的基本公平与公共服务范畴。国家过于看重经济增长速度，对各级政府以GDP为考核目标，以至于忽视社会发展中的环境、公平、民生等因素。当今中国社会面临的许多问题，事实上是众多发达国家在资本主义发展道路上经历过的，属于当前经济发展模式下不可回避的阶段。真实世界——诸如环境、教育、医疗、自然资源、文化资源、劳动和资本的市场……我们希望它们表现出具有良好性质的长期格局，几乎总是不能与市场参与者基于短期利益的最优选择相容。事实上，参与市场竞争的群体内的每一个人都处于两难困境：为短期生存所做的选择，长期而言，将使生存资源全部耗竭，但短期内不如此选择就无法生存。[②] 一个残酷的现实是，以当前人类所拥有的技术手段，全球现有资源能源是无法支撑14亿中国人以今日西方发达国家的方式生活的。如要打破这一瓶颈，除了力争在资源、能源、再生利用等领域实现重大技术突破外，还应考虑转变当前片面追求数字增长的经济发展模式。这就需要改

---

① 参见 J. Baron and D. Kreps. 1999. Strategic Human Resources, chapl1, "The Case against Pay for Performance", New York, Wiley.

② 汪丁丁. 人与经济[M]. 东方出版社，2014:190.

变以 GDP 为目标的地方政府绩效标准，以更加完善的激励目标，需要考虑地方居民的需求。

美国驾驶员一般能够做到礼让行人，行人走在路口，车还有很远就会减速，到路口停下，示意行人先走。在有"STOP"标记的路口，即使具备安全行驶的条件，也必须彻底停下来观察后再按规定行驶，而不是减速即可。驾驶员一般不会轻易使用喇叭，即使前面的驾驶员行车缓慢，也不会用喇叭催促其加快速度，因为可能该驾驶员生病、迷路或车况出现问题。这些良好驾驶习惯的养成，有赖于交通法规，也有赖于市民对规则遵守的意识。在美国，不需要参加驾校的汽车驾驶培训，只要自己能熟练驾驶、掌握交通规则，就可以参加驾照考试。但是，只要有一点违规行为，如不及时停车、并线不看后视镜、不礼让行人就不能通过考试。我国驾驶考试不可谓不严格，但拿到驾照的司机，不乏开车违规的人。我国驾驶员培训要经过严格的四个科目的考试，过于注重技能和强化训练。实际上交通事故的引起，往往不是由于开车技能问题，而是因为违反交通规则。对教育、医疗、律师、科研这些更加需要良心和职业操守的岗位，如果过于注重物质的激励，反而会起到诱导人们忽视职业操守的作用。如果激励目标是仅为了经济效益，考察容易从量的角度出发，而忽视质的方面，产生逆向选择（好员工可能更倾向于做好本职工作，更加注重质）。对这一类工作的激励一定要考虑到员工工作的性质。否则，激励制度设计不当，不仅造成激励扭曲，还可能使投机者获得好处，而让守本分者受到打击。

信息永远都是不完全的，激励不能解决所有的问题。但信息的不完全，可以通过信息披露、提高公民与企业识别信息能力、建立公共的信息发布渠道、降低私人信息甄别成本等来降低信息不对称程度，从而达到降低社会交易成本和提高市场运转效率的目的。激励受信息不足的制约，如人们的偏好信息，激励的同时，要考虑到对人复杂性，人们追求的不一定是简单的物质利益，还有职务晋升、心理满足、价值观认同、理智感需要、受到尊重与个人价值目标实现等高层次需要。据说英国女王安娜有一次参观著名的格林尼治天文台,当她知道天文学家们的薪金很低时,表示要给他们加薪,可是天文学家们恳求女王千万别这样做,他们说:"如果这个职位一旦可以带来高收入,那么以后到天文台来工作的将不是天文学家而是一些混子了。"试想,如果政府为了重点扶持天文事业,以重金为激励,很可能那些不爱天文事业对天文学不感兴趣的,也冲着这个行业的高待遇而来,那最终也可能把真正喜爱天文学的给"比下去"了。从这个意义上,激励不能替代员工的事业心,专心做事的匠人精神,员工内在的精神追求才是真正不竭的动力源泉。他们需要的更可能是社会认可、价值体现、科研条件。许多伟大的科学家,对物质与名誉甚至都不感兴趣。所以,一个单位是否对其员工尊重,员工是否有发展空间,员工的价值能否体现,都会影响员工工作的积极性。激励的设计不能有违职业责任、社会责任,什么都以金钱作为激励手段,是对激励的误读。试想刘备如果不是三顾茅庐,若是许诺诸葛亮重金,能打动他出山吗?曹操可以得到徐庶,但用金钱可以激励徐庶吗?市场化下,人们生活基本问题没有解决时,更多依赖于金钱等物质激励手段。金钱刺激确实能激发干劲,但一个为金钱去做科研的人似乎很少有科研本身的兴趣,那又怎么可能会有探求真理的欲望呢?知识分子更需要尊重和精神鼓励。在目前的科研管理中,一方面经费不足会影响研究的积极性,另一方面经费过高,又会诱使以拿到经费为目标者追逐"科研"项目。有效的科研管理及制度安排,应该甄别和淘汰以获取经费为目标的"科研",激励真正的学术研究。

参考文献

[1]Akerlof,G. 1970. "The Market for lemons:Quality uncertainty and the market mechanism"[J],Quarterly Journal of Economics,89,pp. 488—500.

[2]A. Shleifer. 1985. "A Theory of Yardstick Competition" [J], The Rand Journal of Economics, Vol. 16, No. 3, pp. 319—327.

[3]Axelrod, Robert. 1984. The Evolution of Co-operation [M]. New York:Basic Books.

[4]Anand, Paul, 1993. Foundations of Rational Choice under Risk[M]. Oxford:Oxford University Press.

[5]Boissevain, J. , 1974. Friends of Friends:Networks,M anipulators, and Coalitions[M]. New York: St. Martin's Press.

[6]Buchanan, J. , & Goetz, C. 1972. "Efficiency limits of fiscal mobility:An assessment of the Tiebout model"[J],Journal of Public Economics , 1 , pp. 25—43.

[7]Burt, Ronald. 1993. The Social Structure of Competition, inRichard Swedberg(ed.). Explorations in Econom ic Sociology[M]. New York:RusselSage Foundation, pp. 65—103.

[8]Cheung, S. 1968. "Private Property Rights and Sharecropping"[J],Journal of Political Economics",76,pp. 107—122.

[9] Coleman, James. 1992. Foundation of SocialTheory [M]. Cambidge(Mass):Belknap Press.

[10]Donald E. Campbell. 2006. Incentives motivation and the

economics of information[M]. combridge university press.

[11]Fukuyama, Francis. 1995. Trust: the Social V irtue and the Creation of Prosperity[M]. London: Hamish Hamilton.

[12]Hamilton, B. W. 1975. "Zoning and property taxation in a system of local governments" [J], Urban Studies ,12,pp. 205—211.

[13]James J . Anton and Mclean,P. 1985. "Optimal Selling Strategies Under U ncertainty for a Discriminating Monopolist When Demands are Interdependent"[J], Econometrica,53(2), March,pp. 345—361.

[14]J. Baron and D. Kreps. 1999. "The Case against Pay for Performance"[J], New York,Wiley.

[15]Lazear,E. and Rosen,S. 1981. "Rank Order Tournaments as Optimal Labor Contracts"[J],Journal of Political Economy.

[16]Michael Spence. 1973. "Job Market Signaling"[J], Quarterly Journal of Economics,87,No. 3. pp. 355—374.

[17] Richard A. Lambert, David F. Larcker, and Keith Weigelt. 1989. "Tournaments and the Structure of Organizational Incentives" [J], draft, The Wharton School, University of Pennsylvania.

[18] Robert S. Pindyck,Danied L. Rubinfeld. 2001. Microeconomics(Fifth Edition)[J],Prentice Hall:605.

[19]Rothschild, M. , Stiglitz, J. E. , 1976. " Equilibrium in competitive insurance markets: an essay on the economics of imperfect information" [J], Quarterly Journal of Economics 40, pp. 629—649.

[20]Smith,A. 1776. An Inquiry into the Nature and Causes of the Wealth of Nations[M],5th ed. London,Methuen& co.

[21]Smith,A. 1978. Lectures on Jurisprudence[M]. Cam-

bridge：Cambridge University Press.

[22]Spence，M. 1974. Education as a signal，Chapter in Market Signaling[M]. Cambridge：Harvard University Press.

[23]Yair Listokin. 2010."The Pivotal Mechanism and Organizational Contal，John M. Olin Center for Studies in Law"[J]，Economics，and Public Policy Research Paper No. 379.

[24][美]阿兰·斯密德著；刘璨，吴水荣译. 制度与行为经济学[M]. 中国人民大学出版社，2004：113－116.

[25][美]阿维纳什·K·迪克西特著；冯曲，吴桂英译. 经济理论中的最优化方法[M]. 格致出版社，2013：123－124.

[26][美]贝克尔. 家庭经济分析[M]. 华夏出版社，1987：32.

[27]陈思，罗云波，江树人. 激励相容：我国食品安全监管的现实选择[J]. 中国农业大学学报：社会科学版，2013(3)：168－175.

[28]陈钊. 信息与激励经济学[M]. 上海三联书店，2005：62－72.

[29]陈莉. 信息不对称条件下高校教师薪酬激励机制的设计[J]. 商业经济，2011(10)：79－81.

[30]陈国富. 委托—代理与机制设计—激励理论前沿专题[M]. 南开大学出版社，2003.

[31]曹荣湘，吴欣望. 蒂布特模型[M]. 社会科学文献出版社，2004：85、86.

[32][美]戴尔·卡耐基著；达夫编译. 人性的弱点[M]. 中国华侨出版社，2011：127.

[33]代行，刘萌芽，曾长虹. 不对称信息下风险企业家激励机制的探索[J]. 南华大学学报，2007(5)：31－33.

[34]董保民. 信息经济学讲义[M]. 中国人民大学出版社，2005：176.

[35]高芳祎，董向宇. 信号理论视域下"双轨制高考"改革的逻辑[J]. 重庆高教研究，2015(1)：33.

[36]国晖. 关于我国银行业激励相容的监管研究[J]. 上海经济研究，2009(1)：111－115.

［37］［美］哈尔·R·范里安著；费方域等译.微观经济学:现代观点(第八版)［M］.格致出版社,2013:123－124.

［38］亨利·克莱·林德格瑞著；宿久高,小筠译.金钱心理学［M］.吉林大学出版社,1991:83－84.

［39］黄亚钧,姜纬.微观经济学教程［M］.复旦大学出版社,2004:303.

［40］［美］克雷普斯著；赵英军译.管理者微观经济学［M］.中国人民大学出版社,2006:375.

［41］［美］科斯·哈特·斯蒂格利茨著；李风圣主译.契约经济学［M］.经济科学出版社,1999:17.

［42］［美］科斯,诺思.制度、契约与组织:从新制度经济学角度的透视［M］.经济科学出版社,2003:49,161.

［43］蒋媛媛.不完全合同理论框架下的激励强度选择及其应用［M］.对外经贸大学出版社,2012.

［44］李春玲.当代中国社会的声望分层——职业声望与社会经济地位指数测量［J］.社会学研究,2005(2):74－102.

［45］李保华.择校费、分离均衡与教育公平化的反思［J］.财经问题研究,2008(5):24－29.

［46］李风华.当代社会契约论研究［M］.世界图书出版广东有限公司,2013:113.

［47］李清泉.抓好本科教育是提高人才培养质量的关键［J］.中国高等教育,2011(20):36.

［48］［美］利普,哈特,斯蒂格利茨著；李风圣主译,契约经济学［M］.经济科学出版社,1999:57－58.

［49］林金忠.信用关系的基本形式及其经济学分析［J］.经济评论,2002(6):25－32.

［50］林融,张义祯.二级密封拍卖机制的理论分析［J］.浙江社会科学,1999(3):55－58.

［51］刘德海,王维国,宋雯彦.高校教师评议机制的委托－代理模型分析［J］.数学的实践与认识,2011(8):58－65.

[52] 刘合行.美国职业教育开放性办学的研究与思考[J].中国职业技术教育,2012(6):89－93.

[53]刘洪玉,郑思齐.城市与房地产经济学[M].中国建筑工业出版社,2007:76.

[54]刘爽,赵晓丽.逆向选择、混同均衡与人才流失—对我军人才流失现象的一种解释[J].军事经济研究,2002(3):14－17.

[55]鲁桂华.股市楼市与财富再分配[M].中央编译出版社,2011:138.

[56]卢现祥.寻找一种好制度[M].华中科技大学出版社,2010:2－4,19,75.

[57]卢现祥.新制度经济学(第二版)[M].武汉大学出版社,2011:52－53,90,91.

[58]陆铭.劳动经济学——当代经济体制的视角[M].复旦大学出版社,2002:71－74.

[59][美]米尔格罗姆,罗伯茨著;费方域译.经济学、组织与管理[M].经济科学出版社,2004

[60]缪毅,胡奕明.产权性质、薪酬差距与晋升激励[J].南开管理评论,2014(4):4－12.

[61]欧瑞秋,王则柯.图解信息经济学[M].中国人民大学出版社,2008:7.

[62]乔治·阿克洛夫,罗伯特·希勒著;黄世强,徐卫宁,金岚译.动物精神[M].中信出版社,2012:23－24.

[63][比]热若尔·罗兰著;张帆,潘红译.转型与经济学[M].北京大学出版社,2002:198.

[64]沈国明,金福林.以现代经济学助推中国制度转型[A].当代中国学人访谈录(经济学卷)[C].2014:158－159.

[65][美]斯塔夫里阿诺斯著;吴象婴等译.全球通史(下)[M].北京大学出版社,2005:696.

[66][美]斯坦利·L.布鲁,兰迪·R.格兰特著;邸晓燕译.经济思想史[M].北京大学出版社,2014:454.

[67]石树琴.信号传递和信息甄别模型浅析及其应用[J].复旦学报(自然科学版),2003(2):246—252.

[68]唐可月,张凤林.高校扩招引发教育信号贬值的机理分析[J].财经问题研究,2007(3):24—33.

[69]汤振宁,绍蓉.在我国食品药品监督体系中推行问责制[J].中国药业,2005(2):4—5.

[70]田国强.激励、信息及经济机制设计理论[A].现代经济学前沿专题[C].商务印书馆,2002:31—60.

[71]田国强.从拨乱反正、市场经济体制建设到和谐社会构建——效率、公平与和谐发展的关键是合理界定政府与市场的边界[A].上海市社科届第六届学术年会论文集[C].2008:78.

[72]田国强.中国经济发展中的深层次问题[J].学术月刊,2011(3):60—61.

[73]田国强.经济机制理论:信息效率与激励机制设计[J].经济学(季刊),2003(2):271—305.

[74]田国强.世界变局下的中国改革与政府职能转变[J].学术月刊,2012(6):66—67.

[75]田国强.中国经济发展中的深层次问题[J].学术月刊,2011(3):60—61.

[76]王定华.美国大学招生制度与公平性问题[J].中国高等教育,2003(9):44—46.

[77]韦森.重读哈耶克[M].中信出版社,2015:85—86,221—222.

[78]韦森.经济学的性质与哲学视角审视下的经济学——一个基于经济思想史的理论回顾与展望[J].经济学(季刊),2007(3):948.

[79]汪丁丁.人与经济[M].东方出版社,2014:190.

[80]王则柯.经济学的常识理性[M].商务印书馆,2014:94.

[81][美]亚瑟·奥沙利文,史蒂夫·M·谢夫林,斯蒂芬·J·佩雷斯著;刘春生,田广才,李颖译.生活中的经济学[M].中国人民大学出版社,2013:160—161.

[82]叶继元.中国哲学社会科学学术期刊布局研究[M].社会科学文献出版社,2008:44—45,92.

[83]尹伯成.西方经济学简明教程[M].格致出版社,2014:126.

[84]因内思·马可-斯达德勒,J.大卫·佩雷斯-卡斯特里罗著;管毅平译.信息经济学引论:激励与合约[M].上海财经大学出版社,2004.

[85][美]约瑟夫·斯蒂格利茨著;纪沫,陈工文等译.信息经济学:基本原理(上)[M].中国金融出版社,2009:49,54,347.

[86][美]约琴夫·E·斯蒂格利茨,卡尔·E·沃尔什.经济学(上)[M].中国人民大学出版社,2013:356,344,347.

[87][美]约瑟夫·E·斯蒂格利茨.公共部门经济学[M].中国人民大学出版社,2013:271,365—366.

[88][美]詹妇斯·M·布坎南著;马珺译.公共物品的需求与供给[M].上海人民出版社,2009:82—85.

[89]张五常.经济解释:张五常经济论文选[C].商务印书馆,2000.

[90]张意忠.关于完善高校教师考核评价制度的思考[J].纺织教育,2008(4):187.

[91]赵小飞.专利竞赛与专利信号[J].科学学研究,2011(1):31—36.

[92]张维迎.企业的企业家——契约理论[M].上海人民出版社,2001.

[93]张维迎.博弈论与信息经济学(第八版)[M].上海人民出版社,2013.

[94]郑书耀,李凌云.高等学校重科研轻教学现象的经济学分析——基于分离均衡的视角[J].重庆高教研究,2015(4):57—63.

[95]郑志刚.中国公司治理的理论和证据[M].北京大学出版社,2016.

[96]周应恒,宋玉兰,严斌剑.我国食品安全监管激励相容机

制设计[J].商业研究,2003(1):9—11.

[97]朱曙光,锁凌燕.保险市场逆向选择的信号传递博弈研究[J].保险研究,2011(11):89—97.